Bob Brook, Inhaber eines gutgehenden Eissalons in Las Vegas glaubt, die Idee seines Lebens zu haben: Er offeriert sich deutschen Frauen, die Amerikanerinnen werden wollen, als »Ehemann auf Zeit«.

Anfangs läßt sich das Unternehmen auch ganz gut an – von kleinen Pannen, die Bob jedoch als übliche Geschäftsrisiken einstuft, einmal abgesehen. Doch dann verliebt sich der Umworbene unvorhergesehen in eine Klientin – und gerade in diesem Fall verweigern die Behörden die Heiratserlaubnis.

Nun kommt es zu einer Fülle grandioser Mißverständnisse und grotesker Verdächtigungen. Die Pointen, Überraschungen und Abenteuer, die Konsalik zu dieser Situation einfallen, muß man gelesen haben...

Autor

Heinz G. Konsalik, 1921 in Köln geboren, begann schon früh zu schreiben. Der Durchbruch kam 1958 mit der Veröffentlichung des Romans »Der Arzt von Stalingrad«. Konsalik, der heute zu den erfolgreichsten deutschen Autoren gehört – wenn er nicht sogar der erfolgreichste ist –, hat inzwischen mehr als hundert Bücher geschrieben, die in viele Sprachen übersetzt wurden. Die Weltauflage beträgt über sechzig Millionen Exemplare. Ein Dutzend Romane wurden verfilmt.

Außer dem vorliegenden Band sind von Heinz G. Konsalik als Goldmann-Taschenbücher erschienen:

Heinz G. Konsalik

Der Heirats-
spezialist

Roman

GOLDMANN VERLAG

Ungekürzte Ausgabe

Made in Germany · 6. Auflage · 2/86
© 1980 by Hestia-Verlag GmbH, Bayreuth
Umschlagentwurf: Atelier Adolf & Angelika Bachmann, München
Umschlagfoto: Three Lions, New York
Druck: Elsnerdruck, Berlin
Verlagsnummer: 6458
MV · Herstellung: Peter Papenbrok/Voi
ISBN 3-442-06458-9

1. Teil

Niemand wunderte sich, daß Robert Brook keine große Trauer und auch keine sichtbare Ergriffenheit zeigte. Er stand am Grab mit gefalteten Händen, hörte geduldig den Worten von Pfarrer William McDolland zu, blickte ab und zu in die Runde der Trauergäste und sah, daß sie ihn alle verstohlen anstarrten und musterten, wandte sich dann wieder dem in die Grube heruntergelassenen Sarg zu und zuckte zusammen, als McDolland laut »Amen« sagte.

Er drückte einigen Menschen, die er nicht kannte, die Hände, ging dann zu seinem alten verbeulten Dodge und fuhr davon. Das war es also, dachte er. Mach's gut im Himmel, Onkel Steve. Sag Petrus, daß du immer fleißig gewesen bist und trotzdem nichts auf die Beine gestellt hast, das dich in den Millionärsklub hätte bringen können. Sag ihm, daß du ein Leben hinter dir hast, das gleichförmig und ruhig war wie eine Pfütze an einem windstillen Sommertag. Und sag ihm vor allem, daß du so gemein gewesen bist, mich zum Alleinerben einzusetzen und nach Las Vegas zu locken, in diese Hotel- und Budenstadt, wo selbst die Kleiderausschnitte der Huren aussehen wie Spielautomatenschlitze.

O wie hasse ich diese Stadt! Wenn ich als Kind in den Ferien zu Onkel Steve Hamilton geschickt wurde - er war schließlich Mamas Bruder und einziger Verwandter -, dann ging es meistens nur die ersten drei Tage gut. Danach lag ich dann acht Tage mit einer massiven Magenschleimhaut-Unterkühlung im Bett, denn Onkel Steve war Besitzer eines Icesaloons. Tag und Nacht geöffnet! Am Tag wackelte die große Eiswaffel-Attrappe auf einem stählernen Mast über der Bruchbude, und in der Nacht veränderten bunte Leuchtröhren die Füllung der Waffel.

Onkle Steve war geradezu pathologisch stolz auf seine sich drehende und schwabbelnde Eiswaffel über dem Dach. Er nahm den kleinen Robert nachts mit auf die Straße, erklärte ihm: »Grün - das ist Pistazieneis, Rot - das ist Himbeer, Braun - na, Kleiner, natürlich Schokolade. Hellbraun - ha, ein Pralinéeis. Gelb - Zitrone, Zitrone! Blaßweiß - krumm ist die Banane...« es war fürchterlich. Für jedes Eis hatte er einen Spruch zur Hand, und den brachte er sogar an, wenn Kunden seine Ware kauften.

Wenn man als Kind so etwas sieben Jahre hintereinander mitmacht, bleibt das in der Seele hängen, auch wenn man inzwischen 35 Jahre geworden ist. Las Vegas war jedenfalls ein Ort geworden, den Robert Brook mied, so gut er konnte, und auch als Onkel Steve anfing zu kränkeln und um Hilfe bat, fuhr Robert nur zweimal hin und stand sechs Wochen hinter der Eistheke, während Steve Hamilton sich an der Pazifikküste erholte. Robert entwickelte einen bombigen Haß gegen diese Stadt. Vor allem der Nachtdienst setzte ihm zu. Entweder kam überhaupt keiner außer ein oder zwei Pennern, die kein Eis wollten, sondern was zu saufen, oder es fuhr eine Armada von chromblitzenden Blechkisten vor, und ein Schwarm pausierender Huren besetzte die Plastikstühle. »Heran mit den Leckerchen!« riefen sie und kreischten vor Vergnügen. »Seht euch den süßen Jungen an. So cool, als hätte man ihn durch die Eismaschine gedreht!«

Nicht, daß Robert Brook ein prüder Bursche war, der beim Durchblättern des »*Playboy*« Atembeschwerden bekam, aber er hatte andere Pläne, als Eisportionen abzustechen oder Softeis aus dem Hahn zischen zu lassen, Mixgetränke aus Milch zu schütteln und Cassatablöcke zu zerschneiden. Er wollte Musik studieren, Dirigent werden oder Virtuose - als er jedoch mit dem Studium begann, wußte er nicht, für welches Instrument er sich entscheiden sollte, für Trompete oder Klavier.

Onkel Steve war da keine Stütze. Er schrieb damals nach Atlanta, wo Robert mit Mama wohnte: »Ein Klavierspieler im ›Golden Nugget‹ - und die bezahlen am besten - bekommt 130 Dollar die Woche! Ein Trompeter vielleicht 200 Dollar, es sei denn, er bläst wie Armstrong. Da aber anzunehmen ist, daß aus unserer Familie kein Genie hervorgeht - mich träfe sonst der Schlag! -, ist es besser, der Junge kommt zu mir in den Icesaloon, lernt, wie man Sahneeis aus 50 Prozent Wasserzusatz macht und arme staatliche Kontrolleure unterstützt. Bei mir kann der Junge das Leben kennenlernen!«

Robert Brook wehrte sich dagegen mit Händen und Füßen, studierte in Atlanta und mußte nur in einem Punkt Onkel Steve recht geben: In der Familie Brook-Hamilton gab es keine Genies.

Nun hatte sich Onkel Steve gerächt: Er war wie ein Held gestorben - das hatte jedenfalls Pfarrer McDolland am Grab verkündet -, und Bob Brook erbte den Icesaloon mit der sich Tag und Nacht drehenden Plastikwaffel auf dem Dach. Das nächtliche Lichterspiel war um zwei Farben bereichert worden: Orange - pell mir ein Apfelsinchen, Trinchen... und Gold - der Honig ist der Biene Lust...

Grauenhaft!

Robert Brook bremste abrupt. Links neben der breiten Ausfallstraße nach Glendale, dieser schnurgeraden, asphaltierten Wüstenpiste, die zwischen dem Grass-Peak und dem Muddy-Peak hindurchführte, einer Gegend, wo selbst die Sandflöhe flacher als anderswo sind, hier, wo kaum je einer stoppt, weil er nämlich gerade so richtig in Schwung gekommen ist für die Wüstendurchquerung - hier also, am äußersten Rande von Las Vegas, stand Hamiltons Icesaloon.

Eine mit himbeerroten Kunststeinen verkleidete Baracke. Hätte nicht rötlich-gelber Staub darauf gelegen, wäre man versucht gewesen, daran zu lecken, um zu prüfen, ob die Verkleidung nicht doch aus Zucker war. Über dem Dach die kreisende Eiswaffel, links ein Parkplatz, am Straßenrand ein Schild: »Steves Eis - unerreicht«, und über der Eingangstür noch ein Schild mit dem Slogan: »Stopp! Las Vegas ist auch Onkel Steve!«

Bob fuhr seinen alten Dodge hinter das Haus. Er betrat sein Erbe durch eine vergitterte Hintertür und zog seine schwarze Jacke aus. Leer, wie der Icesaloon war, wirkte er noch bedrückender auf ihn. Zwar alles modern: die chromschimmernde Theke mit den Softeishähnen und den Festeiskübeln, ein langer Glasaufsatz mit Kühlaggregat für die Eistorten und italienischen Spezialitäten, eine Registrierkasse mit einem Geheimhebel, der das Druckwerk ausschaltete (wodurch sich die Steuer umgehen ließ), zweiunddreißig runde Tische mit Kunststoffplatten und hundertdreißig Stühle mit Chromgestellen und Plastiksitzen. Alles sehr sauber, sehr hygienisch, von amerikanischer Perfektion, bunt und einladend. Bob kannte das alles zur Genüge, und er kannte auch die Sprüche, die Onkel Steve von sich zu geben pflegte, wenn gerade nur vier oder sechs Personen im Icesaloon saßen.

»Ideen muß man haben«, hatte er gesagt. »Ich habe keine. Außerdem bin ich jetzt zu alt. Aber es läßt sich aus dem Betrieb etwas machen - ich weiß nur nicht, was!«

Bob Brook setzte sich auf den Hocker hinter die Theke, auf dem auch Hamilton immer gesessen hatte, wenn er so geduldig auf Kunden wartete. Er fühlte sich wie in einer Geisterwelt. Es war still um ihn... der leere Gastraum mit den bunten Stühlen, die leere Theke, die leeren Eisbehälter, die Kühle aus der Klimaanlage, die bunten zugezogenen Gardinen vor den Fenstern, der Geruch nach Putzmitteln mit Zitronenzusatz und Salmiak - Onkel Steve, was soll ich hier? Wenn ich einen Käufer finde, ich küsse ihn von oben bis unten ab, wenn er den Laden nimmt. Aber soviel Glück habe ich nicht... und so schnell verirrt sich kein Idiot nach Las Vegas! Wir Brooks haben immer nur gehofft, ja, das ist geradezu unsere Spezialität. Hoffen auf was Besseres. Selbst Mama hat noch gehofft, als die Ärzte schon längst kapituliert hatten. Ein halbes Jahr hat sie mit dieser knallharten Hoffnung herausgeschunden - die Ärzte nannten es ein Wunder -, aber ich, Onkel Steve, halte das hier kein halbes Jahr aus. Ich bin ein Feingeist, mein Blut gerät in Wallung, wenn ich Chopin spiele... und jetzt soll ich Eis machen und Hörnchen füllen?! Verdammt, Steve, das war unfair von dir!

Bob Brook blickte erstaunt zur Tür. Es hatte geklopft. Er rührte sich nicht, steckte sich eine Zigarette an und blies den Rauch mit gespitzten Lippen von sich. Lies, was draußen an der Tür steht, dachte er. WEGEN TRAUERFALL GESCHLOSSEN. Außerdem gibt es kein Eis, es wird nie mehr Eis bei Onkel Steve geben! Nie mehr! Seine Spezialrezepte werde ich nachher verbrennen. Das tue ich noch für dich, Onkel Steve. Dein Name soll ehrbar bleiben, auch wenn du ein ausgekochter Bursche gewesen bist!

Es klopfte wieder, lauter, anhaltender. Jemand rüttelte von außen an der Türklinke. Bob erhob sich, ging ein paar Schritte in den Gastraum hinein und brüllte gegen die Fenster.

»Hier ist Trauer! Können Sie nicht lesen?«

»Machen Sie auf!« rief eine Stimme zurück.

»Es gibt kein Eis mehr!« Bob bewunderte die Hartnäckigkeit des Unbekannten und trat näher an die Tür heran. »Fahren Sie weiter! An jeder Straßenecke in Las Vegas kriegen Sie Eis!«

»Ich will kein Eis, ich will *Sie* sprechen, Bob Brook!« brüllte es von draußen zurück. »Ich bin Pfarrer McDolland,«

Bob seufzte, schloß die Tür auf und ließ McDolland herein. Er sah kaum wie ein Priester aus, trug einen Rohseidenanzug, weiße Lederschuhe und ein blauweiß gestreiftes Hemd, das auch aus Seide war. Die weißen Haare auf dem runden Schädel waren zerzaust; draußen wehte ein heißer Wind, jener Wind, der plötzlich aus der Wüste kommt und Las Vegas mit einer Staubschicht bedeckt.

McDolland setzte sich an einen der runden Tische, weil Bob keine Anstalten machte, ihn in die hinter der Theke liegenden Privaträume zu führen. Dort gab es ein Wohnzimmer mit geschmacklos geschnitzten Möbeln und einer Ledercouch, ein Schlafzimmer mit einem Riesenbett, das an die Pionierzeit in Nevada erinnerte, und einen Baderaum mit Wanne, Dusche, Bidet und zwei WCs. Darüber hatte sich Bob schon als Kind immer sehr gewundert; auch Onkel Steve hatte doch nur einen Hintern.

»Ich beglückwünsche Sie!« sagte McDolland. »Der Whisky ist an der Theke, ganz links, hinter der Tür, auf der ›Putzmittel‹ steht. Die Gläser sehen Sie ja.«

Bob war nicht im mindesten überrascht. Er holte die Flasche, goß McDolland und sich ein und trank einen guten Zug. McDolland schnalzte mit der Zunge und rieb sich die Hände.

»Es war Steves Letzter Wille, daß Sie den Saloon übernehmen«, sagte er dann. »Bei Richter de Trajano liegt das Testament - ich habe es als Zeuge mitunterzeichnet. Steve hat immer von Ihnen gesprochen... was sage ich - er hat von Ihnen geschwärmt. Der Bursche, hat er immer gesagt, der hat das Zeug dazu, meinen Icesaloon zum besten von Las Vegas zu machen! Er sprüht nur so von Phantasie.«

»Wurde Onkel Steve in den letzten Monaten kindisch?«

»Aber nein! Aufrecht wie ein Mann starb er an Leberzirrhose. Mein lieber Bob... er hat gesoffen wie ein Eimer ohne Boden! Aber immer klar bei Verstand. Mit seinen 69 Jahren war er voll da! Haben Sie am Grab Jenny gesehen, Bob? Muß Ihnen eigentlich aufgefallen sein, die ist nicht zu übersehen! Weißblonde Haare bis auf den halben Hintern, ein Gesicht wie ›Eia, Püppchen, schlaf ein...‹ und eine Oberweite, bei der jeder Filmproduzent Herzflimmern bekommt. Aber in diese Richtung marschierte Jenny nicht. Sie blieb treu bei Steve.«

»O Gott! Sagen Sie bloß, daß Onkel Steve noch mit Hormonen jonglierte!«

»Und wie, und wie!« McDolland lachte dröhnend. »Das nur als Beispiel, wie sinnenklar Steve war, nur die Leber scherte aus! Übrigens - Sie erben Jenny mit!«

»Das darf nicht wahr sein!« Bob Brook trank noch einen Schluck.

»Sind Sie verheiratet?« fragte McDolland.

»Nein.«

»Verlobt? Verliebt?«

»Weder - noch!«

»Warum wehren Sie sich dann dagegen?«

»Das fragen Sie, ein Pfarrer?«

»Sie müssen da gut unterscheiden lernen, junger Mann«, sagte McDolland gewichtig. »Da die Kirche - dort ein verständnisvoller Freund.«

Bob Brook nickte und blickte McDolland scharf an. »Diese Philosophie scheint Ihnen nicht übel zu bekommen. Ein in Seide glänzender Apostel. Ich bin aus Atlanta andere Pfarrer gewöhnt.«

»Atlanta!« McDolland goß wieder Whisky in sein Glas. »Hier in Las Vegas ist alles anders. Hauptsächlich bin ich mit Trauungen beschäftigt. Meine Kirche ›Der flammende Rosenkranz‹ ist allzeit bereit - für jeden. Auch nachts, wenn's pressiert. William McDolland vereint die Menschen vor Gott, wann immer sie wollen.«

»Ein gutes Geschäft.«

»Meine Pauschale ist guter Durchschnitt. Reverend Stanley von der Kirche ›Der blühende Dornbusch‹ ist der teuerste - er kann aber auch eine riesige elektronische Orgel brausen lassen.« McDolland streckte die Beine aus und betrachtete Bob mit väterlicher Güte. »Sie haben wenig Lust, den Icesaloon zu übernehmen?«

»Gar keine!« sagte Bob laut. »Wissen Sie jemanden, der ihn kaufen will?«

»Nach Las Vegas kommen Leute, die ihr Geld *schnell* verlieren wollen!«

»Wie hat Onkel Steve eigentlich überlebt?«

»Oh, das war ein ganz raffinierter Hund! Der schickte Jenny mit einem Eiskasten vor dem Bauch in drei Spielhallen. Das gab natürlich Krach, jedesmal... aber Jenny hatte, bevor sie auffiel, schon so viel umgesetzt, daß es bis zur nächsten Runde reichte. Sie sehen, Bob, auf Jenny kann man nicht verzichten. Seien Sie lieb zu ihr, wenn sie morgen früh hier steht. Sie hat natürlich einen Schlüssel.« McDolland trank sein Glas aus und erhob sich. »Kann ich Ihnen irgendwie helfen, Bob? Wollen wir zusammen beten?«

»Danke.«

»Wenn ich jemanden überreden kann... Sind Sie auch sicher, daß Sie verkaufen wollen?«

»Absolut!«

»Steve wird im Grab rotieren wie ein Propeller! Nicht nur sein Herz hing an dem Laden - der Saloon war sein Leben!«

»Ich bin Künstler -«, sagte Bob milde.

»Und davon können Sie leben? Spielen Sie in einer Band?«

»Nein. Ich bin Organist in der Methodistenkirche von Atlanta.«

»Oh, mein lieber Bob. Warum wußte ich das nicht vorher?« McDolland drückte Brook kräftig die Hand. »Daraus kann man etwas machen! Der erste Icesaloon der Welt mit Orgelmusik. Die Leute sind verrückt genug, um in Scharen zu Ihnen zu rennen!« McDolland fuchtelte aufgeregt mit beiden Händen. »Steve hatte doch recht: Sie sprudeln vor Phantasie.«

Am Tag, an dem Steve Hamilton begraben worden war, bekam das himbeerrote Haus an der Ausfallstraße noch mehrmals Besuch. Eine halbe Stunde nachdem Pfarrer McDolland gegangen war, klopfte es wieder. Eine respektgebietende Erscheinung trat ein. Der blitzende Sheriffstern auf der Brust und der weiße, an den Seiten hochgebogene Stetson waren kaum mehr als Dekoration für diesen imponierenden Gast, der ein Muskelprotz wie aus einem Prospekt für Bodybuilding war, mit kantigem Gesicht, grauen Adleraugen und wiegendem Gang, John Wayne hätte vor Eifersucht erblassen müssen.

Bob bot dem Mann einen Stuhl an. Der Riese nahm den Hut ab und warf ihn gekonnt auf den Tisch. Helden des Westens gibt es nicht nur in Hollywood.

»Sie kennen mich nicht?« fragte er und schob sein Kinn vor.

»Leider nicht!« Bob lächelte freundlich. »Ich nehme an, das ist ein großer Fehler. Aber ich bin erst diese Nacht angekommen.«

»Allen Brass. Sheriff vom 3. Außenbezirk.«

»Toll!« sagte Bob.

»Steve gehörte zu meinem Bezirk.«

»Sonst wären Sie ja auch nicht hier, Sheriff.«

»Sagen Sie Allen zu mir, Bob! Steve war mein Freund. Sein Neffe ist es genauso.«

»Ist mir ein Vergnügen, Allen!« So unkompliziert geht das also, dachte Bob. Da kommt einer herein, drückt mich symbolisch an die Brust, und schon bin ich mit einer der wichtigsten Behörden in Las Vegas fast verwandt. Einen Sheriff als Freund soll man hegen und pflegen wie ein Orchideenliebhaber seine Pflänzchen - besonders hier in der Wüste, in der Stadt der hunderttausend Spieler, Millionäre und Gangster kann eine solche Freundschaft wertvoller sein als Geld. »Und was nun?«

»Das frage ich Sie, Bob.«

»Einen Whisky?«

»Außer Dienst - immer. Und ich bin jetzt nicht im Dienst.«

Sheriff Brass sah aufmerksam zu, wie Bob das Glas vollgoß, und nickte anerkennend.

»Hatten Sie schon Besuch?«

»Ja.«

»Aha! Galezzano!«

»Nein. Pfarrer McDolland.«

»Was wollte er denn?«

»Er gab mir inneren Beistand und trank eine halbe Flasche aus.« Bob spürte plötzlich ein unschönes Gefühl in der Magengegend. »Wer ist Galezzano?«

»Luigi Galezzano besitzt einen Fruchthandel in Las Vegas. Sein Hauptgeschäft besteht aber darin, den Einzelhandel zu beobachten, höflich ausgedrückt. Er ist für diesen Bezirk hier zuständig. Keiner weiß, wieviel Steve an Galezzano zahlte.«

»Und da läuft er noch frei herum?«

»Wir können ihm nichts beweisen, Bob.«

»Wie immer! O freies Amerika!«

Allen Brass verzog den Mund, wölbte die dicke Unterlippe vor und trank. Dabei schluckte er Luft, rülpste und stellte das Glas wieder auf den Tisch. »Bob, werden Sie nicht zynisch. In Las Vegas ist das völlig unangebracht. Las Vegas ist die einzige Stadt in den USA, die fast vollständig in der Hand der Mafia ist, jeder weiß das, und keiner sagt was. Hier hängt nämlich zuviel Kapital! Wir können uns nur bemühen, die öffentliche Ordnung aufrechtzuerhalten. Schlägereien und Schießereien gehören dagegen zum Geschäft. Steve hat es nie darauf ankommen lassen.«

»Ich verstehe, Allen.« Bob nickte. »Galezzano wird Pech haben - ich zahle nicht. Ich verkaufe die Bude.«

»An wen?« Brass schrieb mit dem Zeigefinger eine Zahl auf die Tischplatte. »In Las Vegas gibt es 2148 Icesaloons, Buden, Gaststätten, Hotels, Spielhallen und andere Stellen, wo Eis verkauft wird. Ich habe mir - Steve zuliebe - die Gewerbestatistik geben lassen. Entweder Sie machen weiter, Bob, oder hier verfault alles!«

»Ich bin nicht zum Eisrühren geboren, Allen. Ich habe studiert.«

»Was?«

»Trompete, Klavier - und Kirchenmusik.«

»Kirchenmusik?« Brass starrte Bob entsetzt an. »Das ist ja pervers! Und Sie jubeln nicht, daß Ihnen das Erbe endlich einen vernünftigen Job verschafft hat?«

»Onkel Steves Hinterlist hat mir die Sprache verschlagen. Ich habe das noch nicht verkraftet. Lassen Sie mir Zeit, Allen. Ein paar Tage nur.«

Brass erhob sich und schlug Bob auf die Schulter. Es war ein freundschaftlicher Klaps, aber selbst ein Stier wäre dabei in die Knie gegangen. Bob stützte sich mühsam auf die Tischplatte. »Wenn Sie mich brauchen - ich bin immer für Sie da!« sagte Brass. »Kopf hoch, Bob! Sie sind jetzt ein freier Mann. Denken Sie daran.«

»Bis auf Galezzano.«

»Die Steuer knöpft Ihnen mehr ab!« Brass lachte dröhnend. »Leben will gelernt sein...«

»Wem sagen Sie das, Allen!« Er brachte den Sheriff zur Tür und schloß dann wieder ab.

In der Kühltheke fand er eine Flasche Orangensaft. Er nahm sie mit ins Hinterzimmer und legte sich auf die Couch. Irgendwann schlief er ein und träumte Fürchterliches. Er war in Atlanta, in seiner Kirche und spielte wie immer die Orgel, doch als er im Spiegel die Gemeinde betrachtete, hatten alle große Hörner in den Händen und schleckten Onkel Steves Sahneeis, sogar der zweite Bürgermeister. Seine fette Zunge glänzte im Licht.

Stöhnend beugte sich Bob über das Manual und zog das Register für die Posaunenpfeifen.

Irgend jemand sagte: »Muß das 'ne Leidenschaft sein! So was sollte man nicht verschenken.«

Es war eine weibliche Stimme, die Bobs Orgelspiel unterbrach. Er zuckte zusammen, Atlanta löste sich in einen grauen Fleck auf, und die barocke Einrichtung von Onkel Steve nahm Konturen an. Noch benommen von der schnellen Rückkehr nach Las Vegas richtete Bob sich auf und stierte gegen die Wand.

»Hier bin ich!« sagte die weibliche Stimme.

Bob fuhr herum. In Onkel Steves Schaukelstuhl wippte ein Wesen, das von den weißblonden Haaren bis zu den zierlichen Füßen wie eine fleischgewordene amerikanische Puppe aussah. Soviel Formen und Kosmetik auf einem Körper hatte Bob bisher nur in Magazinen gesehen, und sich dabei jedes Mal gefragt, wieviel Stunden man wohl dazu brauchte, um sich derartig in Schale zu werfen. Und da schaukelte nun so ein Wesen vor seinen Augen hin und her und lächelte ihn an. Daß trotz der Schwingungen und der wie zu einem Striptease geöffneten Bluse der Busen nicht herausfederte, wunderte Bob. Das unirdische Wesen trug enge Satinhosen vom gleichen Himbeerrot wie die Außenverkleidung des Saloons. Das war vermutlich die Lieblingsfarbe des Verblichenen.

»Sieh an«, sagte Bob und gähnte. »Ein lieber Gast.«

»War's schön?« fragte Jenny. Niemand anderes konnte es sein.

Pfarrer McDolland hatte sie sehr gut beschrieben.

»Was?« fragte Bob zurück.

»Was Sie im Traum angestellt haben. Junge, haben Sie gestöhnt. Verrückt sexy!«

»Ich habe Orgel gespielt.«

»So kann man's auch nennen!« Jenny stellte das Schaukeln ein und beugte sich vor. Achtung, wollte Bob rufen. Gleich bricht der Damm! Aber irgendwie stimmte die Statik. Gott war ein bewundernswerter Baumeister. »Ich bin Jenny Marlow. Ihr Onkel...«

»Ich weiß.« Bob setzte sich. »Ich weiß alles.« Mein lieber Onkel Steve, dachte er dabei. Wie hast du das alles geschafft? Obwohl du mir den Saloon vererbt hast. Meine Hochachtung! Du hast dich redlich durchgeboxt, bist 69 Jahre alt geworden, hast dich mit Bravour zu Tode gesoffen, bist mit Luigi Galezzano ausgekommen und hast auch noch die Kraft besessen, ein Wunderding wie Jenny Marlow im Bett zu halten. Onkelchen, du gehörtest zur Generation der Windgegerbten!

»Was heißt alles?« fragte Jenny und blickte verführerisch naiv. Sie hatte wirklich schöne Augen, hellbraun mit einem Goldpunkt. »Was hat Steve von mir erzählt?«

»Gar nichts. McDolland, der Pfarrer.«

»Er ist ein Pharisäer!« sagte sie mit empörter Stimme. »War hinter mir her..., um meine Seele zu retten, sagte er! War Allen auch schon hier?«

»Der Sheriff? Natürlich.«

»Auch so ein lieber Freund von Steve. Überall lauert er mir auf. Wartet wie ein Hund, nur das Bein hebt er noch nicht...«

»Wundert Sie das, Jenny? Gibt es nicht regelmäßig Saalschlachten, wenn Sie irgendwo auftauchen?«

»Ich habe Steve nie betrogen. Er hätte zwar mein Vater sein können...«

»Großvater!«

»...aber ich mochte ihn. Warum? Fragen Sie mich nicht. Das kann man nicht erklären. Er war keine Schönheit. Er soff gotterbärmlich. Er hatte oft nur ein paar Dollar in der Kasse, und dann ging ich mit dem Bauchladen in den Hallen anschaffen - aber er war immer höflich zu mir, nie gemein, hat mich nie geschlagen, und ich glaubte ihm, wenn er sagte: ›Jenny, ich liebe nur zwei Menschen auf der Welt, jeden auf seine Art: Dich und meinen Neffen Bob.‹«

»Das hat er gesagt?« Bob Brook blickte sich um. Auf einer Kommode stand ein altes Foto von Steve Hamilton in einem verschnörkelten Silberrahmen. Nur jetzt nicht sentimental werden, dachte Bob. Nur jetzt nicht dem lieben Onkelchen Abbitte tun. Bei Steve war man sich nie sicher, wo Ehrlichkeit aufhörte und Sarkasmus anfing. Das mit der Neffenliebe war so ein Grenzfall.

»Er war ein imponierender Mann!« sagte Jenny. »Und stark.«

»Das will ich meinen.« Bob wandte den Blick von Jennys Bluse und erhob sich. »Was machen wir jetzt?«

»Sie sind der neue Boß. Sie haben alles geerbt.«

»Und Sie dazu.«

»Machen Sie sich darüber keine Gedanken. - Sie gefallen mir auf Anhieb.«

»Danke.«

»Irgendwie gleichen Sie Steve.«

»Aber auch nur irgendwie.«

»Sie sind groß, sehen blendend aus, so ein Typ wie Rock Hudson.«

»Soll ich erröten, Jenny?«

»Und intelligent sollen Sie auch sein, heißt es jedenfalls. Lieber Himmel, was ist über Sie schon geflüstert worden, seit herauskam, daß Sie den Saloon übernehmen werden.«

»Stopp! Da ist der erste Irrtum! Ich übernehme nichts! Ich verkaufe.«

»Eis.«

»Den Saloon!«

»Nie!« Jenny schoß aus dem Schaukelstuhl wie eine zubeißende Kobra. »Nie!« rief sie. Und wie ihre Augen funkeln konnten! Das Püppchenhafte fiel von ihr ab, sie war plötzlich ein Mensch mit einem höchst eigenständigen Charakter. Eine Persönlichkeit, die sich bisher nur maskiert hatte. »Das ist Steves Lebenswerk! Mit Leib und Seele hing er daran! Wissen Sie, was er gesagt hat? ›Bob‹, hat er gesagt, ›ist ein lieber Junge, aber völlig versaut. Studiert hat er - aber was hat er nun davon? Spielt Orgel, leitet einen Kirchenchor, bewohnt ein Zweizimmer-Apartment, war zweimal verlobt, hat aber nie geheiratet, weil die Dollars noch kürzer waren als seine Bettdecke.‹ Stimmt das?«

»Ja.« Bob sah wieder das Foto Hamiltons an. Du Gauner, dachte er. Dabei hast du mir jedes Weihnachten Noten geschenkt. Orgelkonzerte von Händel oder Schütz, Vivaldi und Bach.

»›Und deshalb soll er einmal meinen Saloon erben‹, hat Steve gesagt, ›damit er endlich ein schönes Leben führen kann. Nur deshalb schufte ich noch und sorge dafür, daß der Betrieb

hier läuft!‹ - Und Sie wollen dieses Vermächtnis einfach ver-
scheuern.«

»Du lieber Himmel, welch ein Theater! Es war nur eine Idee
von mir!« sagte Bob. »Man kann doch Ideen haben...«

»Nicht solche!« Jenny zeigte mit ausgestrecktem Arm zur Küche. »Soll ich etwas kochen?«

»Wie spät ist es?«

»Nach zwanzig Uhr.«

»O ja, habe ich geschlafen! - Haben Sie denn Hunger, Jenny?«

»Ja. Nach dem Begräbnis habe ich erst mal eine Stunde geheult und dann mit den Lieferanten um dreißig Tage Kredit
gefeilscht. Sie liefern morgen früh wieder an. Aber jetzt habe
ich Hunger.«

»Jenny, Sie sind fabelhaft!« sagte Bob ehrlich. »Wenn Sie jetzt
noch ihre Bluse zuknöpfen, könnte ich mit Ihnen vernünftig
reden. Und mit dem Hintern zu wackeln brauchen Sie auch
nicht bei mir.«

»Ich gehe nun mal so!« sagte sie giftig. »Ich kann mir Ihretwe-
gen nicht die Beine um den Hals hängen!« Sie verschwand in
der großen, blitzenden Küche - für einen Icesaloon ist Hy-
giene oberstes Gebot -, Töpfe schepperten, und dann kam sie
zurück. »Wiedereröffnung ist morgen mittag Punkt zwölf!
Bis dahin müssen wir sechzehn Sorten Eis machen. Die Torten und die Rollen werden gegen fünf geliefert. Die Getränke
um sechs. Wir werden die ganze Nacht schuften müssen.«

»Ohne mich!«

»Bob!« Sie baute sich vor Brook auf. Ihr Gesicht glühte. Wozu
braucht sie dieses fürchterliche Make-up, dachte Bob. Ohne
das Zeug ist sie hundertmal schöner, vor allem, wenn sie wütend ist. »Sie überwachen die Rührwerke eins bis neun! Die
Mischung setze sowieso ich an!« Und dann fügte sie etwas
hinzu, was Bob tief in die Seele traf: »Von mir aus können Sie
dabei an Mozart oder Beethoven denken. Hauptsache, das Eis
wird richtig!«

Man soll es nicht glauben: Es gelang!

Um fünf in der Frühe kamen die Eistorten, um sechs die Getränke, um neun waren die sechzehn Sorten Eis fertig und in die Kübel in der Theke eingefüllt, um elf putzte Jenny noch einmal das Lokal durch, um zwölf schloß Bob die Tür auf und entfernte die Schilder »WEGEN TRAUERFALL GESCHLOSSEN«.

Er trug einen weißen Leinenanzug, weiße Gummischuhe und eine himbeerrote Schürze mit dem Aufdruck »ONKEL STEVE – DER EISMEISTER«. Auf seinem Kopf saß ein weißes Käppchen.

Bob Brook kam sich ungeheuer blöd vor. Der Mensch ist eine der merkwürdigsten Schöpfungen Gottes. Während in der Natur alles nach bestimmten Gesetzen abläuft, ist der Mensch völlig unberechenbar. Ein Grashalm wächst, blüht, streut Samen und vergeht; eine Blume lebt ihren naturgemäßen Rhythmus; aus kümmerlichen Trieben entstehen gewaltige Bäume. Alles geradlinig, unbeirrt, tausendfach erprobt. Nur der Mensch steckt voller Inkonsequenzen und rennt um die Ecke, wenn er auch geradeaus weiterkommen könnte.

Bob Brook war dafür ein Musterbeispiel.

Natürlich verkaufte er Onkel Steves Icesaloon nicht, sondern bemühte sich ein halbes Jahr lang, dem Ruf gerecht zu werden, das beste Eis von Las Vegas zu machen. Seine Stelle bei der Methodistenkirche in Atlanta hatte er gekündigt, seine beiden Trompeten herüberschicken lassen, die Wohnung verkauft und von dem Erlös in Las Vegas ein gebrauchtes Klavier erstanden. Als er zum erstenmal darauf Beethovens »Wut über einen verlorenen Groschen« spielte, brach Jenny in Tränen aus, heulte: »Ach Gott, ist das schön!« und war kaum zu beruhigen.

Natürlich hatte er auch mit Jenny geschlafen, obgleich er das gar nicht wollte. Es geschah geradezu zwangsläufig, so wie dergleichen eben passiert, wenn ein Mädchen wie Jenny einen Wohnungsschlüssel besitzt: Eines Nachts erwachte Bob, als sich ein warmer, weicher, glatter Körper in sein Bett schob und zwei Arme sich um ihn legten. Es duftete nach einem Jasminparfüm, das ihm inzwischen schon wohlbekannt war.

»Bist du verrückt, Jenny?« fragte er. »Laß das!«

»Ich kann nichts dafür«, antwortete sie. »Ich fühle mich hier zu Hause.«

Auch ein Argument. Bob verzichtete auf eine Diskussion. Am Morgen aber stellte er sachlich fest:

»Wir sind uns darüber im klaren: Das beinhaltet keine Verpflichtungen.«

»Wie war das?'

»Beinhaltet! Was in der Nacht passiert, hat mit dem Tag nichts zu tun. Ist das klar?«

»Völlig, Boß!« Jenny lief im Kostüm des Paradieses durch die Wohnung, drehte die Kühlungen auf mittel und setzte die Saftmaschine an. Sechs Uhr morgens. Gleich wurde die Milch angeliefert. »Sollen wir nicht auch noch Kleingebäck ins Sortiment aufnehmen?«

Es war nicht zu leugnen: Jenny war eine Wucht! Aber die Geschäfte gingen deswegen nicht besser. Der Icesaloon war eben doch zu abgelegen. Eine Stammkundschaft fehlte. Das sah auch Luigi Galezzano ein, der sich nach einer Trauerzeit von zwei Wochen bei Bob vorstellte. Man einigte sich auf zwei Prozent vom Umsatz, nicht der Rede wert, nur eine Art Anerkennungsgebühr.

Jede Woche hatte Bob seinen Stammtisch. Der Teilnehmerkreis war, im Gegensatz zur Eiskundschaft, ausgesprochen exklusiv.

Man tagte in der Hinterstube, Jenny kochte, servierte und trug, wenigstens visuell, zum allgemeinen Wohlbefinden bei. Es trafen sich: Bob, Sheriff Allen Brass, Pfarrer McDolland und Ernesto de Trajano, der Richter in Bobs Bezirk, dessen Spezialität Ehescheidungen waren. Fast ebenso schnell wie man bei McDolland heiraten konnte, konnte man bei de Trajano geschieden werden. Neben den üblichen Gebühren gab es Spenden... Alles war legal - einfach phantastisch. Auch Onkel Steve hatte davon profitiert. Die Stammtischbelegschaft stiftete oft das Abendessen und brachte Fleisch mit, das sich Steve sonst nur zweimal in der Woche leisten konnte.

»Heute kommt der ganze Bockstall wieder -« pflegte Jenny zu sagen, wenn der Stammtisch sich ankündigte. Meist rief Pfarrer McDolland an, der einmal ausgerufen hatte: »Es stimmt nicht, daß Gott am siebten Tag sich ausruhte! An diesem gesegneten Tag schuf er das Essen!« Meist waren das die Montagabende, an denen Las Vegas ausatmete und die Wochenenddirnen per Auto oder Bahn abgereist waren. Das Spiel um Millionen ging natürlich weiter, es kannte keine Verschnaufpausen, es ratterte rund um die Uhr und würde weiterrattern bis zum Jüngsten Tag.

An einem dieser Stammtischabende legte Bob eine Zeitung auf den Tisch und blickte in die Runde. Allen Brass kniff die Augen zu. Das kann nicht sein, dachte er. Er hat durch die Zeitung einen Käufer gefunden. Der noch Unbekannte mußte irgendwo getürmt sein.

»Ich habe es satt«, sagte Bob Brook ohne jede Erregung, fast im Plauderton, »bis zum Kragenknopf satt! Das mache ich jetzt nun ein halbes Jahr, ich habe Zettel verteilt, ich habe Kinderstunden eingeführt, ich habe die Jugendklubs eingeladen, sogar McDollands Idee, die verschiedenen Kirchen zu einer Eisschlemmerstunde mit Bibellesung und Vortrag über die Eiszeit zu veranlassen, ist fehlgeschlagen. Was soll ich noch mehr tun? Dressierte Löwen, die Eiswaffeln beißen? Ein Elefant, der Hörnchen verteilt?«

»Nicht übel!« warf Allen Brass ein.

»Mit mir nicht mehr! Onkel Steves Vermächtnis in Ehren, aber ich habe mir mein Leben anders vorgestellt. Ich gebe zu - ich bin kein Virtuose, weder auf der Trompete noch auf dem Klavier oder der Orgel. Wenn es nur Genies gäbe, wäre der Idiot König! Ich habe mich deshalb nach langer Überlegung entschlossen... aber was soll das, ich lese euch einen Artikel vor, der vor zwei Wochen in den ›Nevada News‹ stand:

Ungarische Liebe.

Die aus dem kommunistischen Ungarn geflüchtete und damit ausgebürgerte Tänzerin und Sängerin Zora Varaszyn, 26 Jahre alt, verliebte sich in den 82jährigen amerikanischen Finanzmakler Herald J. Pickett. Vor sieben Wochen heirateten sie in Bonn-Bad Godesberg vor dem konsularischen Notar der US-Botschaft.

Nach ihren Flitterwochen auf Hawaii traf das junge Paar vor vier Wochen in Miami ein. Dort reichte Mrs. Pickett mit der Begründung, sie wäre gegen ihren Mann allergisch, die Scheidung ein. Jedesmal, wenn Pickett in ihre Nähe komme, bildeten sich auf ihrer Haut rote Pusteln. Alle konsultierten Ärzte hätten zur Scheidung geraten, da sonst dieses Leiden nicht zu behandeln sei.

Mr. Herald J. Pickett bestritt diese Erklärung. ›Am ersten Tag in unserem Haus in Miami‹, erzählte er, ›sagt Zora zu mir: Ich lasse mich scheiden! Durch die Heirat mit dir bin ich Amerikanerin geworden, mehr wollte ich nicht. Ich danke dir für alles, aber mit dir zu leben ist unmöglich.‹ Mr. Pickett, der in seinem hohen Alter noch an das große Glück glaubte, ist seelisch gebrochen und in ärztlicher Behandlung. Mrs. Zora aber hat schon ein Angebot der Fernsehgesellschaft ABC. Ihren amerikanischen Paß kann ihr niemand mehr nehmen.«

»Ein schönes Aas!« sagte Allen Brass laut. »Hätte Pickett sie abgeknallt, würde ich auf mildernde Umstände plädieren.«

»Liebe ist ein Geschenk Gottes!« verkündete Pfarrer McDolland. Er stierte dabei Jenny nach, die mit schwingenden Hüften Bier ausschenkte. »Diese Zora wird nicht glücklich werden!«

»Begreift ihr nicht, was dieser Artikel bedeutet?« fragte Bob. Er klopfte auf die Zeitung und blickte jeden Teilnehmer der

Runde an, einen nach dem anderen. Er sah nur fragende Gesichter. »Onkel Steve hat von mir behauptet, ich hätte eine sprühende Phantasie. Nun beweise ich es - und keinem von euch fällt das auf.«

»Was?« fragte Richter de Trajano.

»Diese Idee kann man kommerzialisieren und verfeinern. Daraus kann ein blühendes Geschäft werden. Viele Ausländerinnen, Deutsche zum Beispiel, möchten in die USA, um hier voll ins Geschäft einzusteigen. Aber sie können das nur, wenn sie Amerikanerinnen sind. Also werden sie bestimmt nicht schlecht zahlen, wenn sich ein Amerikaner findet, der sie drüben heiratet und sich hier wieder scheiden läßt! Völlig unverbindlich, ohne Herz, ohne Bett, ohne eheliche Pflichten - ein reines Geschäft! Trauung, Dollars auf ein Schweizer Konto steuerfrei, Flug nach Las Vegas, Scheidung, Händedruck. Kehrt marsch zurück nach Deutschland. Die nächste Lady! Ein faires Unternehmen, und vor allem völlig legal! Das beruhigt mich am meisten.«

»Warum Las Vegas?« fragte McDolland schwerfällig.

»Er will den Schlepper machen!« rief Jenny dazwischen. »Seit Tagen redet er davon. Mir juckt schon die Haut! Der schöne Bob will Amerikanerinnen produzieren.«

»Du bist verrückt!« sagte Allen Brass. »Heiraten kann keiner verbieten, aber mit dem Vorsatz, daß dann - nein! Das ist gegen das Gesetz.«

»Wo steht das?«

»Nirgends!« Richter de Trajano kühlte seine Kehle mit einem Schluck Bier. »Man kann dir das aber als Heiratsschwindel auslegen, Bob.«

»Wer redet von Schwindel? Hier werden Verträge gemacht. Vor der Heirat ist alles genau festgelegt. In beiderseitigem Einverständnis wird geheiratet, in beiderseitigem Einverständnis geschieden. Wie soll es da zu Komplikationen kommen?«

»Zum Beispiel Jenny!« sagte McDolland.

»Die Ehe wird doch nie vollzogen! Das habe ich ihr versprochen.«

»Und das glaubt sie?«

»Nein!« rief Jenny aus der Küche.

»Es geht schon los!« Allen Brass grinste. »Bob, zum Wüstling bist du nicht geboren.«

»Ich fliege nächsten Freitag nach New York und von dort nach Frankfurt. Die Tickets kommen morgen.« Bob Brook lehnte sich zurück. »Das Geld liegt auf der Straße, heißt es. Man braucht es bloß aufzuheben. Und genau das habe ich vor! Wenn ich nach Las Vegas zurückkomme, bin ich um mindestens 20 000 Dollar reicher. Rechnerisch und physisch sind drei Ehen pro Jahr möglich - das sind mindestens 60 000 Dollar im Jahr! Wo gibt es in Las Vegas einen Icesaloon, dessen Chef am Jahresende bare 60 000 übrig hat?!«

»Diese Rechnung haut einen um«, sagte Pfarrer McDolland sanft. »Aber in meiner Eigenschaft als Seelsorger, für den die Ehe ein Sakrament ist, habe ich nichts gehört.«

»Als Richter bin ich heute abwesend«, stellte de Trajano sachlich fest. »Ich scheide Ehen nur aus wirklich zwingenden Gründen.«

»Und mich fragt niemand?« rief Allen Brass. »Ich habe da was von steuerfrei und Schweiz gehört...«

»Das ist nicht dein Revier, Allen!« Bob winkte ab. »Wenn mir einer von euch beweisen kann, daß ich mich nach dem amerikanischen Gesetz strafbar mache, wenn ich heirate, dann blase ich sofort alles ab!«

»Moralisch gesehen...«, setzte McDolland an.

»Hier verkaufe ich Eis - in Deutschland meinen Namen. Beides ist ein Geschäft - und was hat ein Geschäft mit Moral zu tun? Keiner wird geschädigt - im Gegenteil, alle Beteiligten sind glücklich. - Hat noch jemand begründete Einwände?«

Am Freitag flog Bob Brook von Las Vegas nach New York. Er hatte nicht viel Gepäck dabei, nur einen Handkoffer. Allen Brass, McDolland, de Trajano und natürlich Jenny begleiteten ihn zum Flugzeug. Es war ein Abschied, als ginge es in ein neues Vietnam.

»Wann höre ich wieder von dir?« fragte Jenny. Ihre Stimme klang kläglich. Sie weinte sogar, sah sehr hilflos und sehr schön aus und trug noch dazu ein schickliches Kleid. »Bob, versprich mir noch einmal...«

»Ich rufe aus Frankfurt an!« sagte Bob, küßte Jennys Tränen von den gepuderten Wangen und kam sich selbst nicht ganz geheuer vor. »Keine Sorgen, ihr Lieben! Ich fahre ja nicht in den Dschungel!«

Auf dem Flug von New York nach Frankfurt - man überquerte den Nordpol - hatte Bob Brook viel Zeit zum Nachdenken.

Der Film, der auf den drei Projektionswänden des Jumbo-Jets lief, interessierte ihn nicht. Er hatte den Kopfhörer herunterrutschen lassen und die Lehne seines Sitzes nach hinten gekippt, was seinen Hintermann, einen dicken, kurzatmigen Immobilienmakler aus New Jersey, körperlich arg bedrängte, zumal auf dessen ausgeklapptem Tablett ein Whiskyglas hin und her tanzte. Bob schloß die Augen und dachte intensiv an Jenny Marlow.

Er machte sich Sorgen um sie. Zwar hatten Pfarrer McDolland, Richter de Trajano und Sheriff Brass mit erhobener Schwurhand versprochen, auf Jenny aufzupassen wie auf ihre Brieftasche, aber kann man einen Fuchs zum Wächter des Hühnerstalls machen? Es war schon eine leise Beruhigung gewesen, als Jenny ihm vor drei Tagen im Bett seine Brusthaare kraulte, was sie immer ungemein aufregte, zumal Onkel Steve gerade dort sehr wenig Haare hatte vorweisen können - und ihm erfreut mitteilte:

»Bob, mein Süßer, Harry kommt zu mir, wenn du weg bist.«

»Wer, zum Teufel, ist Harry?« hatte Bob, unangenehm berührt, gefragt.

»Mein Vetter aus Wyoming. Er arbeitet als Cowboy auf einer

Farm bei Emblem, am Greybull River. Er ist stark und mutig und hat keine Lust mehr, versprengte Kühe einzufangen. Harry würde gern im Icesaloon arbeiten, wenn du nichts dagegen hast.«

Bob hatte sich das kurz überlegt und dann gefragt:

»Wirklich dein Vetter, Jenny, ehrlich?«

»Ich schwöre es bei meiner Mutter. Genügt dir das?«

Bob hatte den Schwur zur Kenntnis genommen, und zwei Stunden vor seinem Abflug nach New York war Harry Sandler in Las Vegas eingetroffen. Als er aus dem Flugzeug stieg, mit riesigem Stetson, engen Jeans und dem wiegenden Gang eines Seemannes, da ahnte Bob Brook, daß es Reibereien geben würde. Harry lachte breit und zeigte sein starkes Gebiß, nannte Bob sofort Partner und lud dann sieben große Koffer in Bobs Stationswagen.

Sheriff Allen Brass, der bei Harrys Anblick wußte, daß Jenny nun zur uneinnehmbaren Festung geworden war, nahm darauf Bob zur Seite. Auch McDolland war dabei und beteuerte, man wolle ja nur das Beste.

»Mußte das sein?« fragte Brass.

»Ja!« antwortete Bob.

»Eine schlechte Kopie von Gary Cooper?«

»Er ist Jennys Vetter.«

»Ob das unbedingt eine Empfehlung ist? Was soll er hier?«

»Auf Jenny aufpassen!« Bob lächelte die beiden an. »In Las Vegas laufen so viele tolle Hunde herum.«

Je mehr sich Bob in seinem Flugzeugsessel mit Jenny beschäftigte, um so unruhiger wurde er. Harry hatte sich - wenn man das jetzt im nachhinein betrachtete - sehr merkwürdig benommen. Er hatte Jenny abgeküßt, ihr auf den runden Hintern geklopft, mit seiner rechten Pranke ihre Brust umfaßt und, als sie aufkreischte, wohlgefällig Hoho gerufen. Bob konnte sich nicht erinnern, von solchen Sitten unter Vettern und Cousinen jemals etwas gehört zu haben, aber Jenny beteuerte noch beim Abschied auf dem Flugplatz,

Harry sei eben ein fröhliches Haus, rauh-herzlich, wie so ein Cowboy nun mal sein müsse. Sheriff Brass aber hatte Bob noch schnell ins Ohr geflüstert: »Wir werden auf ihn aufpassen! Nur Ruhe bewahren, mein Junge!«

Bobs Zweifel bekamen Zähne und nagten an seiner Seele. Mit ihm war etwas geschehen, was er nie für möglich gehalten hätte: Er hatte akzeptiert, daß Jenny zu seinem Leben gehörte! Man sage jetzt nicht: Kunststück! Bei der Figur, bei diesem Temperament! Bei dieser Treue zum Geschäft! Jenny war umwerfend - warum sollte ausgerechnet Bob nicht stürzen? - Nein, das allein war es nicht; Las Vegas wimmelte von Frauen, die im wahrsten Sinne des Wortes Jennys Typ verkörperten. Man brauchte nur in eine Spielhalle zu gehen, und schon war man umringt von einem ganzen Puppentheater. Wenn Bob sich an Jenny gewöhnt hatte, so waren dafür andere Gründe maßgebend.

Zunächst hatte er sich dagegen gewehrt, auch diesen Teil Onkel Steves Erbe anzunehmen. Im Erbschein war zwar von »Liegenschaften« die Rede, aber so wörtlich wollte das Bob nicht auffassen. Dann kam die erste Nacht mit Jenny, diese fatale Überrumpelung mit warmer Zärtlichkeit und samtener Haut und der nächste Morgen mit Gewissensbissen, einer trällernden Jenny und der ihm fremden Erkenntnis, daß eine Frau von Jennys Kaliber noch dem tristesten Leben einen Schimmer Sternenglanz verleiht.

Von da an war Bob zufrieden. Nur die Tageskasse des Icesaloons stimmte nicht. Jenny verkaufte wieder illegal in den Spielhallen Eis aus dem Bauchladen, und wenn Bob jetzt nach Deutschland flog, um das Heiraten zu einem Beruf aufzubauen, so änderte das nichts daran, daß er Harry Sandler, dem Cowboy und Vetter, nicht eine Sekunde lang traute.

Irgendwann schlief er ein, vielleicht mitgerissen von den Schnarchtönen seines dicken Hintermannes aus New Jersey. Er wachte auf, als die Durchsage erfolgte, man solle sich anschnallen und die Rückenlehnen senkrecht stellen.

Landeanflug auf Frankfurt.

Bob blickte aus dem Fenster. Es regnete. Die Stadt unter ihm glitzerte in der Nässe. Sie überquerten eine Autobahn und donnerten auf die Landebahn zu.

Zum erstenmal betrat Bob Brook ein fremdes Land, und dazu ausgerechnet Deutschland. Was er als junger Amerikaner von den Germans gehört und gelesen hatte, sei es in den Comic-Serien oder im Fernsehen, war wenig erhebend. Danach waren alle Deutschen permanente Spitzbuben, verkappte Nazis, waffenrasselnde Militärs, alle Offiziere und reichen Leute trugen Monokel, sprachen mit knarrender Stimme und hatten ihre helle Freude daran, andere Menschen zu quälen. Ihre Hauptnahrung waren Eisbein mit Sauerkraut, dazu tranken sie aus riesigen Steinkrügen Bier, setzten grüne, spitz zulaufende Hüte mit Tierhaarbüscheln auf, sangen laut, schlugen sich auf halblange Lederhosen und stießen dabei Laute aus, die nach einer defekten Sirene klangen. Vor allem aber verherrlichten sie das Töten und sangen sadistische Lieder wie »Es zittern die morschen Knochen ...«. Es war für Bob als Musiker unfaßbar, daß ein solches Volk einen Bach oder Beethoven, einen Schubert oder Schumann, einen Händel oder Strauß hervorgebracht hatte.

Er irrte, wie alle Flugreisenden in Frankfurt, durch das riesige, unübersichtliche, verbaute, verschachtelte Flughafengebäude, rannte lange Gänge entlang, fuhr auf endlosen Transportbändern, kletterte Treppen hinauf und Treppen hinunter und erreichte endlich den Ausgang zur Zentralhalle.

In einem Restaurant fand er einen Platz an einem Tisch, an dem ein Mann in einem Jeansanzug saß und Zeitung las. Bob fand den Jeansanzug sehr sympathisch und ein wenig heimatlich. Er setzte sich an den Tisch und bestellte eine Tasse Tee und ein Glas Whisky. Der Mann ihm gegenüber las ungerührt seine Zeitung. Sie hieß »Oberfeldinger Nachrichten«, sicherlich ein wichtiges Blatt aus einer großen Stadt, obgleich Bob bei seinem Deutschlandkartenstudium auf kein Oberfel-

ding gestoßen war. Er wunderte sich auch, daß er keine Lederhosen und Pinselhüte sah. Die Deutschen waren gekleidet
wie die Leute in Atlanta oder Las Vegas. Sogar etwas korrekter.

Großvater Brook war vor vielen Jahren aus Deutschland
nach Amerika ausgewandert. Damals hieß er noch Ferdinand
Bach, war 22 Jahre alt und Tischlergeselle. Der Schwarzwald
schien ihm zu eng für seinen Tatendrang. Als Schiffszimmer-
mann überwand er den Atlantik, heuerte in Nobile an der
Alabama-River-Mündung ab und landete, Gott weiß wie und
wodurch, in Atlanta, wo er Bobs Großmutter ehelichte und
eine Kartonagenfabrik gründete, die Bobs Vater wiederum
mit leichter Hand zur Pleite führte.

Bei den Brooks wurde nur wenig deutsch gesprochen. Großvater Ferdinand war für Bob kaum mehr als ein Familienfoto.
Nur dunkel konnte er sich erinnern, daß er auf seinen Knien
gesessen und Großvater ihn mit dem Satz geplagt hatte: »Nu
sag scho mal Bärbele...«

Barbara hieß Bobs Mutter, aber sie war eine echte Amerikanerin gewesen. Niemals hatte er gelernt, »Bärbele« richtig
auszusprechen.

Immerhin versuchte der Vater Michael - Großvater zuliebe -, die deutsche Sprache in der Familie zu pflegen. Dabei
entstanden klangvolle Mischungen zwischen amerikanisch
und deutsch, zum Beispiel: »Have you ein Butterbrot?« Später
las Bob ab und zu eine deutschsprachige Zeitung, die in New
York erschien, aber er hatte wenig Freude daran. Deutsch war
ihm zu hart und zu zischend.

Der Mann, der Bob gegenübersaß und ein Bier getrunken
hatte, faltete die Zeitung zusammen. Er lächelte seinem
Tischnachbarn freundlich zu. Bob grinste zurück.

»Hallo!« sagte er. Hallo ist ein gutes Wort - mit ihm kann
man immer anfangen. Vor vielen Jahren hatte ein amerikanischer Senator den zu Besuch in den USA weilenden englischen König mit »Hallo, Mr. King!« angeredet. Die diplomati-

schen Beziehungen zwischen Amerika und England wurden deshalb nicht abgebrochen.

Der Mann gegenüber nickte und antwortete: »Hallo!«

»Sie sprechen englisch?« fragte Bob erleichtert.

»Ja.«

»Ich bin eben angekommen. Aus New York.«

»Welch ein Zufall. Ich will nach New York.«

»Sie sind Deutscher?«

»Ja. Warum?«

»Es geht um eine Auskunft, Mister.«

»Höckfeld.«

»Diese schrecklichen Namen.«

»Sagen Sie Bill.« Herr Höckfeld war sehr menschenfreundlich. »Wenn ich Ihnen helfen kann...«

»Bob Brook.«

»Um was geht es, Bob?«

»Wo leben die reichsten Leute in Deutschland?«

Herr Höckfeld sah seinen Tischgast verblüfft an, aber dann lächelte er wieder. »Das ist schwer zu sagen. Überall leben welche. Besonders viel Kapital gibt es in Frankfurt und Hamburg.«

»Wo wohnen die fröhlichsten Deutschen?«

»Köln und Düsseldorf.«

»Wo gibt es die hübschesten Mädchen?«

»Da möchte ich niemanden beleidigen. Deutschland ist voll von hübschen Mädchen.« Herr Höckfeld schaute an die Restaurantdecke. »Aber wenn Sie meine ganz persönliche Meinung wissen wollen: Ich habe die schönsten Frauen in München und - lachen Sie nicht - im Ruhrgebiet getroffen.«

»Warum soll ich lachen?« Bob trank seinen Whisky und wirkte ein wenig unsicher. »Ich bin nach Deutschland gekommen, um mir eine Frau zu suchen«, sagte er. »Wo, meinen Sie, sollte ich anfangen?«

Herr Höckfeld lachte. Ein verrückter Hund, dachte er. Kommt so einfach herüber und fragt einen Wildfremden, wo

er seine Frau suchen soll. Die berühmte amerikanische Unbe-
kümmertheit.

»Dazu gehört Glück!« sagte Höckfeld. »Bob, Sie können in
Hamburg suchen, und die Idealfrau sitzt in München. Es ist
ein Glücksspiel...«

»Davon verstehe ich was, Bill! Ich wohne in Las Vegas.« Bob
blickte auf die große Anzeigetafel, die alle Abflüge der nächsten drei Stunden aufzählte. »Sie haben gesagt, in München
gibt es viele hübsche Mädchen, okay - ich fliege weiter nach
München. In einer halben Stunde! Bill, ich danke Ihnen. Für
einen Deutschen sind Sie außergewöhnlich höflich.«

Er klopfte dem verblüfften Höckfeld auf die Schulter, legte
für Whisky und Tee großzügig zehn Mark auf den Tisch,
nahm seinen Handkoffer und verließ das Restaurant.

Am Abend landete er in München. Er hatte die letzte Maschine nehmen müssen, alle anderen waren ausgebucht,
auch etwas, was er aus Amerika nicht kannte. Ein Taxi
brachte ihn von Riem in die Innenstadt. »Wohin«, hatte der
Fahrer gefragt. Und Bob hatte geantwortet: »In irgendein Hotel!« Und der Fahrer hatte gefragt: »Viel Money, oder wenig
Money?« Man einigte sich darauf, daß der Begriff »viel« rela-
tiv sei, und das Taxi setzte Bob Brook vor dem Hotel »Königs-
hof« ab. Er bekam ein schönes Zimmer mit Blick auf den Sta-
chus, dem angeblich belebtesten Platz Europas, und gab dem
Boy fünf Mark Trinkgeld. Dann wanderte Bob in dem großen Raum herum, bewunderte die blaugemusterten Polster-
möbel, die braunen Wände, die schweren Portieren, den dik-
ken Teppichboden, die eingebauten Schränke mit Jalousietü-
ren, entdeckte die Minibar und erfrischte sich zunächst mit
einem Gin Tonic.

Es war das schönste Zimmer, das er je bewohnt hatte.

München. Der Anfang einer großen Karriere. Bob zählte sein
Geld und die Travellerschecks, saß dann zögernd auf der
Bettkante und starrte auf das Telefon. Jenny ist eine Investi-
tion wert, dachte er. Nur ganz kurz... nur hallo...

Er ließ sich mit Las Vegas verbinden und war erstaunt, daß in Deutschland eine Verbindung nicht länger dauerte als in den USA.

Jenny war natürlich schon auf, in Las Vegas war ja jetzt Morgen. Sie meldete sich mit »Bobs Icesaloon«, und Bob empfand ein Glücksgefühl, als er ihre Stimme hörte.

»Darling...«, sagte er überwältigt.

»Wer ist da?«

»Bob...«

Im fernen Las Vegas erklang ein Aufschrei, dann Jennys flatternde Stimme.

»Süßer, wo bist du?«

»In München.«

»Warum?«

»Habe einen Tip bekommen! Jenny, ich liebe dich! Good bye... es wird zu teuer!«

Er drückte auf die Gabel, küßte die Sprechmuschel des Telefons und beschloß den Tag, indem er aus der Minibar seines Zimmers alle Wodka-, Gin- und Whisky-Fläschchen austrank. Zufrieden fiel er ins Bett. München war eine schöne Stadt...

Am nächsten Morgen kaufte sich Bob alle in München erscheinenden Zeitungen, studierte drei Stunden lang die Rubriken VERMIETUNGEN und telefonierte dann mit sieben Maklern und neun Hausbesitzern. Vier Makler und fünf Hausbesitzer erklärten ihm, als Bob sich als Amerikaner vorstellte, die Wohnung sei schon vergeben. Ein Makler jedoch pries die freie Wohnung an, als sei er Conferencier im großen Ballsaal des »Imperial« von Las Vegas. Er sprach ein akzentfreies Englisch, und das bewog Bob, nach Bogenhausen zu fahren.

Wer in München als Adresse Bogenhausen angibt, braucht kaum noch andere Referenzen. Bob war sowohl begeistert wie betroffen, als er die Wohnung besichtigte: Eine Etage einer weißen Villa, zu der ein Park mit einem Springbrunnen gehörte.

»Die gesamte Einrichtung im Louis-XV.-Stil« erklärte der Makler. »Ein einmaliges Objekt. Unter Ihnen wohnt ein pensionierter Ministerialdirigent, der schwerhörig ist. Berufskrankheit sozusagen, hoho! Er ist der Hausbesitzer, und Sie werden ihn nicht stören, weil er Sie nie hört. Sie können sofort einziehen, die Wohnung ist voll funktionsfähig. Kaution DM 5000, Miete pro Monat DM 3000. Kalt!«

»Was heißt kalt?« fragte Bob irritiert.

»Ohne Heizung.«

»Muß ich die einbauen?«

»Die Heizölkosten werden pro Jahr anteilig berechnet.«

Der Makler setzte sich an einen der wertvollen Louis-XV.-Tische und holte aus seiner Aktentasche einen Block mit Mietverträgen heraus. »Entspricht die Wohnung Ihrem Geschmack, Mister Brook?«

Bob stand an dem großen Doppelfenster und blickte hinaus in den Park. Der schwerhörige Ministerialdirigent wanderte durch den Garten und streute Vogelfutter. 8000 sind auf einmal weg, dachte Bob. Auch wenn ich die Kaution später zurückbekomme - jetzt fehlt sie mir! Das halbe Startkapital wird in die Wohnung gesteckt. Es ist wie bei den einarmigen Banditen in Las Vegas: Man wirft das Geld ein, der Apparat schnurrt los, aber ob er jemals Dollars ausspuckt, weiß kein Mensch. Aber wie soll man das ändern? Das ganze Leben ist ein Glücksspiel.

»Okay!« sagte Bob mit trockener Kehle. »Ich nehme sie. Kann ich gleich hierbleiben?«

»Wenn Sie das Geld greifbar haben?«

Nachmittags um halb vier war Bob Brook Mieter einer Wohnung, deren Eleganz und geschmackvolle Einrichtung jeden künftigen Besucher davon überzeugen mußte, daß Gediegenheit noch immer die Basis der Wohnkultur ist. Er lief durch alle vier Zimmer, setzte sich in jeden Sessel und auf jeden Stuhl. Dann stieg er die Marmortreppe hinunter und stellte sich beim Hausbesitzer vor. Der Ministerialdirigent war wirklich sehr schwerhörig; sie unterhielten sich brüllend über Las Vegas, das der alte Herr vor neunundzwanzig Jahren besucht hatte. Er schien mit dem neuen Mieter sehr zufrieden zu sein.

Die erste Nacht in der eigenen Wohnung verlief recht unruhig. Bob lag bis 3 Uhr morgens wach im Bett, rechnete immer wieder seine Barschaft durch und kam zu dem Ergebnis, daß schon der erste Anlauf ein Erfolg werden mußte, sonst würde sogar die Finanzierung des Rückflugs nach Las Vegas gefährdet sein. Später träumte er, eine Schar alter Damen bedrängten ihn. Alle riefen: »Darling, nimm mich mit!« Schweißüberströmt wachte er auf, duschte eiskalt und war sich darüber im klaren, daß sein neuer Beruf doch große Risiken barg.

Der Entwurf, den Bob zusammen mit McDolland, der von sich behauptete, deutsch zu können, noch in Las Vegas aufgesetzt hatte, erstaunte den Mann von der Anzeigenaufnahme der »Abendzeitung«. Er las ihn durch, betrachtete den Kunden mit nachsichtigem Lächeln und korrigierte mit einem Bleistift den Text.

»Falsch?« fragte Bob.

»Nur ein paar Schreibfehler. Aber dafür sind wir ja da.« Der freundliche Mann schob Bob den veränderten Text zu. »So ist es richtig.«

Bob hatte geschrieben:

Amerikaner, gratte ayngetrofen, and desshalb alleyn and aynsahm, sucht Kontakt zu einnem libben Mänchen. Da Jungselle, sind ale Mögglichkeyten öffen.

Mit schiefem Grinsen sagte Bob auf englisch: »McDolland drehe ich den Hals rum!«

»Ich lasse die Anzeige für Sie abschreiben«, sagte der Anzeigenmann im besten Englisch. »Die Hauptsache ist, ich habe Sie verstanden.«

Bob zahlte eine Gebühr, die ihn atemlos machte, ging mit seinem Zettel zum »Münchner Merkur« und dann zur »tz«, um schließlich bei der »Süddeutschen Zeitung« einzusehen, daß seine nächtlichen Berechnungen nicht korrekt gewesen waren. Von nun an mußte er bescheiden wie ein Baumwollpflücker leben. Er aß in einer bayerischen Bierhalle Leberknödel mit Kraut und war glücklich, hier endlich Lederhosen und Gamsbarthüte vorzufinden. Er schaffte sogar einen der riesigen Krüge, Maß genannt, aber nur deshalb, weil bei weitem nicht bis zum Füllstrich gezapft war, was sich aber erst nach dem Zusammenfallen des Schaums herausstellte. Bob Brook kam sich schon sehr akklimatisiert vor. Er sah sich einen Film mit Shirley McLaine an, geriet dann, vom Duft angelockt, in das Lokal »Donisl« am Marienplatz und aß zum Entsetzen der Anwesenden zwei Paar Weißwürste mit der Haut. »A Preiß!« sagte jemand aus dem Hintergrund. »Saublöd wia imma...«

Am nächsten Morgen kaufte sich Bob Zeitungen. In der Rubrik BEKANNTSCHAFTEN fiel seine Kleinanzeige nur durch den Fettdruck des Wortes *Amerikaner* auf. Der Rest wirkte sehr mickrig.

Amerikaner, gerade eingetroffen und deshalb allein und einsam, sucht Kontakt zu einem lieben Menschen. Da Junggeselle, sind alle Möglichkeiten offen. Zuschriften unter...

Bob schnitt die Anzeigen aus, legte sie in eine Klarsichthülle und faltete die Hände. Eine stille Panik überfiel ihn. Wie, wenn sich niemand meldete? Oder nur zwei Frauen? Und wieso überhaupt Frauen? Da stand: »Sucht Kontakt zu einem lieben Menschen...« Darauf können sich auch Männer melden! Der Text dieser Anzeige war hirnverbrannt, aber McDolland - mein lieber Pfarrer, wenn du in den Himmel kommst, werde ich Erzengel! - hatte das so erklärt: »Das ist eine ganz raffinierte Anzeige, Bob: Kein Alter, keine Personenbeschreibung, keine Angaben über Vermögen. Nur - Amerikaner und Junggeselle! Soeben eingetroffen. Bum! Das sitzt wie ein Blattschuß!« Richter de Trajano hatte als juristischer Fachmann zugestimmt und Bobs Zweifel beseitigt.

Drei Tage lief Bob Brook wie ein hungriger Wolf durch die Straßen Münchens, der an dem Komplex leidet, zahnlos zu sein. Er saß im Freien vor den Straßencafés auf dem Marienplatz und an der Leopoldstraße in Schwabing. Dieser Mr. Höckfeld im Flughafenrestaurant hatte schon recht. In München liefen viele hübsche Mädchen herum, und ein Nachmittag auf der Leopoldstraße war ein erotisches Appetithäppchen. Er hörte den jungen, bärtigen Protestsängern zu, die in der Kaufinger- und Neuhauserstraße an den Ecken standen und zu Gitarrenklängen allen erzählen, die Welt sei ein Dreckhaufen, das Leben sei beschissen und im Nichts lebe es sich immer noch besser als im Überfluß. Dann kassierten sie bei den verdammten Spießern und holten sich Bier und Laugenbrezeln.

Am vierten Tag rief Bob, von Untergangsvisionen gepeinigt, der Reihe nach die Anzeigenabteilungen an.

»Ist auf meine Chiffre schon etwas angekommen?« fragte er höflich und kläglich zugleich.

Bei der »Abendzeitung« antwortete man: »Warum melden Sie sich nicht? Kommen Sie bitte sofort und bringen Sie eine Reisetasche mit!«

Bob war verwirrt. Die »tz« riet ihm, einen Koffer mitzubringen, beim »Merkur« war's nur eine Aktentasche, bei der »Süddeutschen« erklärte man ihm vornehm, es sei ein überdurchschnittlicher Posteingang zu verzeichnen.

Mit einem Taxi fuhr Bob die Expeditionen ab und sammelte ein. Der Taxichauffeur, wie fast alle seine Kollegen im Umgang mit Amerikanern erfahren, fragte, als sie wieder in Bogenhausen angekommen waren: »Haben Sie Ölfelder in Texas angeboten?«

»So ähnlich«, antwortete Bob überwältigt. »Die Deutschen sind ein herrliches Volk!«

Der Taxifahrer nickte. Ein Spinnerter, dachte er, ließ sich bezahlen und fuhr davon. Bob trug die Post in seine Wohnung, schüttete alle Briefe auf den großen Tisch des Eßzimmers und betrachtete sie genußvoll. Dann rannte er zum Telefon und wählte Las Vegas.

Dort war natürlich tiefe Nacht, und dementsprechend sagte Jenny ungnädig: »Geh aus der Leitung, du Miststück!«

»Hier bin ich, mein Darling!« schrie Bob. »Jenny, es geht los! Ich schätze über fünfhundert Briefe.«

»Wo bist du?« schrie Jenny zurück. »'ne ganze Woche keinen Ton! Wer liegt bei dir im Bett?«

»Ich schwöre es dir, Süße: Niemand! Ich habe jetzt eine Wohnung.« Er nannte Adresse und Telefonnummer, gab über mehrere tausend Kilometer hinweg ein Küßchen und hängte ein.

Welch ein Meer von Briefen! Wie begehrt war ein Amerikaner...

Nach zwei Stunden wußte Bob, daß er sich wirklich auf ein Glücksspiel eingelassen hatte. Einen Berg von Zuschriften hatte er schon aussortiert: die Angebote gewerbsmäßiger Damen mit Detailangaben und Stundenpreis; die Einladungen von Privatclubs zur toleranten Freizeitgestaltung; das Fotoalbum eines exklusiven Etablissements - man brauchte nur die Nummer unter dem zusagenden Foto zu nennen, und die Dame kam ins Haus.

Ein Gesangsverein suchte einen neuen Sangesbruder, der DM 1000 Einstand in die Vereinskasse zahlen würde. Prospekte von vierzehn Nachtlokalen versprachen Entspannung in angenehmer Atmosphäre.

Ein Wanderkreis behauptete, in frischer Luft entfalte sich die menschliche Persönlichkeit.

Bob Brook legte eine Pause ein und trank einen Whisky. Den »Playboy«, den er gestern gekauft hatte, brauchte er gar nicht mehr aufzuschlagen; die den Briefen beigefügten Bilder übertrafen alle gedruckten Reize.

Spät am Abend nahm sich Bob dann noch einmal die wenigen Zuschriften vor, von denen er sich etwas versprach. Besonders ein Brief gefiel ihm. Er kam von einer Erika Blume aus der Fürstenrieder Straße. Ein klarer, knapper Brief, ohne Bild, mit kurzen Angaben. Beruf: Modezeichnerin. Alter: 30 Jahre. Hobbys: Opern, Konzert, Malerei, fremde Länder.

Eine künstlerische Natur mit Fernweh... Bob fühlte sich sofort zu Erika Blume hingezogen. Wenn auch das Heiraten ein Geschäft sein sollte - mit einem bißchen Sympathie wäre alles doch viel einfacher.

Bob drehte den Brief zwischen den Fingern und schnupperte daran. Kein Parfüm - hätte auch nicht zu Erika gepaßt. Er wählte die Telefonnummer, die im Absender angegeben war. Eine tiefe, hallende Männerstimme sagte: »Bubelatz...«

»Wie bitte?« stotterte Bob verwirrt.

»Bubelatz! Institut für lautlose Selbstverteidigung. Was kann ich für Sie tun?«

»Have you Miß Blume?« fragte Bob.

Jetzt war Bubelatz verwirrt. »Wer ist denn da?« dröhnte er aus dem Hörer.

»An American in Munich...«

»Arschloch!« sagte Bubelatz, hustete ins Telefon und legte auf.

Durch Unhöflichkeit ließ sich Bob nicht beirren. Sofort wählte er noch einmal. Und siehe da, nicht der grobe Bubelatz hob jetzt ab, sondern eine klare Mädchenstimme meldete sich. Bob wedelte erfreut mit dem Brief

»Miß Blume?« rief er. »Sprechen Sie englisch?«

»Ja.«

»Herrlich! Sie sind doch Miß Erika Blume?«

»Ja.«

»Ich habe Ihren Brief erhalten. Mein Name ist Bob Brook. Der Amerikaner...«

»Ich habe Ihnen geschrieben, ja.«

Das klang kühl. Bob setzte sich neben das Telefon und lauschte auf den Klang ihrer Stimme. Als Musiker hat man ein Ohr für solche Feinheiten. Wenn zum Beispiel Jenny sprach, klang es wie ein Balzgesang. In Erika Blumes Stimme lag kein erotischer Unterton; sie war so unverfänglich wie ein Glas klares Wasser.

»Wer war der fürchterliche Mensch vorhin am Telefon?« fragte Bob.

»Waldemar Bubelatz. Karatelehrer. Mein Wirt. Ich wohne bei ihm zur Untermiete. Ich kam zufällig ins Wohnzimmer, als er Sie anatomisch klassifizierte. ›Ein Ami!‹ brüllte er, da riefen Sie wieder an.«

»Wann können wir uns sehen?« fragte Bob.

»Sie fragen gar nicht, welch ein Typ ich bin? Ich hatte kein Bild beigelegt.« Erikas Stimme klang nachdenklich. »Auch Sie können eine Art Frankenstein sein.«

»Ich bin ein netter, angenehmer, höflicher Mann von 35 Jahren, gelernter Musiker – Trompete, Klavier und Orgel –, und ich habe von einem sadistischen Onkel einen Icesaloon geerbt. Ich wäre längst pleite, wenn ich nicht so bescheiden wäre. Hören Sie, Erika?«

»Ja. Das klingt gut.«

»Ich bin also kein Ölmillionär, sondern ein geschäftlicher Winzling. Enttäuscht?«

»Im Gegenteil. Und nun suchen Sie in Deutschland Arbeit?«

»Wie man's nimmt. Ich möchte heiraten...«

»Das kann auch zur Arbeit ausarten.«

»Erika, Sie sind ein Idealfall!« Bob klatschte in die Hände.

»Reden wir nicht herum. Ich suche eine Frau, die sich mit mir verheiraten will, um dadurch Amerikanerin zu werden. Sie wissen ja: Durch die Ehe erwirbt sie schneller alle Bürgerrechte der USA! Mit der Heirat ist natürlich die Garantie der sofortigen Scheidung in Amerika verbunden.«

»Verstehe!« Erika Blume schien gar nicht erstaunt zu sein. »Für diesen Job ist allerdings Ihre Anzeige irreführend, Bob, das muß ich Ihnen sagen. Wieviel Angebote haben Sie bekommen?«

»Einen Sack voll.«

»Und wie viele waren brauchbar?«

»Eigentlich nur Sie, Erika!« sagte Bob kleinlaut.

»Sie machen das noch nicht lange?«

»Ich bin gerade bei der Firmengründung. Hätte ich annoncieren sollen: Wer will Amerikanerin werden? Junger Mann hilft dabei?!«

»So ähnlich. Wie hoch ist Ihre Taxe?«

Bob zuckte zusammen. »Haben Sie Geld, Erika? Mein Gott, Sie sind ja gar nicht entsetzt! Sie sprechen ja weiter mit mir! Wollen Sie etwa wirklich... Erika!«

»Ihre Anzeige fiel mir auf. Genau wie Sie hofften, daß sich die Richtigen melden, hoffte ich, daß Sie der Richtige sind. Anscheinend sind Sie es. Wir sollten uns wirklich sehen.«

»Morgen?« rief Bob begeistert. Die erste Kundin! Meine erste Ehefrau! Das Geschäft ist eröffnet!

»Wo ist Ihr Büro?« fragte Erika.

Er nannte seine Anschrift. »Um elf Uhr zu einem Frühstückseis?« schlug er dann vor.

»Einverstanden. Und wo?«

»Schlagen Sie vor. Ich bin ja eben erst in München angekommen.«

»Um elf Uhr im Café Leopold?«

»Gut, woran werde ich Sie erkennen?«

»Ich trage am Ausschnitt einer blaßgelben Bluse eine künstliche rote Mohnblüte.«

»Süß!«

»Und wie finde ich Sie?«

»Ich bin der schönste Mann im Café.«

Erika Blume antwortete nicht, sondern legte auf. Einen Augenblick lang war Bob erschrocken. Das war zu dick aufgetragen, dachte er. Geschäfte dieser Art werden nüchtern abgewickelt. Klare Absprachen, klare Preise, reelle Bedienung... Ende! Man küßt ja auch nicht einen Karpfen, bevor man ihn schlachtet. Er überlegte, ob er Erika vergrault habe, und wählte noch einmal ihre Nummer, um sich zu entschuldigen.

»Bubelatz!«
Bob ließ den Hörer fallen und verzichtete auf eine höfliche Geste.

Er schlief köstlich, träumte von Erika Blume, die wie eine Elfe durch einen blühenden Hain schwebte und sphärische Laute von sich gab. Da weckte ihn ein lautes, rabiates Klingeln. Bob sprang aus dem Bett, sah auf die Uhr - es war schon acht Uhr morgens! - und tappte zur Wohnungstür. Wieder klingelte es anhaltend, als lehne sich jemand an den Knopf. Bob blieb stehen und überlegte. Er hatte noch keine Bekannten. Seine Adresse wußte auch keiner außer Jenny und seit gestern Erika Blume. Die eine war weit weg in Las Vegas, die andere traf er um 11 Uhr im Café Leopold. Blieb nur der schwerhörige Ministerialdirigent unter ihm, und der hörte wohl gar nicht, daß er längst Sturm klingelte. Bob riß die Tür auf.
Draußen stand ein mittelgroßer, gedrungener, blonder Mann um die Vierzig und starrte Bob finster an.
»Sind Sie Bob?« fragte er.
Schon die Stimme hätte Bob warnen müssen, aber wer so aus dem Träumen gerissen wird, reagiert langsam, das Hirn schlummert noch. »Ja!« sagte er unnötig.
»Bubelatz!«
Es gab ein klatschendes Geräusch, und Bob hatte das Gefühl, als sei ein Stück eines aus dem All zurückgekehrten Satelliten genau auf seinem rechten Auge gelandet. Er hüpfte nach hinten, taumelte, hielt sich an einer Flurkommode - im Stil Louis XV. - fest und sah mit dem linken Auge, wie Bubelatz erneut in Stellung ging. Einem Impuls folgend, trat er die Tür zu, und sie fiel ins Schloß, als Bubelatz vorstürmte. Der Schlag krachte gegen die Tür, Bob hörte, wie Bubelatz aufstöhnte und sich dann entfernte. Unten knallte die Haustür zu. Bob war heilfroh, einen schwerhörigen Hausherrn zu haben.

Bis halb elf war er damit beschäftigt, sein Auge zu kühlen. Auf dem Sofa liegend, einen kalten nassen Lappen über dem Gesicht, dachte er darüber nach, welche Veranlassung dieser widerliche Bubelatz wohl habe, sein Mißfallen mit derart schlagenden Argumenten auszudrücken. Bei Männern, die so reagieren, kann es sich nur um Liebhaber handeln, denen man ins Revier gekommen ist. Warum aber wollte dann Erika Blume in die USA? Um Bubelatz bis aufs Blut zu reizen? Um sich von ihm zu trennen? Kämpfte Bubelatz verzweifelt um seine Liebe und war froh, mit Bob Brook endlich jemanden gefunden zu haben, an dem er sich abreagieren konnte?

Mit Komplikationen hatte Bob gerechnet, vor allem von weiblicher Seite. Aber nie hatte er eingeplant, daß Männer sich ihm in den Weg stellen würden. Das Geschäft mit der Heirat war ein Doppelspiel; für einen Dritten war dabei kein Platz.

Die Kühlung nützte nichts. Bubelatz' geübte Faust verursachte blaue Flecken, die nur die Zeit heilen konnte. Man mußte mit fünf bis neun Tagen rechnen, je nach Intensität des Aufpralls. Bob betrachtete sich im Spiegel und stellte fest, daß er mit seinem bunten, angeschwollenen Auge nicht mehr dem Ideal des schönen Mannes entsprach. Er rang mit sich, ob er sich eine Augenklappe kaufen sollte oder ob es heldenhafter sei, die Spuren des Kampfes offen zu tragen. Die Zeit drängte; um elf Uhr war Erika Blume im Café Leopold. Ein guter Geschäftsmann läßt seine Kunden nicht warten.

Bob entschloß sich, das mißhandelte Auge nicht zu verdekken, setzte aber seine breite Sonnenbrille auf. Das Taxi, das ihn abholte, ließ er vor einem Blumenladen halten, kaufte einen Strauß gelber Rosen und war beruhigt, als die Verkäuferin keine Anstalten machte, ihn kritisch zu mustern. Die Folgen von Bubelatz' Untat waren also nicht so ohne weiteres sichtbar.

Das Café Leopold war wie immer überfüllt. Junge Leute schleckten Eis, tranken Cola oder Kaffee. Auch einige Biertrinker saßen herum, und vor älteren Damen türmten sich gewaltige Sahnetorten. Ein paar Vertreter überbrückten die Wartezeit zwischen Kundenbesuchen.

Eine junge Kellnerin bemerkte Bob mit seinem großen Rosenstrauß. »Hinten in der Ecke wird gleich ein Tisch frei!« sagte sie im Vorbeigehen. »Haben schon bezahlt...«

Bob verstand nur die Hälfte und nickte. Ecke hatte er begriffen. Er schob sich zwischen den Tischen hindurch bis zu dem Eckplatz und blieb dort stehen. Die drei Platzinhaber, zwei junge Männer und ein Mädchen, sahen ihn an und grinsten.

»Da will jemand was aufreißen!« sagte der eine. »Gehen wir, der hat's nötiger als wir!«

Sie lachten. Bob, der wieder nichts von dem, was gesagt worden war, verstanden hatte, lächelte sonnig zurück. Als der Tisch frei war, setzte er sich und legte den Rosenstrauß wie eine Sperre über die Platte und verscheuchte damit zwei andere Männer, die an einer Säule sprungbereit gelauert hatten.

Um elf Uhr – er hatte gerade für sich einen Gin-Fizz bestellt – kam Erika Blume. Es hätte der Mohnblüte am Blusenausschnitt nicht bedurft, um sie sofort zu erkennen. Sie war mittelgroß, hatte mittelblonde, halblange Haare, ein rundes, süßes Gesichtchen, hellblaue Augen, einen gut geschwungenen Mund. Ihre Figur war weder zu schlank noch zu füllig. Ein Frauenkenner würde sagen: Sie war griffig.

Sie sah sich im Café fragend um, Bob sprang auf und winkte mit beiden Armen. Ihr durch die engen Reihen entgegenzulaufen, wäre ein lächerlicher Slalomlauf geworden. Da es sich gehört, bei der Begrüßung die Sonnenbrille abzunehmen – zumindest innerhalb geschlossener Räume –, trennte sich Bob von seinen schützenden Gläsern.

Erika Blume winkte zurück, schlängelte sich durch die Tischreihen und starrte Bob an. Sein Auge war inzwischen tiefblau geworden.

»Gehören Sie einer Sekte an?« fragte Erika. »In Amerika ist ja alles möglich.«

Bob gefiel dieser erste Satz. Er grinste verlegen, legte die Hand über sein mißhandeltes Auge und sagte:

»Bubelatz«.

»Mein Gott!« Sie war ehrlich entsetzt. »Wann?«

»Heute morgen um halb acht! Die Unterhaltung bestand aus fünf Worten. – Kommt Bubelatz auch noch?«

»Er hat jetzt seine Trainingskurse! Bob, das tut mir leid! Er hat keine Veranlassung, sich so zu benehmen!«

»Dann werde ich ihm einen Gegenbesuch abstatten!« sagte Bob finster. Er reichte ihr die Rosen. »Ich freue mich...«

Erika nahm den Strauß, schnupperte daran und setzte sich. Die Blumen legte sie auf einen freien Stuhl.

»Worauf?« fragte sie. Ihr erster Eindruck von Bob Brook war positiv. Ein netter Mann, gepflegt, groß und mit Manieren. Und sportlich. Hier lag sie freilich ganz falsch, denn im Gegensatz zu vielen seiner Landsleute hatte Bob nie eingesehen, warum man mit hängender Zunge einem runden Ball nachlaufen soll, oder warum man von ihm erwartete, er könne 4 Meter weit oder 2 Meter hoch springen. Auch 1000 Meter herunterzuhetzen, brachte nach dem Gesetz der Logik nichts ein, und es war ihm rätselhaft, warum man an Ringen krampfhaft Figuren bilden oder sich um eine Metallstange drehen mußte, die sich Reck nannte. Dieser Einstellung zum Trotz hatte die Natur Bob mit einem Körper ausgestattet, der überall als der eines Sportsmannes angesehen wurde und dem man zutraute, beim Rugby alle Gegenspieler über den Haufen zu rennen.

»Sie freuen sich auf das Geschäft?«

»Natürlich. Das heißt...« Bob spürte ein Kribbeln unter der Kopfhaut. Es war gar nicht so einfach, in einen neuen Beruf einzusteigen, wenn einem gelegentlich doch noch vorhandene Skrupel zu schaffen machten. »Trinken Sie Kaffee, Schokolade, Tee, etwas Kaltes?«

»Einen Geisha-Becher.«

»Einen was?«

»Das ist ein Eisbecher mit Mandarinen und Mandarinenlikör. Geisha heißt er, weil er mit einem kleinen japanischen Papierschirmchen geschmückt ist.«

»Süß! Und was empfehlen Sie mir?«

»Eis?« Sie lächelte. »Verzeihung. Sie haben ja selbst einen Eissalon. Was mögen Sie gern?«

»Mir ist nach einem Whisky zumute.«

»Na also.« Sie lehnte sich zurück, ihre Bluse spannte sich wohltuend, ihre blauen Augen strahlten. Ein nettes Mädchen, dachte Bob, ganz Natur. Sie kommt ohne raffinierte Bemalung aus. Sie ist ganz Natur.

»Kommen wir zur Sache. Wieviel?«

Die Frage überrumpelte Bob völlig. Er stierte sie an und dachte an Jennys Ermahnung: »Mach's nicht unter zehn Riesen!« Dann hörte er sich sagen:

»50000 Deutsche Mark.«

Erika Blume blickte auf die gelben Rosen, hob sie hoch, roch wieder daran und sagte dann:

»Einverstanden! Mit einer Bedingung.«

»Und die wäre?«

»General Wellington muß auch mit.«

Bobs Herz machte einen Sprung. Sie ist verrückt, durchfuhr es ihn. O Gott, das schöne Mädchen hat einen Knacks... und sieht dabei so lieb aus...

Wenn man 50000 Mark verdienen kann, und noch dazu vergleichsweise so einfach, dann sollte man nicht allzu wählerisch sein und gewisse Verrücktheiten in Kauf nehmen. Es blieb ja im Grunde nur eine Formsache, obgleich es natürlich trotzdem zutiefst bedauerlich ist, wenn sich bei einem so netten Mädchen wie Erika Blume plötzlich ein Dachschaden bemerkbar machte. Bob mußte ein paarmal tief durchatmen, um wieder nüchtern zu denken. Dann blickte er Erika Blume mit sanften Augen an.

»Natürlich kommt General Wellington mit!« sagte er. »Warum sollen wir den tapferen General zu Hause lassen?

Seine Verdienste um Europa sind unbestritten! Man denke nur an Waterloo! Aber warum soll General Wellington allein reisen? Nehmen wir Marschall Blücher nicht auch mit?«
Erika Blume bekam gerade ihren Geisha-Becher serviert. Sie rupfte das japanische Schirmchen aus dem Eis und spannte es mehrmals auf und zu. Das sah zwar sehr lustig aus, zeigte aber auch, wie nervös sie war. Sie betrachtete Bob kritisch und etwas irritiert.
»Ist der Whisky zu stark?« fragte sie
»Er ist herrlich! Warum?«
»Dann können Sie also nichts dafür?«
»Wofür?«
»Daß Sie so einen Unsinn verzapfen! Was soll Marschall Blücher?«
»Ich dachte, wenn Sie mit General Wellington daherkommen.«
»General Wellington ist drei Jahre alt, hat eine Rückenhöhe von dreißig Zentimeter und ist ein Mops.«
»Ein was?«
Man sollte sie jetzt ganz lieb streicheln, dachte Bob, damit sie sich nicht noch weiter aufregt. Irre brausen schnell auf. Er hatte das einmal erlebt, beim Gesangsunterricht in seinem Kirchenchor. Bei Tonübungen sang der Bäckermeister Jeremi Hatschner immer La statt a... So oft Bob ihn verbesserte - »a« heißt es -, brüllte Hatschner mit hochrotem Kopf »La«. Das ging so zehn Minuten hin und her, die übrigen Mitglieder des Kirchenchores kicherten wie Tauben, bis Hatschner sich umdrehte, mit der Stirn gegen die Orgelwand rannte und dann die Kirche verließ. Am Abend brachte man ihn in die psychiatrische Abteilung des Krankenhauses... Erst Bobs »a«-Exerzitium hatte den wahren Geisteszustand des armen Jeremi aufgedeckt und zum Ausbruch gebracht.
Bob machte eine beschwichtigende Handbewegung, lächelte Erika beruhigend zu und sagte nur: »Aha!«
»Kennen Sie keine Möpse?« fragte Erika Blume.

»In den USA sind sie selten.«

»In Deutschland auch! Aber das war nicht immer so. Früher, vor allem im Kaiserreich, war der Mops ein Hund der besseren Gesellschaft. Von irgendeiner Königin gibt es Bilder, die sie mit einem Mops zeigen. Zwar hat Wellington einen imposanten Stammbaum, aber ich habe ihn General Wellington genannt, weil er einmal furchtlos ein ganzes Rudel fremder Hunde verjagt hat, die an seinen Freßnapf wollten. Damals las ich gerade ein Buch über Wellington. Eigentlich heißt er Cyprian von der Erlenweide.«

»Wellington ist mir lieber.«

»Mir auch!«

Erika Blume war versöhnt. Schön, wenn man sich so einig ist! Sie kratzte an ihrem Eis herum, aß eine Mandarinenscheibe und spitzte dabei den Mund, weil es so kalt war. Bob stellte betroffen fest, daß sie süß aussah... eine Bezeichnung, die nicht in eine so reine Geschäftsbeziehung paßte.

Hier ging es um einen Vertrag von größter Einfachheit und Tragweite. Persönliche Gedanken hatten da eigentlich nichts zu suchen.

»50000 also!« sagte Erika Blume. »Wann sollen die ausgezahlt werden?«

»Die Hälfte bei Einreichung der Papiere am Standesamt, die Hälfte nach vollzogener Trauung. Netto auf ein Schweizer Konto...«

»Was heißt netto?«

»Es kommen die laufenden Spesen hinzu.«

»Was soll ich unter Spesen verstehen?«

»Wollen Sie über den Atlantik nach Amerika schwimmen?« Bob lächelte mit einem umwerfenden Charme. »Es sind zu bezahlen: die Flugkosten, alle Nebenausgaben und für die Dauer der Ehe, also bis zur Scheidung, eine Pauschale für Kost und Logis von nur DM 1500. Das ist niedrig kalkuliert, weil die Trennung in Las Vegas sehr schnell vollzogen werden kann.«

»Billig sind Sie nicht!« sagte Erika Blume und löffelte ihr Eis. Bob mußte bei diesem Anblick an Jenny denken und an diesen Vetter Harry mit dem wiegenden Gang. Ein ungutes Gefühl überkam ihn, obwohl Jenny am Telefon wie eine Nachtigall flötete. Zwischen ihr und ihm lagen einige tausend Kilometer - sie war also sicher, daß Bob nicht plötzlich in der Schlafzimmertür stehen konnte.

»Da kommt was zusammen!«

»Dafür ist der Service einmalig! Garantierte eheliche Enthaltsamkeit, trotzdem liebevolle Behandlung, ein amerikanischer Paß, offene Türen in den USA... nur mit General Wellington werden wir Schwierigkeiten bekommen. Jeder Staat der USA hat eigene Gesetze und Vorschriften für die Einfuhr lebender Tiere. Wie das in Nevada ist, weiß ich nicht - das müssen wir auf der Botschaft erfragen. Anders ist es mit ausgestopften Tieren.«

»Sie Sadist!« sagte Erika Blume aus tiefstem Herzen. »Pfui!«

»'tschuldigung!« Bob trank seinen Whisky aus. »Aber haben Sie überhaupt schon wahrgenommen, daß General Wellington ohne Berechnung mitkommen darf? Ist das kein Beweis für meine Tierliebe.«

»Wir versuchen es also?« Erika Blume war wieder so munter wie zuvor. Sie scheint eine unkomplizierte Natur zu sein, dachte Bob. Sie freut sich, sie grollt, sie wird wütend und verzeiht - und das alles ganz spontan. Andere würden erst lange überlegen, welche Reaktion die geeignete wäre.

»Warum wollen Sie in die USA?« fragte Bob.

»Ich möchte mich als Modezeichnerin - oder besser noch -, als Modeschöpferin selbständig machen. In Deutschland ist alles gut, was aus Amerika kommt - in Amerika findet man schick, was aus Deutschland stammt. Ist eigentlich schizophren, aber die Menschen brauchen offenbar ihren Tick! In Amerika rechne ich mir große Chancen aus, zumal ich in meinem Beruf wirklich etwas kann!«

»Daran zweifle ich nicht.« Bob beobachtete, wie sie das Eis

löffelte. Sie nahm immer kleine Stückchen, die sie im Gaumen ein paarmal drehte, ehe sie sie hinunterschluckte. So konnte man sich nie den Magen unterkühlen und hatte auch geschmacklich mehr. Eine Genießerin, dachte er. Überhaupt ein sympathisches Mädchen. Warum ist so etwas nicht schon längst verheiratet? »Es gibt bei Ihnen keine sonstigen Bindungen?« fragte er leichthin.

»Keine!«

»Bubelatz!«

»Ach, der gute Waldemar!« Erika lachte. Ihr ganzer Körper schien sich zu freuen. »Er ist verheiratet und hat zwei Kinder! Er kennt mein Leben... dreimal war ich verlobt! Drei absolute Fehlplanungen! Männer sind eine komische Spezies: egoistisch, eitel, rechthaberisch, tyrannisch, verlogen, bequem und immer nur an einer Sache interessiert. Sie beurteilen eine Frau ausschließlich nach ihren horizontalen Qualitäten.«

Sie blickte Bob geradezu dankbar an. »Was ich an Ihnen schätze, Bob, ist Ihre Neutralität.«

»Wir machen ja auch ein Geschäft!« antwortete Bob und kam sich ungeheuer dämlich vor. »In meinem Beruf muß man Selbstdisziplin üben, das ist eine Grundvoraussetzung.«

»Aber risikoreich.«

»Nicht im geringsten!«

»Und wenn Sie sich trotzdem in eine Kundin verlieben?«

»Ausgeschlossen! Ich sehe nur den Vertrag!«

»Und umgekehrt? Wenn sich die Kundin...?« Erika Blume schien von diesem Gedanken sehr angetan. »Schließlich sehen Sie nicht aus wie der Glöckner von Notre-Dame. Was würden Sie tun, wenn...«

»Unmöglich!« Das Gesprächsthema wurde Bob zu heiß. »Man kann einem Computer keine Liebeserklärung machen! Und mein Geschäft wird mit der Präzision eines gut programmierten Computers abgewickelt.«

»Phantastisch!« sagte Erika Blume und blinzelte Bob zu, was

er in diesem Moment sehr unpassend fand. »Was spuckt Ihr Computer also für uns aus?«

»Wir setzen den Vertrag auf, Sie geben mir alle nötigen Papiere und ich benachrichtige meine Botschaft in Bonn-Mehlem, daß wir heiraten wollen. Wir bekommen dann einen Termin, fliegen nach Bonn, lassen uns in der Botschaft trauen, und dann heißen Sie Mrs. Brook. Am nächsten Tag schon fliegen wir über New York nach Las Vegas und lassen uns da von Richter de Trajano scheiden. Dauert es mit dem US-Paß länger, warten wir eben in Bonn. Für Sie kein Risiko bei einer Pauschale von nur DM 1 500.«

»Mein Gott, können Sie nicht ohne diese schrecklichen Zahlen auskommen? Denken Sie nur an Geld?«

»Ja! Wenn man keins hat - immer!«

»Sie besitzen doch einen gutgehenden Eissalon in Las Vegas.«

»Gut ist maßlos übertrieben. Er wirft gerade so viel ab, daß ich mir hin und wieder einen Hamburger leisten kann.«

»Sie haben deutsche Gehilfen?«

Bob versuchte, sein Grinsen in den Grenzen eines charmanten Lächelns zu halten. »Ein Hamburger ist was zum Essen, Erika. Ein rundes, pappiges Brötchen mit gebratenem Hackfleisch dazwischen, garniert mit Salatblättern, Ketchup und Gurkenscheiben.«

»Ach so!« Erika Blume griff nach ihrem Rosenstrauß. Für Bob war dies das Signal, zu bezahlen. Als er sein Portemonnaie zückte, sprangen schon vier wartende Gäste herbei, umringten den Tisch, strahlten Bob in Siegerlaune an und winkten allesamt der Bedienung, schnell zu kommen.

Auf der Straße blieb Erika stehen und drückte den Blumenstrauß an ihre Brust. »Wollen Sie General Wellington kennenlernen?« fragte sie.

»Er ist hier?«

»Im Auto. Im Café sieht man Tiere nicht gern.«

Das Auto, ein Mittelklassewagen, der für Bob wie das Rettungsboot eines US-Straßenkreuzers aussah, stand in einer

Nebenstraße. Auf dem Hintersitz lag General Wellington und glotzte Bob an, als er an die Scheibe trat. Er bellte nicht, er rührte sich nicht, er wackelte nicht mit den Ohren, er tat gar nichts... er glotzte nur. Sein Fell war hellgelb, fast falb, und mitten auf der Stirn hatte er einen schwarzen Fleck, der wie die Umrisse der Schweiz aussah.

»Ist er nicht süß«, fragte Erika.

»Er sieht so traurig aus, gleich wird er weinen...«

»Das täuscht! Wenn Sie die Tür aufmachen, wird er seinem Namen gerecht. Die Versicherung verlangte bereits eine Erhöhung der Haftpflichtprämie wegen des zusätzlichen Risikos.«

»Wie kann man seine Freundschaft gewinnen?« fragte Bob. »Schließlich müssen wir ja miteinander nach Amerika.«

»Machen Sie die Tür auf und sagen Sie zu ihm: Guten Tag, Bibi...«

»Ich denke, er heißt General Wellington?«

»Bei Bibi wird er weich. Er hat ein romantisches Gemüt.«

Bob öffnete die Tür. Bibi glotzte und rührte sich nicht. Bob beugte sich in den Wagen und sagte freundlich: »Guten Tag, Bibi! Ich bin Bob, Bibi. Zwei B's... da müssen wir uns doch vertragen. Na, Bibi?«

General Wellington röchelte asthmatisch, warf Bob einen tieftraurigen Blick zu, drehte sich auf dem Polster und zeigte Bob sein Hinterteil. Erika Blume war begeistert.

»Er liebt Sie!« rief sie. »Wer hätte das gedacht! Er fällt Sie nicht an! Bob, Sie haben Bibi erobert. Sie müssen ein guter Mensch sein... Hunde spüren das.«

»Ich würde das mehr als Mißachtung auslegen!« sagte Bob. »Wenn ich ihn jetzt streichle...«

»Lieber nicht. Er muß erst seelisch verdauen, daß Sie vorhanden sind, daß wir - wenn auch nur vertraglich - zusammengehören.«

»Ein zweiter Bubelatz!« Bob nahm die Einladung wahr, die Erika mit einer Handbewegung andeutete, setzte sich auf den

Beifahrersitz und wartete, bis Erika hinter dem Steuer Platz genommen hatte. »Sie scheinen nur von Wesen umgeben zu sein, die Sie beschützen, dabei sehen Sie so hilflos gar nicht aus. Und eines müssen Sie wissen: die USA sind ein hartes Land! Das Berufsleben ist ein ständiger Kampf. Wenn's um Dollars geht, wird kein Pardon gegeben. Jeder ist sein eigener Gott! Wenn Sie zu zart besaitet sind, gehen Sie vor die Hunde.«

Bob hielt sich am Armaturenbrett fest. An die europäische Fahrweise mußte er sich erst gewöhnen. Außerdem war in Las Vegas und in Atlanta alles breit und weit, da konnten nur Blinde oder Künstler Frontalzusammenstöße bauen. Hier, in den für Bob bedrohlichen deutschen Straßen, sah es so aus, als drohe jede Sekunde ein solches Schicksal. Seine erste Taxifahrt in Deutschland war ihm wie eine Horrorfilmszene vorgekommen. Das Radio spielte, der Taxifahrer lenkte den Wagen mit einer Hand, während er mit der anderen den Funkverkehr mit der Einsatzzentrale aufrechterhielt.

»Eingehende Beratung gehört auch zu meinem Service«, sagte Bob. »Es wäre sinnlos, Sie zu heiraten, wenn Sie drüben nicht zurechtkommen. Wo wollen Sie arbeiten?«

»In Los Angeles.«

»Warum gerade da?«

»Wegen Hollywood! Wenn ich schon Mode mache, dann an der Quelle...«

»Mutig, mutig! Da haben Sie einige Tausend Konkurrenten.«

»Ich weiß, was ich kann!« sagt Erika Blume selbstsicher. »Wo fahren wir denn hin?«

»Das weiß doch ich nicht! Sie sitzen am Steuer.« Bob lachte, und wenn Bob lachte, öffneten sich ihm die Herzen. Auch Jenny war anschmiegsamer geworden, nachdem sie Bobs Lachen hörte. »Ich lasse mich gern von Ihnen entführen.«

»Fahren wir zu mir.«

»Zu Bubelatz?« rief Bob.

»Er ist nun mal mein Hausherr. Ich werde verlangen, daß er

sich bei Ihnen entschuldigt. Ihr blaues Auge ist eine Unverschämtheit.«

Je näher sie der Wohnung kamen, um so unruhiger wurde auf dem Hintersitz General Wellington. Er reckte sich, stellte sich auf die Hinterbeine, pustete Bob in den Nacken, steckte den dicken Kopf zwischen die Vordersitze, bellte auch einmal, was anscheinend ein Versehen war, denn es klang wie ein blechernes Rülpsen, und blieb dann neben Bob auf dem Kardantunnel stehen, glotzte ihn aus weltschmerzumflorten Augen an und leckte ihm sogar einmal über die Hand. General Wellington hatte eine sanfte, weiche Zunge.

»Sie haben Bibis Herz erobert!« rief Erika entzückt. »Das ist noch keinem gelungen! Bob, Sie müssen wirklich ein guter Mensch sein...«

Unten an dem Haus stand auf einem großen Schild: »Institut für lautlose Selbstverteidigung. Lehrstunden nur nach Vereinbarung. Anmeldung jederzeit.«

Erika bremste, als sie die Tür öffnete, sprang Bibi sofort aus dem Wagen, tippelte zum Haus, hob unter dem Schild das Bein und markierte damit sein Revier. Ein Fenster öffnete sich daraufhin mit Getöse. General Wellington duckte sich, wich aber nicht von der Stelle. Sein Mopsgesicht wurde noch faltiger.

»Er lernt es nie, das Mistvieh!« schrie Bubelatz. »Immer unter das Schild! Erika, den haue ich noch mal in die Pfanne! Weg da, du zerdrückte Sau!«

Dann sah Bubelatz, wie Bob aus dem Wagen stieg, starrte ihn entgeistert an, knallte die Fäuste gegeneinander und warf das Fenster zu.

»General Wellington wird Bubelatz nie die Hand lecken!« sagte Erika und schloß die Haustür auf. »Er haßt ihn! Kein Wunder bei dieser Ausdrucksweise. Bibi versteht doch jedes Wort!«

Erikas Wohnung war klein, aber sehr adrett eingerichtet. Mit viel Geschmack hatte sie Modernes mit Antiquitäten gemischt. Als ausgesprochen angenehm empfand es Bob, daß sie auch eine kleine Hausbar hatte. General Wellington bezog Stellung auf seinem Stammplatz, der Couch. Er zitterte. Die Begegnung mit Bubelatz hatte ihn aufgeregt.

»Hübsch!« sagte Bob und blickte sich um. »Das wollen Sie alles in Containern rüberschaffen? Wird ganz schön teuer.«

»Nur die wichtigsten persönlichen Dinge, die mit irgendwelchen Erinnerungen verknüpft sind.«

»Das Bett?«

»Kaum!« Erika sah ihn mit geneigtem Kopf an. »Steht in Ihrem Vertrag auch etwas von Auskunftspflicht über das Vorleben?«

»Nein! Völlig uninteressant. Unser Kontakt ist ja nur kurzfristig – und geschäftlich, meine ich.«

Es klopfte. General Wellington ließ ein heiseres Röcheln hören. Erika öffnete, und Waldemar Bubelatz kam herein. Er blickte auf Bobs blaues Auge, schien darüber sehr erfreut und sagte:

»Kann ich Ihnen helfen, Erika?«

»Ja!« Sie zeigte auf Bob. »Entschuldigen Sie sich.«

»Kann er denn Deutsch?«

»Kaum.«

»Good bye!« sagte Bob gequetscht.

»Am Oarsch leckst mi ...«, antwortete Bubelatz freundlich.

»War's gut so, Erika? Bayerisch versteht der nie!«

»Sie müssen umdenken«, sagte Erika mit fester Stimme. »Bob ist mein Bräutigam ... wir werden heiraten!«

»An Ami? Erika!«

»*Sie* brauchen ihn ja nicht zu heiraten, Waldemar. Aber ich verlange, daß Herr Brook von Ihnen ab sofort anständig behandelt wird!«

Bob blieb bis zum späten Abend. Es wurde ein schöner und interessanter Tag. Bubelatz zeigte ihm sein Institut. Zwei Räume voller Trainings- und Muskelbildungsgeräte kamen Bob wie eine moderne Folterkammer vor. Einen kleinen, mit dicken Gummimatten ausgelegten Saal nannte Bubelatz »Wurfraum«. Dahinter lagen Duschkabinen und ein kleines Schwimmbad mit Unterwassermassage. Drei Massagezimmer rundeten Bubelatz' Angebot ab. Wer durch diese Schule ging, und von Bubelatz ein Diplom erwarb, konnte getrost nachts im Wald spazierengehen.

Bubelatz führte einige Karateschläge an einer Trainingsgruppe vor. Dann zerteilte er Bretter und einen Ziegelstein und schlitzte pralle Säcke auf - alles mit der Handkante. Die Wirkung solcher Schläge auf einen Menschen konnte man sich ausmalen.

Obwohl er von Judo und Kung Fu nie viel gehalten hatte, erklärte Bob sich jetzt bereit, mit Bubelatz einen halbstündigen Judo-Grundkurs zu machen. Waldemar zeigte ihm Griffe und erklärte die physikalischen Gesetze, die dabei zur Anwendung kamen. Bob flog beim praktischen Teil dauernd durch die Luft und knallte auf den dicken Mattenboden, aber anscheinend war er ein unerkanntes Naturtalent.

Nach vierunddreißig Minuten bekam er Bubelatz in den Griff, riß ihm die Beine von der Matte und schleuderte ihn zu Boden. Bubelatz machte »Uff!«, wollte hoch, doch da traf ihn ein Tritt gegen die Stirn, so daß er gleich wieder umfiel.

»Is it okay?« rief Bob und knallte dem verblüfften Bubelatz einen dosierten Schlag gegen den Oberarm, Waldemar verdrehte die Augen, schwankte und stammelte: »Haaaalt! Haaaalt!«

Der Kurs war damit beendet. Bob duschte, war mit sich zufrieden und pfiff vor sich hin. Als er ins Büro kam, saß Bubelatz im Sessel und drückte ein weißes Tuch auf seine Stirn. Es roch scharf nach medizinischem Alkohol.

»Du Saubua!« sagte Bubelatz. »Du Hirsch, du damischer! Dös zoahl i dir z'ruck...«

Beim Abendessen lernte Bob auch Frau Bubelatz und die beiden Kinder: Josef, genannt Seppl, und Moni kennen. Luise Bubelatz bedankte sich bei Bob für die Beule auf Waldemars

Stirn. Der Mythos seiner Unverwundbarkeit war damit gebrochen. Die ganze Familie atmete auf. Der Vater war von einer fixen Idee geheilt. Es fehlte nur noch, daß die Kinderchen ein Dankeslied sangen oder jodelten. Bubelatz selbst aß mit Beule und nach innen gekehrtem Blick Leberknödelsuppe und Geselchtes mit Sauerkraut.

In bester Stimmung kehrte Bob nach Bogenhausen zurück. Sie hatten überhaupt nicht mehr über das Geschäft gesprochen. Nur zum Abschied hatte er noch gesagt: »Ich rufe morgen gleich die Botschaft an!«

Und Erika hatte geantwortet: »In Ordnung. Gute Nacht, Bob!«

Dann hatte sie ihm einen Kuß auf die Wange gegeben. Bob fuhr mit dem Taxi nach Hause. Er grübelte darüber nach, ob hier § 11 des Vertrages berührt war: *»Zärtlichkeiten oder Handlungen, die Anlaß zu Zärtlichkeiten geben könnten, sind zu unterlassen.«*

Auf diesem Paragraphen hatte William McDolland, der Pfarrer, bestanden, und Jenny hatte »Bravo!« gerufen.

Die nächsten drei Tage gab es sehr viel zu tun. Bob Brook telefonierte mit der US-Botschaft in Bonn-Mehlem und erfuhr dort, daß Trauungen amerikanischer Staatsbürger - falls gewünscht - vor einem Konsul und Notar stattfinden könnten. Die Ausstellung eines amerikanischen Passes für die neue Mrs. Brook dauere allerdings wesentlich länger; das beträfe mehrere Behörden und sei nicht Sache des Botschafters.

Der zuständige Konsul, der Ehen schließen durfte, hieß Clifford Nesswick und schien - soweit man das am Telefon beurteilen konnte - ein netter, zuvorkommender und hilfsbereiter Mensch zu sein. Er begrüßte Bob Brook wie einen alten Baseballfreund und hörte sich geduldig an, was der ihm erzählte.

»Sind Sie jetzt fertig?« fragte Nesswick freundlich.

»Ja!« Bob starrte erwartungsvoll an die Wand.

»Eine Frage: Warum kommen Sie in die US-Botschaft? Sie können Ihre deutsche Braut doch jederzeit auf dem zuständigen deutschen Standesamt heiraten! Das wissen Sie doch?«

Bob wußte es nicht und verfluchte innerlich Richter de Trajano, der ihn darauf hätte aufmerksam machen müssen. Nur keine Panik, sagte er sich. Nur nicht auffallen! Ganz ruhig, Bobby, ganz ruhig. Hol tief Luft und atme sie langsam wieder aus. »Ich wollte es schnell hinter mich bringen!« sagte er mit treuherziger Stimme. »Und ich möchte als amerikanischer Patriot diese wichtigste Stunde meines Lebens unter der amerikanischen Fahne begehen!« Das war gut gesprochen. Nesswick schien Wirkung zu zeigen... Er seufzte diskret. »Außerdem will meine Braut als Amerikanerin...«

»Moment!« sagte Nesswick milde. »Mit der Heirat ist sie noch keine Amerikanerin, Mr. Brook!«

Das war ein Tiefschlag. Bob biß die Zähne zusammen, bekam davon einen roten Kopf und wünschte sich seine Freunde aus Las Vegas zur Stelle. Mit einem Rundschlag würde er sie alle wegfegen! Keine Amerikanerin? Aber mit einer Hochzeit ist man doch...

»Wieso?« fragte er mit mühsam fester Stimme.

»Eine Einbürgerung ist ein langes Verfahren! Mr. Brook, das wissen Sie doch! Das frühere Gesetz, daß man durch Heirat automatisch die Staatsangehörigkeit bekommt, ist seit langen Jahren gestrichen! Mit einer Heirat geht es schneller, gewiß... Daueraufenthaltsbewilligung, Arbeitserlaubnis, dann die nötigen Prüfungen für eine Einbürgerung...«

»Prüfungen?« stotterte Bob. »Wieso denn das?«

»Amerikanische Geschichte, unsere Sprache - es gibt da einen ganzen Katalog, den man abfragt.«

»Und das nennt man ein freies Land?«

»Eben drum, Mr. Brook! Freiheit muß erworben werden!« Nesswicks Geduld konnte einen Esel beschämen. »Also gut! Sie wollen bei uns heiraten! Okay! Darüber können wir sprechen.«

»Wir möchten so schnell wie möglich nach Hause, Sir«, sagte Bob. »Also nach Nevada. Sie werden verstehen, daß ich meinen Icesaloon nicht so lange alleinlassen kann, auch wenn ich gute Mitarbeiter habe. Ohne Boß läuft alles nur auf Sparflamme, man kennt das ja!«

Clifford Nesswick war sehr verständnisvoll, gab Bob recht und blätterte beim Sprechen in einem Kalender. Bob hörte das Rascheln des Papieres.

»Aber es gibt auch Gesetze, nicht nur Icesaloons«, sagte Nesswick. Humor hat er auch, dachte Bob. »Haben Sie die notwendigen Unterlagen bereit?«

»Alle, Sir.«

»Wichtig ist vor allem das Gesundheitszeugnis von Mrs. Brook. Sie wissen, bei erblichen Geisteskrankheiten ist eine Einreise ausgeschlossen.«

»Meine Frau wird nachweisen, daß seit zweihundert Jahren die Ärzte ihrer Familie verhungert sind. Zufrieden, Sir?«

»Es ginge am 24.«, sagte Nesswick.

»Was?«

»Sie wollten doch heiraten - oder irre ich mich?« fragte Nesswick forsch.

»Fabelhaft. Das wäre ja in drei Tagen.«

»Nein, am 24. des nächsten Monats.«

»Unmöglich!« Bob dachte an die Unkosten. Gewiß, es wäre sehr amüsant, noch einen Monat mit Erika in München zu verbringen, in der Stadt, die er längst lieben gelernt hatte. Es stimmt schon, was man sich überall erzählte: Wer länger als eine Woche in München bleibt, betrachtet die Stadt als seine Heimat. Auch Bob war ihrem Zauber erlegen, und das hing nicht mit Bier, Knödel, Weißwurst, Radi und Leberkäs zusammen. In diese Stadt konnte man sich verlieben, sie schmiegte sich einem ans Herz...

»Ich kann meinen Icesaloon nicht...«, rief Bob verzweifelt.

»Sir, ich bin schnell herübergeflogen, um meine Braut zu heiraten, und dachte, das alles sei angesichts der freiheitlichen und unbürokratischen Denkweise, wie sie in den USA herrscht...«

»Stopp!« unterbrach ihn Clifford Nesswick. »Sind Sie sich sicher, Mr. Brook, daß Sie aus den USA kommen, die auch ich meine? Oder gibt es ein anderes Land dieses Namens auf dieser Welt? Wäre mir zwar unbekannt, aber Sie müssen von irgendwoher kommen, wo...«

»Sir!« sagte Bob höflich. »Ich freue mich richtig, daß Sie ein so humorvoller Mensch sind. Ich komme gern nach Mehlem, und dann erzählen wir uns Witze, daß die Wände wackeln. Aber erst möchte ich heiraten, und zwar so schnell wie möglich.«

»Liegt Ihre Braut in den Wehen?«

»Nicht direkt...«

»Schade, da könnte man eine Ausnahme machen.«

»Ich kann beim besten Willen keine neun Monate überspringen, Sir«, sagte Bob. »Aber wenn schon Ausnahmen möglich sind...«

»Zum Beispiel bei Sterbenden, die noch schnell heiraten wollen...«

»Auch damit kann ich Ihnen nicht dienen, Sir. Ich bin ein gesunder Knochen. Aber ich verfalle in Trübsinn oder in Schreikrämpfe, wenn ich weiterhin von der US-Bürokratie...«

»Gratuliere, Mr. Brook. Jetzt sind Sie wieder in der Heimat!« Nesswick war wirklich ein Ausnahmefall von Diplomat. »Ein Amerikaner ohne psychisches Problem ist kein Amerikaner! Kommen Sie nächsten Dienstag. Um elf Uhr ist Trauung. Aber vorher muß ich alle Papiere haben...«

Bob und Erika schickten alle Unterlagen per Eilboten nach Bonn. Bei dieser Gelegenheit unterschrieb Erika auch den Vertrag, und seltsamerweise zitterte dabei ihre Hand. Dann übergab sie Bob einen Scheck über DM 25 000. Natürlich ohne Quittung. Auch der Geschäftsvertrag sollte nach der Ankunft in Amerika vernichtet werden. Nach deutschen Begriffen wäre das sinnlos gewesen, denn Veträge dieser Art nennt der Gesetzgeber sittenwidrig und spricht ihnen von vornherein die Gültigkeit ab.

An diesem Abend gingen Erika und Bob in die »Kleine Komödie« und sahen ein englisches Boulevardstück, in dem es natürlich um eine sehr verzwickte Liebe ging, aber Bob verstand nur wenig von dem ins Deutsche übertragenen Text. Oft schielte er zur Seite und betrachtete Erika, wie sie lachte und sich freute. Er mußte intensiv an Jenny denken, um nicht seine Hand auf ihr Knie zu legen.

Am nächsten Tag rief Bob in Mehlem an. Die Unterlagen waren gerade eingegangen. Konsul Nesswick war gerade dabei, sie zu prüfen. »Eine hübsche Frau bekommen Sie, Bob?« sagte er am Telefon.

»Wennschon, dennschon! Sind die Paßbilder so richtig?«

»Viel zu schade, um durchlöchert zu werden!«

»Es bleibt bei Dienstag?«

»Natürlich, elf Uhr. Wollen Sie etwas bestellen?«

»Bestellen, Sir?« fragte Bob verwirrt. »Was?«

»Zur Feier des Tages! Ich könnte Ihnen zum Beispiel einen Hornisten besorgen, der während der Trauung das Signal aus ›Verdammt in alle Ewigkeit‹ bläst…«

Bob legte auf. Nesswicks Humor begann schwarz zu werden.

Am Sonntag fuhren Erika und Bob an den Rhein. Erika kannte diese Gegend, weil sie zwei Semester an der Kölner Kunsthochschule studiert hatte. Sie schwärmte vom Siebengebirge, wo Siegfried den Drachen erschlagen haben sollte, vom Nachtigallental und dem Petersberg, vom Drachenfels mit seinem herrlichen Rundblick, vom Rolandsbogen und den Rheininseln.

Bob sagte zu allem okay, freute sich, daß sich Erika freute, und ließ sich von ihr leiten. Am frühen Abend erreichten sie Bad Honnef und fuhren bis zum Ortsteil Rhöndorf mit seinen fünf berühmten Sehenswürdigkeiten: die gemütlichen Weinstübchen, Adenauers Grab auf dem Waldfriedhof, das

Buntglasfenster der Sparkasse, das Rheinhotel »Bellevue« und eine Kapelle, die mitten auf der Hauptstraße stand, die in zwei getrennten Spuren um das Gotteshaus herumführte. Sie entschlossen sich, im Hotel »Bellevue« zu wohnen.

Der agile Hotelier, ein mittelgroßer, schlanker, blonder Mann mit dem nach rheinischer Lebenslust klingenden Namen Hans-Jakob Müllegan, empfing Erika und Bob freundlich, aber mit prüfendem Blick. Als Bob zwei Einzelzimmer bestellte, schien er sich zu wundern. Anscheinend kam es selten vor, daß reisende Paare, und noch dazu ein Amerikaner mit einer deutschen Frau, auch vor dem Hotelier strikt auf Diskretion bedacht waren. Müllegan händigte ihnen mit unbewegter Miene die Schlüssel zweier nebeneinanderliegender Zimmer aus. Bob fühlte sich bemüßigt, eine Erklärung abzugeben.

»Wir wollen morgen drüben in Mehlem heiraten!« sagte Bob.

»Gratuliere«, sagte Hans-Jakob Müllegan. Er besaß die Gabe, sonnig und jungenhaft zu lächeln, und bediente sich ihrer immer, wenn man es von ihm verlangte. Es gab im »Bellevue« keinen Gast, der von ihm nicht angelächelt wurde.

»In der amerikanischen Botschaft!« sagte Bob.

»Das dachte ich mir.«

»Morgen um elf.«

Und da sagte Müllegan etwas, was Bobs Herzschlag beschleunigte, ihn aber gleichzeitig mit Panik erfüllte:

»Darf ich den Herrschaften dann ab zwölf Uhr mittags ein Doppelzimmer reservieren?«

Du lieber Himmel, was soll ich antworten, durchfuhr es Bob. Sage ich nein, dann hält mich dieser Mann für impotent oder für einen verrückten Sektierer.

Erika Blume erlöste ihn. »Ja, bitte«, sagte sie mit einem dankbaren Augenaufschlag, der Müllegan nicht verborgen blieb; ein guter Hotelier muß auch immer ein guter Psychologe sein! Die Dankbarkeit der Gäste ist höher einzustufen als der Zimmerpreis. »Natürlich nehmen wir ein Doppelzimmer.«

Müllegan notierte sich das in seinem Zimmerplan und führte die Gäste dann in den Speisesaal. Vor diesem Saal lag die lange, über dem Rhein errichtete Terrasse. Der Strom rauschte darunter hinweg. Man saß dort, nur durch ein Gitter vom Rhein getrennt, und hatte das Gefühl, sich auf einem ankernden Schiff zu befinden. Die Terrasse war eine besondere Attraktion des »Bellevue«, wohl einzigartig am Rhein.

Zwar stand das Hotel im Durchschnitt zweimal jährlich unter Wasser, und im Foyer hingen Fotos, auf denen Hans-Jakob Müllegan mit einem Boot durch seinen Speisesaal rudert, aber Besonderheiten haben nun mal ihren Preis.

Bob und Erika nahmen auf der Rheinterrasse Platz. Es war ein milder Abend, dessen samtene Wärme wie geschaffen war für ein junges Paar. Der sanfte Wind vom Rhein schmeichelte auf der Haut, wenngleich er nach Chemie stank, unter der Terrasse zogen vier weiße Schwäne am Ufer entlang, eine Motorjacht schaukelte vor der privaten Landungsbrücke des Hotels »Bellevue«. Stromauf und stromab zogen die Schleppkähne, und ab und zu rauschte ein weißer Ausflugsdampfer mit wehenden Wimpeln und Fähnchen vorbei.

»Wie schön...«, sagte Erika. »Was sagen Sie, Bob?«

»Warum ist es am Rhein so schön...«, sagte Bob in gequetschtem Deutsch. Und dann weiter auf englisch: »Da drüben liegt Mehlem. Die Botschaft.«

Hotelier Müllegan kam wieder an den Tisch und stellte eine Vase mit Blumen auf die weiße Decke. Der Oberkellner folgte mit Speise- und Weinkarte. Bob bekam einen roten Kopf, die Blumen irritierten ihn.

»Das ist aber lieb von Ihnen«, sagte Erika und betrachtete die Vase verzückt.

»Vorboten des Glücks!« sagte Müllegan galant. Sein sonniges Lächeln machte sogar Erika unsicher. »Wenn ich aus unserer Küche etwas empfehlen dürfte...«

Er empfahl Rheinsalm vom Rost, dazu einen Wein, der Bob

nach zwei Gläsern in Stimmung brachte. Für den Mann aus Atlanta und Las Vegas war Wein eines der wenigen Getränke, von denen er nichts verstand. Der Abendmahlswein in der Kirche war schauderhaft gewesen, obwohl Reverent Poslack immer behauptet hatte, der Wein komme aus Deutschland und gelte dort als der beste Tropfen. Auf dem Flaschenetikett hatte »Winzerblümchen« gestanden, womit Bob gar nichts anfangen konnte. Aber als er jetzt nach »Winzerblümchen« fragte, erschrak Hans-Jakob Müllegan, als habe Bob einen anstößigen Witz erzählt - in Gegenwart einer Dame!

Der Wein, den der Hotelier kredenzte, war so wundervoll wie Erika, die den Kopf zurücklehnte und über den Rhein in ein flammendes Abendrot blickte. Der Wind spielte mit ihren Haaren. Bob trank zwei Flaschen, die ihn zu der Überzeugung kommen ließen, Erika sei ein Engel, stolzierte dann, Erika untergefaßt - was gegen keinen Paragraphen des Vertrages verstieß -, hinüber zum Hotelgebäude und verabschiedete sich vor ihrer Zimmertür. Wieder gab sie ihm einen Kuß auf die Wange. Er wäre sonst enttäuscht gewesen, hätte sie es nicht getan. Er wartete bei jedem Abschied darauf.

»Um neun Uhr Kaffee -« sagte er. »Schlaf gut, mein Schatz...«

»Nanu?!« Sie starrte ihn an. »Was ist denn das?«

»Wir können vor Clifford Nesswick nicht gut Sie zueinander sagen.«

»Das stimmt. Gute Nacht, mein Liebling...«

Bob verschwand in seinem Zimmer, setzte sich auf die Bettkante, raufte sich die Haare und sagte laut: »Das nächste Mal trinke ich keinen Wein! Wer hält das aus bei so einer Frau...«

In der Nacht klopfte es. Die Tür ging auf und Erika kam ins Zimmer, in einer knappen Nachtkombination, nur Hemdchen und Höschen. Bob saß im Bett, knackte mit den Fingern und sagte streng: »Kein Verstoß gegen Paragraph 11, mein Schatz! Das können wir uns nicht leisten!«

»Der Rhein gluckert so…«, sagte Erika.

»Alle Flüsse gluckern.«

»Aber ich kann nicht schlafen.« Sie setzte sich ans Fenster, faltete die Hände im Schoß und wirkte auf einmal sehr zerbrechlich. »Außerdem heirate ich zum erstenmal. Wenn es auch nur ein Geschäft ist - etwas Besonderes ist es trotzdem. Heirat bleibt Heirat. Ich muß dich um etwas bitten, Bob. Wenn wir drüben in Las Vegas sind, mußt du gemein zu mir sein.«

»Um Himmels willen - nein!«

»Du mußt, Bob! Du mußt mir helfen, daß es mir nicht schwerfällt, mich von dir zu trennen! Du mußt mich so weit bringen, daß ich sage: Gott sei Dank! Das Ekel bin ich los!«

»Ob mir das gelingt?« Bob kämmte sich mit gespreizten Fingern die Haare. »Wir brauchen uns nur an den Vertrag zu halten, Erika.«

»Der Vertrag! Papier und leere Worte! Es gibt Dinge, die man mit keinem Paragraphen regeln kann!« Erika hob den Kopf. Ihr Blick war ein Streicheln auf seiner Haut und tat ihm gut. »Denkst du auch an General Wellington.«

Bob zuckte zusammen. »Nein!« sagte er rauh.

»Was er jetzt wohl tut?«

»Er schnarcht. Möpse schnarchen mit Leidenschaft, habe ich gelesen. Wollen wir jetzt gemeinsam um General Wellington weinen?«

»Gut, sehr gut!« Erika erhob sich. »Das ist der richtige Ton, mein Liebling! Auf diese Weise wirst du mich schnell los.«

Als die Tür hinter Erika zuklappte, blieb Bob zerknirscht zurück, schimpfte sich einen turmhohen Idioten und konnte nun auch nicht weiterschlafen, weil der Rhein gluckerte.

Am Frühstücksbüfett begrüßte sie Hans-Jakob Müllegan, doch hielt er sich zurück, als er sah, wie Bob und Erika sich gegenseitig bedienten und anstrahlten, so wie man es von einem Paar, das knapp eine Stunde vor der Hochzeit stand, erwartete. Später wandte sich Bob in der Empfangshalle unter vier Augen an den Hotelier.

»Ich brauche Blumen«, sagte er. »Schnellstens.«

»Rote Rosen?« fragte Müllegan.

»Ich glaube, ja. Die nimmt man doch?«

»Gewöhnlich. Mit Seidenschleife?«

»Muß das sein?«

»Es gibt dem Strauß noch mehr Festlichkeit. Normalerweise heiratet man ja nur einmal.«

Bob lächelte mild, entschied sich für die Seidenschleife und ging zum Tisch zurück.

Um halb elf fuhren sie mit der Autofähre über den Rhein. Am Steuer saß Bob und neben ihm Erika, die roten Rosen mit Seidenschleife an die Brust gedrückt. Eine Braut, um die man Bob beneiden konnte.

Aber bei Hochzeiten geschieht nicht selten Unvorhergesehenes. Als die Fähre auf der Mehlemer Seite anlegte und die Wagen die Uferböschung hinaufbrausten, gab Erikas Auto keinen Ton mehr von sich. Bob drehte den Zündschlüssel - vergeblich. Hinter ihnen hupten die Autofahrer. Ein Billettverkäufer kam übers Deck auf sie zu.

»Wat is los?« rief er. »Jas jeben!«

»Er rührt sich nicht!« rief Erika und stieg aus. Ihre Rosen legte sie auf das Autodach.

»Wie sind Se denn raufjekommen?«

»Da ging er noch!«

»Verreckt!« rief Bob durch das Fenster. »Sorry... uir uollten heiraten...«

»Deshalb!« sagte der Mann von der Fähre. »Da kann me nix machen...«

Er dirigierte die anderen Wagen um Bob herum; schließlich stand nur noch ihr Auto auf der Fähre. »Und wat nun?« sagte der Fährmann. »Erop dröcke könne mer dä Wajen nit, äwer stonnblieve kann er och nit. Su jet han isch noch nit erläv...«

»Was sagt er?« fragte Bob entsetzt. »Was ist denn das für eine
Sprache?«

»Es ist Kölsch. Wir können hier nicht stehenbleiben...«

»Wo soll der Wagen hin? Er rührt sich nicht.«

»Er rührt sich nicht!« sagte Erika zu dem Mann von der
Fähre. »Aber um elf Uhr heiraten wir. Wir müssen pünktlich
sein. Sie müssen den Wagen an Bord behalten, bis wir wiederkommen.«

»Und dann fäht der widder?«

»Wenn wir beten...«

»Ne Kraftfahrzeuschmeschaniker ist sicherer.« Der Mann
von der Fähre hatte eine gute Idee. »Während Sie heiraten...«, sagte er mit bemühtem Hochdeutsch, »laß isch den
Wagen in de Jäng bringen... Vill Jlück, Madämche...«

Da es sich nicht lohnte, eine Taxe zu rufen, gingen Bob und
Erika zu Fuß zur amerikanischen Botschaft. Sie trug den Rosenstrauß wie bei einer Prozession, und die Leute nickten ihnen freundlich zu. Sie waren ein schönes Paar, da gab es
nichts zu rütteln.

Untergefaßt näherten sie sich der Botschaft. Als sie die amerikanische Fahne auf dem großen Gebäudekomplex sahen,
blieb Erika stehen und legte den Kopf an Bobs Schulter.

»Gleich ist es soweit...«, sagte sie leise.

Bob nickte. »Hast du den Scheck dabei?«

Sie zuckte zusammen, preßte die roten Rosen an sich und
sagte gepreßt:

»Du Ekel! O du Ekel! Ich werde dir deinen Scheck auf die
Stirn kleben!«

Konsul und Notar Clifford Nesswick war so nett, wie seine
Stimme am Telefon geklungen hatte. Etwas dicklich, groß,
mit naturblonden Locken und breitem Kinn, blauen Augen
und buschigen Brauen, sah er aus, wie man sich einen Rin-
derfarmer vorstellt, der einen Stier an den Hörnern zu Boden
zwingen kann. Er erwartete Bob und Erika bereits, kam ihnen

entgegen, drückte Erika herzhaft die Hand, klopfte Bob auf die Schulter und rief: »Setzen Sie sich!«, wobei er auf zwei mit Plastik bezogene Stühle vor seinem Schreibtisch deutete. Dann setzte er sich in seinen Sessel. Hinter ihm, in der Ecke des Zimmers, stand, etwas schräggestellt, die Fahne der USA. Erika Blume bekam vor Aufregung rote Wangen. Nervös spielten ihre Finger an den Rosenstielen. Sie vermied es, Bob Brook anzusehen.

Der Trauungsakt ging schnell vorüber. Auch Cliffords Hochzeitsrede erschöpfte sich nur in allgemeinen Sentenzen - was blieb ihm auch anderes übrig. Wenn zwei Menschen gewillt sind, zusammenzuleben, dann sollten sie eigentlich wissen, worauf sie sich nun einlassen. Was ihnen schließlich blüht, wenn sie dann wieder auseinandergehen wollen, braucht man ihnen vorher nicht unbedingt zu erzählen - das merken sie früh genug.

Nesswick gratulierte, sagte erstmals Mrs. Brook und trat ans Fenster, um dem jungen Ehepaar Gelegenheit zu einem Kuß zu geben. Bob, der nicht wußte, ob der Konsul sie in der Spiegelung beobachten konnte, umarmte Erika der Form halber samt Rosen, drückte sie an sich und küßte sie auf den Mund. Der Kuß mißlang - er war zu lang, zu intensiv, zu gefühlsbeladen, kurzum: Er verstieß gegen den Paragraphen 11. Als sie sich voneinander lösten, hüstelte Bob verlegen. Erika lehnte sich gegen ihn und sah nun ganz so aus, wie man es von einer glücklichen, frisch gebackenen Ehefrau erwartet.

»Mit Ihrer Aufenthaltsgenehmigung, Erika -« sagte Nesswick, nachdem er vom Fenster zurückgetreten war, »haben wir uns beeilt. Sie ist in drei Tagen fertig. Wann fliegen Sie hinüber?«

»Sofort!« sagte Bob. »Das Geschäft darf nicht ruhen!«

»Sie verkaufen Eis in Las Vegas?«

»Ja.«

»Ein Bombengeschäft!«

»Das wäre es sicherlich - wenn man Bomben verkaufen

würde.« Clifford Nesswick lachte herzhaft, er war ein Mann von Humor und Lebensart. Er lachte deshalb auch, als Bob zum Abschied sagte: »Also dann, auf Wiedersehen beim nächsten Mal!«, und brachte das junge Ehepaar bis zum Lift.

»Noch drei Tage bis zum Paß!« sagte Erika. Sie verwechselte verständlicherweise die Genehmigung zum Daueraufenthalt mit ihrer Einbürgerung. Bob hütete sich, ihr diesen Unterschied zu erklären. Zugegeben: Er kam sich einigermaßen schäbig vor. Sie gingen langsam wieder zurück zum Rheinufer, untergefaßt, wie es sich für ein junges Paar gehört. »Was machen wir denn nun die ganze Zeit? Werden wir im Hotel ›Bellevue‹ wohnen?«

»Ich denke, ja.«

»In einem Doppelzimmer?«

»Es sind nur drei Tage... Wenn es dich beruhigt: Ich werde mich jeden Abend betrinken. Im Gegensatz zu vielen anderen Männern werde ich mit steigender Trunkenheit nicht zum Lüstling, sondern falle einfach um und schlafe sofort ein. Außerdem ist zu irgendeinem Mißtrauen gar kein Anlaß gegeben. Unser Vertrag ist doch letztlich erfüllt.«

»Noch nicht. Es fehlt die Scheidung.«

»Dafür sorgt Richter de Trajano - um Mitternacht vom Bett aus, wenn's sein muß.«

»Wirklich sehr tröstlich, das zu wissen!« sagte Erika etwas bissig. »Soll ich dir jetzt deinen Scheck ausschreiben?«

Bob sah sie erschrocken an.

»Halt bitte die Rosen fest!«

»Erika...«, sagte Bob betroffen. »So war das nicht gemeint.«

»Nimm die Rosen!«

Er zögerte, griff dann aber doch zu und hielt den Strauß von sich weg, als fürchte er, die Rosen könnten ihre Stacheln auf ihn abschießen. Erika öffnete ihre Handtasche und holte ein Scheckbuch hervor. Über eine halbhohe Gartenmauer gebeugt und sie als Unterlage benutzend, schrieb sie den Scheck aus und reichte ihn Bob.

»Bitte, 26 500 Mark! Die Betreuungspauschale habe ich gleich hinzugesetzt. Zufrieden?«

Er nahm den Scheck, las die Summe, nickte und steckte ihn in die innere Brusttasche des Jacketts. »Wir sollten diesen schönen Tag genießen«, sagte er. »Wir haben allen Grund, uns zu freuen, auch wenn es sich um ein Geschäft handelt.«

»Kein Wunder, bei so einem Scheck! Gib mir die Rosen wieder!«

Bob gab den Strauß zurück, sie gingen weiter und sahen von der Uferhöhe, wie die Fähre gerade anlegte. Ihr Auto war auf die Seite geschoben worden. Der Kassierer sagte zu ihnen:

»Isch kriejen 64,50 Mark. Dä Automeschaniker is att widder fot. Zündkabel wor blankjescheuert und noch jet!« Er hielt die Hand auf, in der Erikas Autoschlüssel lag. »Jeld jejen Schlüssel...«

Bob ließ sich das für ihn wie chinesisch klingende Kölner Deutsch übersetzen, bezahlte großzügig 70 DM und nahm den Schlüssel in Empfang. Der Kassierer grinste dankbar.

»Vorbei?« fragte er. »Hadder jehierot?«

»Ja.«

»Gratuliere!« Er nickte zu Bob. »Is dat ne Ami?«

»Ja.«

»Millionär?«

»Nein.«

»Dann paß op, Mädche! Nit alles, wat us Amerika kütt, is jut! Trotzdem: Vill Jlück!«

Im Rheinhotel »Belevue« erwartete sie ein festlich gedeckter Tisch mit Blumenkranz, Kerzenleuchter und kunstvoll gefalteten Servietten, die stilisierte Schwäne darstellten. Herr Müllegan und der Oberkellner begrüßten das glückliche Paar an der Tür, sprachen ihre Glückwünsche aus und bekundeten volles Verständnis dafür, daß Bob und Erika zunächst auf ihr Zimmer gehen wollten. Hans-Jakob Müllegan schritt voran, öffnete selbst die Tür und ließ eintreten.

Ein großes helles Zimmer mit einem begeisternden Rheinblick, ein einladend aufgedecktes Doppelbett, auf dem Tisch ein großer bunter Blumenstrauß, in einem Kühler eine kleine Flasche Sekt als Geschenk des Hauses; ein guter Hotelier weiß, was er seinen Gästen in bestimmten Lebenssituationen schuldig ist.

»Wunderschön!« sagte Erika und legte die Rosen auf das Bett. Auf Rosenblättern sollst du liegen und träumen vom nie endenden Glück... Hans-Jakob Müllegan erkundigte sich diskret nach den weiteren Plänen.

»Sie kommen doch gleich zum Essen?« fragte er.

»Sofort!« antwortete Bob. »Sie haben sich soviel Mühe gemacht. Dabei wollten wir gar kein Aufsehen. Ganz still...«

»Unser Haus freut sich immer, wenn glückliche Menschen in ihm wohnen«, sagte Müllegan, lächelte sonnig und ließ das junge Ehepaar allein.

Erika setzte sich aufs Bett und lachte. Bob sah sie verwirrt an; es war ihm jetzt nach einem doppelten Whisky zumute.

»Was nun?« fragte sie.

»Jetzt essen wir.«

»Aber die Nacht kommt trotzdem!«

»Wir könnten wegfahren und woanders in Einzelzimmern übernachten. Müllegan sagen wir dann, wir hätten wieder eine Panne gehabt.«

»Das ist doch blöd!«

»Fällt dir was Besseres ein?«

»Es wird doch wohl möglich sein, einige Nächte lang ein Doppelzimmer zu teilen! Als Geschäftspartner!«

»Ich zweifle nicht daran. Ich bin ein korrekter Mensch! Außerdem bekäme ich mit Jenny Schwierigkeiten.«

Zum erstenmal erwähnte er diesen Namen. Erikas Pupillen verengten sich zu Mäuseaugen. »Wer ist Jenny?« fragte sie gleichgültig, und diese auffallende Teilnahme hätte Bob warnen müssen, hätte er auch nur ein wenig Ahnung von der weiblichen Psyche gehabt. Aber seine Kenntnisse auf diesem delikaten Gebiet waren minimal. Mit geradezu selbstmörderischem Leichtsinn antwortete er: »Jenny ist ein sehr hübsches Mädchen in Las Vegas.«

»Aha!«

»Wieso aha?« fragte Bob verwirrt.

»Sie weiß, daß du sie nie heiraten kannst, wenn du beruflich immer andere Frauen heiraten mußt?«

»Natürlich weiß sie das. Sie vertraut mir vollkommen.«

»Ihr seid also Komplizen, ein echtes Gangsterpärchen?«

Bob Brook hörte zum erstenmal dieses böse Wort im Zusammenhang mit seiner Person und seiner Tätigkeit. Er erschrak zutiefst, und plötzlich wurde ihm etwas klar, worüber er bisher nie nachgedacht hatte: So legal das berufsmäßige Heiraten auch sein mochte, in den Augen der moralisierenden Umwelt war es eine Art Gangsterstück. Heiraten ist etwas anderes als Schuhe kaufen und sie später wieder umzutauschen. Bob sah seine junge Frau Erika strafend an und schüttelte den Kopf.

»Du hältst das also für unredlich?« fragte er.

»Normal kann man das jedenfalls nicht nennen!«

»Aber du bist doch Partnerin in diesem Geschäft! Ohne Partner wäre es gar nicht möglich, sei gegrüßt, Gangsterfrau!«

»Von meinem Geld wird also auch Jenny leben?« fragte Erika. Wiederum erkannte Bob die Gefahr nicht, er winkte nur lässig ab.

»Es ist mein Geld! Ehrlich verdient.«

»Ehrlich?«

»Bist du Mrs. Brook oder nicht?« Er blickte weg, weil Erika heftiger atmete und ihre Brust sich unübersehbar hob und senkte. »Unser Hochzeitsmahl wartet!«

»Muß das sein? Das ist doch absurdes Theater.«

»Wir würden den netten Herrn Müllegan bitter enttäuschen. Wie lieb er den Tisch dekoriert hat! Für einen Hotelier wie ihn ist ein Hochzeitspaar geradezu eine Herzensangelegenheit! Hellt ja auch den tristen Alltag auf... Immer nur Durchreisende oder Vertreter, die Spesen sparen wollen, immer nur Pensionsgäste, die bei schlechtem Wetter sauertöpfisch herumsitzen, oder Stammgäste, die mit dem neuesten Klatsch unterhalten werden wollen. Welch eine Freude, mal ein Hochzeitspaar bewirten zu dürfen! Erika, wir müssen hinunter. Absagen geht nicht; das können wir Herrn Mülle-gan nicht antun.«

»Also gut - spielen wir die teure Komödie weiter.« Erika erhob sich, stellte die roten Rosen zu den anderen Blumen in die Vase und glättete ihr Kleid. »Ich bin die verrückteste Schauspielerin der Welt! Für eine Rolle zahle ich 51 500 DM!« Sie blieb vor Bob stehen und sah ihn kopfschüttelnd an. »Ich will diese Jenny nicht sehen!«

Diese Bemerkung kam so überraschend, daß Bob keine passende Antwort einfiel. Etwas lahm entgegnete er: »Das läßt sich nicht vermeiden. Sie arbeitet ja im Icesaloon.«

»Telegrafier ihr, ruf sie an, mach, was du willst! Wenn ich nach Las Vegas komme, ist sie nicht mehr im Haus!«

»Das ist undurchführbar, Erika! Jenny gehört zum Saloon!«

»Bis heute! Ab heute gehöre ich dorthin. Ich bin deine Frau!«

»Auf dem Papier!«

»Bin ich Papier?« Sie drehte sich vor ihm, es sah komisch aus, so ernst sie es auch meinen mochte. Bob gestand sich ein, daß Erika von allen Seiten anzuschauen war. »Diese Jenny ist dein Verderben!«

»Du kennst sie ja gar nicht!«

»Ich spür es!«

Diese weibliche Logik entwaffnete Bob. Gegen Gefühle gibt es keine Argumente... man kann da nicht mehr mit rationalen Beweisen kommen. Wenn eine Frau sagt: Ich fühle das, dann ist das endgültig und muß anerkannt werden, will man sich nicht auf einen aussichtslosen Kampf einlassen.

»Wo kommt sie überhaupt her, diese Jenny?« fragte Erika spitz.

»Ich habe sie von Onkel Steve geerbt... mit dem Icesaloon. Sie gehört zum Inventar.«

»Dann richten wir uns neu ein und werfen das alte Inventar hinaus! - Wie sieht Jenny aus?«

»Lange blonde Haare, weißblond.«

»Gebleicht!« Sie schnippte mit den Fingern. »Oh, ich kenne diese Mädchen aus Filmen und Illustrierten. Puppengesichtchen, große Kulleraugen. Schmollmündchen...«

»Genau!« rief Bob. »Das ist Jenny! Und wenn sie geht, schwingt sie die Hüften!«

»Ekelhaft!« unterbrach ihn Erika. »Hör auf!«

»Sie hat einen wundervollen Busen.«

»Schöner als meiner?« Sie reckte sich. Bob betrachtete sie und nickte. »Größer.«

»Ich möchte keine Amme sein!« Sie wandte sich ab und öffnete die Tür. »Gehen wir! Ich habe keine Angst vor dieser Jenny! Aber verhindere, daß ich sie sehe!«

Im Foyer der Rheinterrasse faßte sie Bob unter, und sie schmiegte sich an ihn. Verstört blickte er zur Seite. Erika ging plötzlich anders als sonst. Sie wippte etwas, drückte die Brust heraus und wackelte mit dem Po.

Hans-Jakob Müllegan eilte ihnen entgegen. Aus einem in die Decke eingebauten Lautsprecher erklang Musik von Johann Strauß; der Oberkellner gab zur Küche hin einen Wink. Es konnte serviert werden. Eine köstliche würzige Sauerampfersuppe wurde aufgetragen.

Nach dem Hochzeitsmahl, zu dem einer der zungenküssenden Mülleganschen Weine serviert worden war, stand man vor der Frage, wie man den Nachmittag verbringen sollte. Wenn man jung verheiratet ist und ein so schönes Doppelzimmer besitzt wie Erika und Bob, erübrigen sich solche Fragen eigentlich. Herr Müllegan war deshalb bei aller gebotenen Diskretion und Zurückhaltung erstaunt, als Bob sich erkundigte: »Was kann man jetzt unternehmen? Schlagen Sie uns mal etwas Schönes vor.«

»Da wäre ein Besuch des Waldfriedhofs«, sagte er zögernd.

»Am Tag der Hochzeit?« Bob lächelte schief.

»Oder eine Rheinfahrt mit einem der weißen Schiffe. Das ist immer lohnend.«

»Das ist eine gute Idee!« sagte Bob. »Der Rhein ist zwar nicht der Mississippi, aber immerhin...«

Fröhlich kamen Bob und Erika am Abend zurück, Arm in Arm, mit windzerzausten Haaren. Sie hatten bereits auf dem Schiff gegessen, was Herr Müllegan insgeheim befürchtet hatte. Jetzt tranken sie nur noch eine Flasche Wein, ließen sich den Schlüssel geben und gingen auf ihr gemeinsames Zimmer.

Es war eine helle Nacht, der Rhein rauschte, majestätisch glitt ein hellerleuchtetes Personenschiff mit flatternden Wimpeln und Lichtergirlanden vorbei, am anderen Ufer hob sich der efeubewachsene Rolandsbogen gegen den blassen Nachthimmel ab. Ein Bild von betörender Romantik. Bob stand am Fenster, und wie jedem Amerikaner, der an den Rhein kommt, wurde auch ihm warm ums Herz.

Hinter sich hörte er Erika rumoren. Sie wühlte in ihrem Koffer, Schuhe klapperten über den Boden, dann raschelte Stoff. Als sie neben ihm ans Fenster trat, trug sie ein langes Spitzennegligé und darunter ein Nachthemd mit vielen Rüschen und Schleifchen und einem umwerfenden Ausschnitt. Bob erfaßte die Situation mit einem Blick und suchte nach einem Fluchtweg.

»Ich - ich muß Jenny anrufen!« sagte er.

»Bitte!« antwortete Erika.

»Ich muß ihr sagen, daß ich verheiratet bin.«

»Natürlich. Sie hat ein Recht auf diese Information.«

»Außerdem muß ich mit Allen sprechen.«

»Wer ist Allen?«

»Der Sheriff vom 3. Außenbezirk von Las Vegas.«

»Interessant. Muß der auch wissen, daß du geheiratet hast?«

»Er ist unsere einzige Hoffnung. Nur er kann deinen Mops...«

»Unseren Mops!«

»... unseren Mops ohne Quarantäne in die Staaten bringen. Sheriff Brass wird einen Weg wissen.«

Es dauerte ein paar Sekunden, bis sich drüben im fernen Las Vegas Jennys verschlafene Stimme meldete. Die Verbindung war so klar, daß Bob sogar das Knarren des Bettes hörte, als Jenny sich aufrichtete.

»Bob! Mein Schätzchen!« sagte sie. »Kannst du nicht mal zu 'ner vernünftigen Zeit anrufen? Gestern ist's spät geworden.«

»Verzeih, das wußte ich nicht!« sagte Bob.

Erika blinzelte ihm zu und kam näher, um soviel wie möglich mitzuhören. »Jetzt ist sie sauer, was?« stellte sie fest. Ihre Stimme verriet Zufriedenheit.

»Wer spricht denn da?« rief Jenny und wurde nun munter.

»Ich!« rief Erika zurück.

»Bob!« Jennys Stimme wurde schriller. »Was ist bei dir los?«

»Ich habe heute geheiratet, Jenny.« Bob atmete tief durch. »Nächste Woche bin ich wieder bei dir.«

»In Las Vegas!« sagte Erika laut. »Bei dir ist übertrieben...«

»Warum quatscht sie dauernd dazwischen?« rief Jenny. »Wo seid ihr jetzt, Bob?«

»Im Hotel. Es ist unsere Hochzeitsnacht.« Bob hielt die Sprechmuschel zu, aber es war schon zu spät. Erikas Satz traf wie ein Blattschuß. Jenny gab einen unartikulierten Laut von sich und sagte dann gepreßt:

»Bob! Ist das wahr?«

»Halt endlich den Mund!« zischte Bob. Er meinte damit Erika, und diese bezog es auch auf sich. Sie hob die Schultern, blieb aber angriffsbereit wie eine in die Ecke gedrängte Katze neben Bob stehen. »Noch sind wir nicht in Amerika.«

»Das ist dein Problem! Laut Vertrag mußt du...«

»Bob!« schrie Jenny. »Antworte!«

»Wir haben schon rund 25 000 Dollar verdient!« sagte Bob und hoffte, die Summe würde Jenny imponieren und besänftigen. Aber es ging wieder einmal um die weibliche Psyche, und deshalb versagte Bob auch jetzt.

»Wo bist du?« fragte Jenny gezielt.

»In einem Hotelzimmer! Soll ich am Rheinufer übernachten?«

»Hat das Zimmer ein Doppelbett?«

»Natürlich!«

»Wieso ist das natürlich?« schrie Jenny.

»Mach einem Hotelier mal klar, daß ein jung verheiratetes Ehepaar zwei Einzelzimmer braucht! Ich möchte hier nicht als Idiot auftreten!«

»Ich tu ihm nichts!« rief Erika dazwischen. »Bob wird stehend an der Wand schlafen...«

»Sie hat eine ordinäre Stimme!« sagte Jenny und trommelte nervös mit einer Hand auf die Bettkante, was Bob deutlich hören konnte. »Wenn du mit ihr ins Bett gehst, vergifte ich dich, ist das klar?«

»Was macht dein lieber Vetter Harry Sandler? Hört er mit?« fragte Bob gehässig. »Da raschelt doch was!«

»Harry liegt nebenan auf dem Sofa und schnarcht wie ein Grisly. Bis drei Uhr morgens haben Brass, McDolland, de Trajano und er gesoffen! Dann kamen noch sieben abgeschlaffte Schwalben und futterten Eis. Ellis war auch dabei. Ich kenne sie aus der Schule. Sie arbeitet jetzt in Meyers Casino, hat nebenan ein Zimmer, mit rotem Samt tapeziert. Sie macht pro Nacht ihre tausend Dollar. Galezzano kassiert 50 Prozent; bleiben immer noch fünfhundert Dollar Reingewinn. Ellis ist zufrieden und fährt einen tollen Chevrolet-Sport. Bob, mein Schatz, das war eine heiße Nacht! Wir haben gequatscht und getrunken...«

»Du kommst wirklich aus einer feinen Gesellschaft!« sagte Erika laut.

»Sag deiner Ehefrau«, schrie Jenny im fernen Las Vegas, »sie soll ihr Zuckermäulchen halten, verdammt noch mal! Ist noch was?«

»Ich wollte dich nur hören, Jenny...«

»Rührend!« sagte Erika.

»Du scheinst eine selten dämliche Nuß geheiratet zu haben«, rief Jenny, und diesmal erzielte sie die beabsichtigte Wirkung. »Aber wenn sie gut bezahlt, halt aus, Liebling. Küßchen, Bobby!«

Noch bevor Bob antworten konnte, legte sie auf. Erika war zurückgewichen, stand, die Fäuste geballt, mitten im Zimmer und starrte ihn mit funkelnden Augen an.

»Ich sei eine dämliche Nuß, hat sie gesagt?« fragte sie mit verkniffenem Mund.

»Jenny ist manchmal etwas burschikos...«, wehrte Bob ab. Aber das war nur eine lahme Entschuldigung.

Er sah das ein, als Erika unbeeindruckt weitersprach.

»Solange ich zahle, kann man mich also ertragen? Dieses Luder hat sich verrechnet! Und wie! Ich schmeiße sie aus dem Saloon hinaus wie einen alten Stuhl!«

»Dazu hast du kein Recht!«

»Ich bin deine Frau!«

»Bis in vierzehn Tagen. Dann stehen wir vor Richter de Trajano...«

»Irrtum!« Sie holte tief Atem. »Ich lasse mich nicht scheiden!«

Bob hatte das Gefühl, er verliere den Boden unter den Füßen. Ein ähnliches Gefühl hatte ihn überkommen, als er erfuhr, daß er Onkel Steve Hamiltons Erbe war - und ein wenig später, als er merkte, daß Jenny Marlow ein Teil der Erbschaft war. Aber gegen den Schlag, den ihm jetzt Erika versetzte, war das alles noch harmlos gewesen.

»Wie bitte?« fragte er heiser.

»Ich habe beschlossen, mich nicht scheiden zu lassen...«, erwiderte Erika mit klarer Stimme.

»Und warum?«

»Ich bin dir keine Erklärung schuldig.«

»Wir haben einen Vertrag!«

»Er ist sittenwidrig!«

»Du *mußt* dich scheiden lassen!«

»Ich denke nicht daran!«

»Du kannst doch nicht einfach meine Frau bleiben. Wie willst du denn das begründen?«

»Damit, daß ich dich liebe, du Ekel!« sagte sie laut. »Ich weiß auch nicht, warum! Aber es ist so! Und jetzt lüg nicht... Du liebst mich auch!«

»Paragraph 11!« sagte Bob matt. »Erika, ich muß noch viel Geld verdienen.«

»Mit Heiraten?«

»Ja! Das Geld liegt nur so herum, man braucht es nur aufzuheben. Soll ich daran vorbeigehen?! Halte jetzt keine Predigten! Wir Amerikaner sind da anders. Wo es einen gutbezahlten Job gibt, da greifen wir zu! Und Heiraten ist ein guter Job, noch dazu einer, den ich entdeckt habe! Der eine bohrt eine Ölquelle an, der andere züchtet Magerschweine... ich heirate! Nur die Dollars, die man verdient, zählen, *wie* man sie verdient, spielt keine Rolle. Das wirst du in den USA noch lernen müssen. Keiner fragt nach der Person, es kommt nur darauf an, wieviel Kröten einer hat.«

»Ich denke gerne um«, sagte Erika. Sie ging zum Bett, mit wippenden Hüften, so wie sie sich Jennys erotischen Gang vorstellte, setzte sich auf die Bettkante und schlug die Beine übereinander. Es war ein erfreulicher Anblick, der gegen alle Vertragsklauseln verstieß. »Gut, ich lasse mich scheiden! Ich will deinen Geschäften nicht im Wege stehen. Aber ich bleibe bei dir!«

»Unmöglich!«

»Ich liebe dich!«

»Dann habe ich zwei im Haus - Jenny und dich! Und wenn die anderen Frauen, die ich noch heiraten werde, genauso denken, dann schwirren vier oder sechs oder acht Frauen, die mich lieben, um mich herum!«

»Das kann passieren!«

»Aber das wäre ja ein Irrenhaus!«

»Du siehst das falsch. Es wäre ein Liebeshaus... Bob Brooks Harem von Las Vegas. Hollywood würde sich um dich reißen: Ein Mann lebt mit seinen acht geschiedenen Frauen zusammen, und jede liebt ihn! Du wirst eine Weltsensation werden! Das willst du doch, nicht wahr?«

»Ich will in aller Ruhe Geld verdienen!« stöhnte Bob.

»Ruhe mit Frauen? Bob, wir leben nicht in Utopia! Du hast dir einen Beruf ausgesucht, der genauso gefährlich ist wie der des Tigerdompteurs.« Sie legte sich zurück und hob die Beine auf die Matratze. »Komm ins Bett, Liebling...«

»Ich muß mit Allen sprechen!«

»In der Hochzeitsnacht? Jenny, okay, das war klar. Sie ist direkt betroffen. Aber dieser Sheriff?«

»Es geht um den Mops!«

»Aber nicht in einer so schönen Nacht!«

Noch einmal gelang es Bob, ein paar Minuten Zeit zu gewinnen. Er ließ sich mit Sheriff Brass verbinden. Allen hustete ins Telefon. Seine Reibeisenstimme klang ausgesprochen ungnädig.

»Hier Sheriff Brass!« sagte er und rülpste. »Ihre Uhr ist wohl kaputt. Kaufen Sie sich eine neue und rufen Sie dann wieder an!«

»Ich bin's, Allen!« sagte Bob.

»Wer ist da?« brüllte Brass.

»Bob! Wach auf, Allen!«

»Wo steckst du?«

»In Bad Honnef-Rhöndorf. Im Hotel ›Bellevue‹.«

»Dann leg dich hin und schlaf!«

»Ich habe heute geheiratet.«

»Gratuliere. Behandle sie schonend, Bob. Vielleicht gibt es Mädchen, die erschrecken, wenn du...«

»Allen!« schrie Bob zurück. »Du mußt nächste Woche nach New York kommen. Du mußt uns durch die Kontrollen schleusen!«

»Ist sie so hübsch, daß die Zöllner über sie herfallen?«

»Du mußt General Wellington durchbringen!«

Einen Augenblick war es ganz still in Las Vegas. Sheriff Brass starrte gegen die Wand, hustete dann und sagte müde: »Du versoffener Hund! Leg dich neben deine junge Frau und faß sie bloß nicht an! Säuferkinder sind oft verblödet.«

»Um einen Hund geht es ja. Um einen Mops!« rief Bob.

»Halt's Maul!« brüllte Brass.

»Mein Gott, sei doch mal für fünf Minuten nüchtern, Allen! General Wellington ist der Hund meiner Frau Erika. Im Vertrag, Zusatz Nummer eins, heißt es, daß sie ohne Wellington nicht fährt. Du mußt also nach New York kommen und im Airport den Mops sicher durch die Kontrollen bringen! Wie du das machst, ist deine Sache! Ich verlasse mich ganz auf dich.«

»Wann kommst du?« fragte Brass.

»Ich rufe dich noch an. Wenn Erika ihren Paß erhält, vielleicht schon nächste Woche...«

»Ist alles glattgegangen?« Brass' Stimme verriet Neugier.

»Bis jetzt ja.« Bob blickte auf die im Bett liegende Erika. »Bis jetzt...«

»Halt durch, Junge!« sagte Brass. »Geschäftseröffnungen sind immer kritisch. Später, bei einiger Übung, umturnst du alle Gefahren. Laß dich nicht unterkriegen! Ist sie hübsch?«

»Ja. Sehr.«

»Denk nur an die Mäuse.«

»Dazu zwinge ich mich die ganze Zeit. Aber es ist verdammt schwer. Bye bye, Allen!«

Bob legte auf und setzte sich auf einen Stuhl neben dem Fenster.

»Allen wird das mit Wellington schon machen«, sagte er. »Auf solch einen Freund kann man sich verlassen.«

»Warten wir es ab.« Sie hob den Kopf. »Willst du auf dem Stuhl übernachten?«

»Er ist bequem.«

»Im Bett ist's aber bequemer.« Sie legte sich wieder zurück. »Im Vertrag steht nicht, daß nebeneinander schlafen verboten ist.«

»Der Vollzug der Ehe ist untersagt.«

»Wir wollen schlafen, aber nichts vollziehen!« sagte Erika.

»Ich sehe da einen großen Unterschied.«

Das Argument war schlüssig. Bob ging um das Bett herum, streifte seine Jacke und die Schuhe ab und legte sich auf die Decke.

»Willst du dich nicht ausziehen?«

»Ich kann auch so schlafen.«

»Die Hose verkrubbelt.«

»Was tut sie?«

»Sie wird faltig. Morgen siehst du aus wie ein Landstreicher. Hör mal, Bob, am Strand hast du auch nur eine Badehose an.«

Es war deprimierend: Er kam gegen sie nicht mehr an. Ihre Argumente waren so logisch, daß sich Entgegnungen erübrigten. Er erhob sich also, ging ins Badezimmer, nahm seinen Handkoffer mit, zog sich den Schlafanzug mit den kurzen Hosen an und kam zurück ins Zimmer. Erika hatte das Licht gelöscht. In der fahlen Helle des Halbmondes konnte man sich im Raum noch gut orientieren.

Bob legte sich ins Bett und zuckte zusammen, als er Erikas Hand fühlte. Die Schlacht hatte begonnen.

»Ist es verboten, daß ich dich mit meiner Hand fühle?« fragte sie. Der Ton ihrer Stimme fuhr Bob bis in die Zehenspitzen.

»Nein! Aber ist das nötig?«

»Ich bin deine Frau...« Es raschelte. Erika rückte näher an ihn heran und schob ihren Kopf an seine Schulter. Er roch ihr Haar, eine Locke kitzelte an seiner Schläfe. »Ist es verboten«, fragte sie wieder, »meinen Kopf in deinen Arm zu legen?«

»Nein. Wenn es zum Einschlafen gehört...«

»Ich bin so glücklich, wenn ich dich fühle«, sagte sie leise.

»Unsere Hochzeitsnacht! O Bob - sag nie, daß ich dir 50 000 Mark gegeben habe. Bubelatz schlägt dich tot! Er glaubt nämlich, du liebst mich. Wie schön könnte alles sein, aber du liebst nur Jenny! Ich werde sie zerfleischen. Wie alt ist sie?«

»Dreiundzwanzig.«

»Sieben Jahre jünger als ich! Ich werde sie wohl umbringen müssen...«

Sie rekelte sich in seinen Armen, murmelte mit verklingender Stimme noch ein paar ähnliche dumme Sprüche und schlief ein. Bob lag unbeweglich, starrte gegen die Zimmerdecke, fühlte Erikas atmende Brust an seiner Seite und schwor sich, künftig nur noch Frauen zu heiraten, mit denen er gefahrlos unter einer Decke liegen konnte.

Nach drei Tagen bekam Erika ihre Aufenthaltsbewilligung. Sie hieß jetzt Erika Brook und war halbe Amerikanerin, Konsul Nesswick erklärte ihr mit kurzen Worten ihre Pflichten und Rechte als zukünftige US-Bürgerin, spendierte eine Flasche Bourbon-Whisky, erzählte Witze von Mack, dem Nasenlosen, der immer nur antworten konnte nff-nff-nff - anscheinend eine Lieblingsfigur von Nesswick, die nur ihm selbst bekannt war. Dann waren auch diese Formalitäten beendet, und dem neuen Leben in den USA stand nichts mehr im Wege.

Hans-Jakob Müllegan verabschiedete seine Gäste herzlich und nahm Bobs Einladung nach Las Vegas an, was die gegenseitige Sympathie noch verstärkte, obgleich jeder wußte, daß Einladungen dieser Art nie ernst gemeint sind. Am Abend waren sie wieder in München, wo ihnen Waldemar Bubelatz mit Frau, Familie und General Wellington einen aufgekratzten Empfang bereiteten. Vor allem Wellington war außer sich, sprang mit seinen kurzen, krummen Knubbelbeinen an Bob hoch, schleckte ihm die Hände und Knöchel ab, wimmerte vor Freude und lag später wie ein Denkmal auf seinem Schoß, glücklich und mit einem Mondgesicht, wie es nur Möpse haben.

Auch in München stand Bob vor der Frage, wie man schläft, wenn man nur auf dem Papier verheiratet ist, die Ehefrau aber plötzlich in Liebe entbrannt ist. Er löste das Problem, indem er Erika in seine herrlichen Villenräume mitnahm, ihr dort ein Bett im Stil Louis XV. zuwies, das in einem Schlafzimmer mit Seidentapeten stand. Er selbst legte sich im Salon auf ein Sofa, das zwar stilecht, aber unbequem war. General Wellington schlief zu seinen Füßen und prustete ihm jede Nacht gegen die nackten Sohlen.

Erika nahm nur drei Koffer mit. Alle anderen Habseligkeiten sollte Bubelatz verkaufen und den Erlös auf ihr Konto einzahlen. Dann kam der Abschied. Frau Bubelatz weinte, Waldemar Bubelatz ermahnte Bob, Erika glücklich zu machen, sonst könne er, Bob, sich auf dem Nordpol verstecken. General Wellington ruhte unsichtbar als Handgepäck in einer Einkaufstasche. Er war sich seiner Aufgabe voll bewußt, verhielt sich still und passierte anstandslos den deutschen Zoll, dem der Hundeexport gleichgültig war. Er fiel nur vorübergehend auf, als er im Flugzeug zu schnarchen begann.

Als die schwere Maschine abhob, blickte Erika stumm aus dem Fenster. Sie ahnte, daß es ein Abschied für immer war. Das Flugzeug gewann rasch an Höhe, vernebelte sich in den Wolken und verlor sich im durchsonnten Blau des freien Himmels.

Sie war ein neuer Mensch. Erika Brook. Vielleicht würde man diesen Namen zehn Jahre später in allen Modejournalen lesen. Vielleicht würden sich die großen Konfektionshäuser nach ihren Entwürfen richten. Vielleicht...

In New York erwartete sie tatsächlich Allen Brass. Er trug seine Sheriff-Uniform, der Stern glänzte auf seiner Brust, und wenn er auch gegenüber der New Yorker Stadtpolizei geradezu exotisch wirkte, hatte er doch schnell guten Kontakt zu den Kollegen gefunden. Dabei halfen ihm vor allem seine Las-Vegas-Witze, die selbst den ausgekochtesten Polizisten New Yorks die Lachtränen in die Augen trieben. So hatte es Brass nicht schwer, hinter die Absperrung zu gelangen.

Die Begrüßung war herzlich. Brass starrte Erika, die ein enges

Jeanskleid trug, entgeistert an, umarmte Bob und schrie: »Großartig, Junge! Da hast du aber eine Bodenturnerin an Land gezogen!«

»Sie kann Englisch, du Rindvieh!« sagte Bob und bat Erika mit den Augen um Verzeihung. Sheriff Brass wurde verlegen, grinste breit und gab Erika die Hand.

»Willkommen, Mrs. Brook, in Amerika! Ich bin Bobs Freund.«

»Ich habe schon von Ihnen gehört. Wenn es Sie beruhigt, Allen, ich war wirklich gut in Gymnastik.« Sie reichte ihm die große Einkaufstasche. »Hier ist General Wellington.«

Brass nahm die Tasche und blickte hinein. Wellington lag ganz ruhig. »Er darf nicht bellen«, sagte der Sheriff.

»Er wird nicht bellen. Wellington hat im Flugzeug zwei Schlaftabletten bekommen. Allenfalls schnarchen könnte er.«

»Das darf er auch nicht.«

»Das Atmen konnten wir nicht abstellen.«

»Ich versuche es.«

Brass widmete Erika noch einmal einen langen Blick, pfiff durch die Zähne und trottete mit der Einkaufstasche davon. Bob und Erika blickten ihm nach, als er durch eine Glastür in den Zollraum ging, dort die Tasche auf einen Tisch stellte und sagte: »Da fällt mir noch ein Ding ein, Jungs, das müßt ihr hören. Da haben wir in Las Vegas einen Mann, den wir Leder-Joe nennen. Weil er ein breites, hartes Bruchband aus Leder trägt. Wenn Leder-Joe nun tanzen geht, und er tanzt leidenschaftlich gern, dann...«

Bis zu Bob und Erika tönte das Lachen aus dem Zollraum. Brass nahm die Tasche, verabschiedete sich von den Kollegen und verließ den Raum durch eine andere Tür.

General Wellington war Amerikaner.

»So sind alle meine Freunde!« sagte Bob gerührt. »Auch Richter de Trajano. Er wird uns innerhalb von fünf Minuten scheiden.«

»Wir werden ihn nicht brauchen. Ich bleibe bei dir«, sagte sie.

»Hast du Jenny gewarnt?«

»Sie holt uns in Las Vegas am Flughafen ab.«

»Mut hat sie!«

Bob faßte Erika unter. Langsam gingen sie zur Paßkontrolle.

»Es ist dir doch klar: Laut Vertrag mußt du innerhalb eines Monats geschieden sein, sonst kostet dich jeder weitere Monat 1500 Dollar!«

»Nicht Dollar! Mark!«

»In den USA ist die Währungseinheit der Dollar!«

»Wenn ich nicht zahle? Meinen Namen habe ich!«

»Dann wirst du verklagt!«

»Von wem?«

»Von mir!«

»Du Scheusal!« Erika schmiegte sich an ihn. »Ich liebe dich...«

Es war einfach unmöglich, Erika auf diese Art zu provozieren. Vielleicht half Jennys Gegenwart, die Dinge zu lösen. Der erste Abend in Las Vegas würde entscheidend sein: Sowohl Jenny wie auch die neue Ehefrau würden das Bett in Bobs Schlafzimmer beanspruchen. Ein geradezu klassisches Drama stand bevor. Bob seufzte, gab die Pässe zur Kontrolle ab, und kurz danach konnten sie ungehindert die Sperre passieren.

Am späten Abend landeten sie in Las Vegas.

Es war selbstverständlich, daß McDolland und de Trajano auf Bob warteten. Sie konnten ihre Neugier kaum noch im Zaum halten, seitdem Brass sie aus New York angerufen hatte.

»Das ist ein Girl!« hatte er geschwärmt. Seine Begeisterung riß McDolland geradezu aus dem Sessel. »Und Bob steckt schon jetzt in der Klemme. Sie liebt ihn...«

»Gott blickt in die Seele eines jeden!« sagte McDolland feierlich. »Sein Wort ist Trost. Ich werde Jenny trösten müssen...«

Brass unterdrückte eine unfromme Bemerkung und legte auf.

Nun standen sie alle in der Ankunftshalle des Airport von Las Vegas und winkten Bob zu. Ganz vorne stand Jenny in einem Kleid, das in puritanischen Ländern gegen den Jugendschutz verstoßen hätte. Hinreißend sah sie aus, strahlend und beispiellos. Als sie Erika erblickte, lächelte sie.

Diese Person war kein Gegner. Was da kam, war ein braves deutsches Mädchen mit dem Charme einer Portion Sauerkraut.

Noch nie hatte sich Jenny Marlow so gewaltig geirrt.

Die Weltgeschichte kennt zahlreiche dramatische Begegnungen königlicher Frauen. Man denke nur an Maria Stuart und Elizabeth von England, an Elsa von Brabant und Ortrud im »Lohengrin« oder an die zerstörerische Rivalität zwischen Brunhild und Kriemhild im Nibelungenlied. Begegnungen von zwei Frauen, die das gleiche Ziel verfolgen, sind ein elementares Naturereignis, wie die Entstehung von Bergen und Meeren. Daran sind schon Staaten und Völker zerbrochen...

Besaß da ein kleiner Bob Brook überhaupt noch eine Chance? In bester Dramentradition begann alles mit scheinheiligen Freundschaftsbeteuerungen. Jenny fiel Bob um den Hals und küßte ihn wie auf der Bühne eines Sextheaters. Auf dem Airport von Las Vegas fiel das freilich nicht auf, da man dort Exzesse unter freiem Himmel für ganz normal hält. Dann reichte sie Erika die Hand und sagte freundlich:

»Freut mich, dich zu sehen! Amerika wird dir gefallen. Ich bin Jenny, Bobs Freundin.«

»Ich hab's gemerkt«, antwortete Erika etwas steif. »Beachtlich, daß du dein Kleid nicht verloren hast...«

Jenny schoß einen wilden Blick ab, warf sich in Positur und brachte ihre Brust aufs vorteilhafteste zur Geltung. Die Antwort hob sie sich für eine spätere, bessere Gelegenheit auf.

Pfarrer McDolland drückte Erika herzlich beide Hände, sagte

feierlich: »Des Menschen Wege sind von Gott vorgezeichnet!«, und warf dabei einen Blick in ihren Ausschnitt. Was er sah, schien ihn zufriedenzustellen; er gab den Weg frei und hörte, wie Richter de Trajano sagte:

»Erika, Sie können jederzeit mit mir rechnen.«

»Danke.« Erika blickte sich um. »Alle sind hier so freundlich. Pfarrer McDolland...«

»Der Herr sagt: Ruft mich, und ich bin bei euch.«

»Wann können Sie Bob und mich kirchlich trauen?«

Die Frage kam so unerwartet, daß McDolland die Stimme versagte. Er starrte Bob an, und ein Schauer überlief seinen Rücken. Da ist etwas schiefgegangen, durchfuhr es ihn. Da haben die Dinge eine Entwicklung genommen, die keiner voraussehen konnte. Oder doch? Wenn sich die menschliche Vernunft ins Bett legt, werden ihre Fähigkeiten oftmals überschätzt.

»Und Sie wollen uns scheiden, Richter de Trajano?« fragte Erika.

»Komplikationslos, in fünf Minuten«, antwortete de Trajano stolz und dumm zugleich. »Sie und Bob sagen ja, und schon sind Sie wieder frei!«

»Aber mein Ja ist Vorbedingung?«

»Natürlich! Bei einer einseitigen Willenserklärung kann es einen langen Prozeß geben.«

»Das möchte ich nicht«, sagte Erika und hakte sich bei Bob unter. »Ich glaube, Mr. de Trajano, es wird keine Akte Brook bei Ihnen geben.«

Die Fahrt vom Flughafen zum Icesaloon am Rande von Las Vegas verlief abenteuerlich. Jenny, die mit Bobs Wagen gekommen war, saß während der Rückfahrt am Steuer, gefolgt von McDolland, der Sheriff Brass und de Trajano mitgenommen hatte. Brass trug noch immer die Tasche mit General Wellington. Der Mops war in der Halle wie auf ein Stichwort aus seinem Tiefschlaf aufgewacht, nachdem Brass sämtliche Kontrollen durchschritten hatte. Wellington grunzte laut, reckte sich dann, hob den Kopf, erkannte den fremden Mann, glotzte ihn böse an und entschloß sich dann, ihm den Finger zu lecken, mit dem Brass vorsichtig über Wellingtons dicken Kopf strich. Anscheinend schmeckte der Sheriff ganz sympathisch, denn General Wellington biß nicht zu, sondern legte sich zufrieden wieder in die Einkaufstasche zur Ruhe.

McDonald schnaufte laut und schielte zu Brass hinüber, der neben ihm saß. Vor ihnen her jagte Jenny in halsbrecherischer Fahrt. Sie fuhr mindestens doppelt so schnell wie erlaubt und überholte so gewagt, daß der Wagen jeden Augenblick seitlich auszubrechen drohte.

»Eine müssen wir einsperren!« sagte McDolland zu Brass. »Entweder Jenny oder Erika! Die beiden schlachten sich sonst ab!«

»Wir sperren Bob ein!« sagte Brass entschlossen. »Dann ist er erst mal aus der Schußlinie heraus, und die beiden Weiber werden die Probleme untereinander ausraufen. Wenn sie sich gegenseitig umbringen, bleibt uns und Bob viel erspart.«

»Und wenn eine überlebt?«

»Auch dann!« Brass lachte trocken. »Auch die Überlebende sind wir dann los – für mindestens 15 Jahre!«

»Der Himmel verzeihe uns unsere ketzerischen Gedanken!« rief McDolland. »Aber hier kann der Himmel ja auch nicht mehr helfen.«

Im Icesaloon wirtschaftete der liebe Vetter Harry Sandler. Er trug eine weiße Schürze, auf der er als Smarter Cowboy abgebildet war, weiße Gummischuhe und ein weißes Käppi mit einer stilisierten Eiswaffel, alles sehr hygienisch bis hinauf zu den weißpolierten Zähnen, die er bei seinem breiten Grinsen immer attraktiv entblößte. Mit dröhnender Stimme begrüßte er Bob, drückte ihn an sich und brüllte den anwesenden Gästen zu: »Das ist der Boß! Kommt aus Old Germany und hat sich eine Frau mitgebracht! Jippijeh!« Dann umarmte er Erika mit dem sicheren Griff eines Mannes, der gewohnt ist, mit

Kühen umzugehen. Dabei schmatzte er sie ab, und seine Hand lag sofort auf ihrer Brust. Nun wandte er sich Jenny zu, um auch sie abzuküssen, die er ja seit über drei Stunden nicht gesehen hatte.

»Diese Herzlichkeit ist überwältigend«, sagte Erika zu Bob, als sie in die Wohnung traten. »Ist das überall so in Amerika?«

»Ja, vor allem in Las Vegas.« Bob zog seine Jacke aus, knöpfte das Hemd bis zum Gürtel auf und warf sich auf die Couch. McDolland, Brass und de Trajano waren im Saloon geblieben, ebenso Jenny, weil Brass sie am Rock festhielt. Vetter Harry hatte sich hinter die chromblitzende Theke zurückgezogen und vermied alle Diskussionen, indem er sich um die Saftmaschine kümmerte. Man mußte den jungen Eheleuten Zeit lassen für ein paar Worte unter vier Augen.

»Wieso nur hier?« fragte Erika. Sie setzte sich Bob gegenüber, zog den Rock hoch und öffnete einen weiteren Knopf an ihrem Ausschnitt. Es war heiß, die Klimaanlage summte leise und kam gegen die Hitze kaum an.

»Las Vegas lebt von den Fremden«, sagte Bob. »Da muß das Familienleben der Einwohner schon besonders stark ausgeprägt sein, damit uns das Geldverdienen nicht völlig aufreibt.«

»Wer ist der Mann an der Bar?«

»Das weißt du doch, Jennys Vetter Harry.«

»Wie der seine Cousine geküßt hat!«

»Ich finde nichts dabei.«

»Mich hat noch kein Vetter so unverschämt angefaßt.«

»Harry ist ein Cowboy mit den Manieren der Prärie! Hast du einen Vetter, der Cowboy ist?«

»Woher denn?«

»Na also!« Bob stand auf, holte aus einem Wandschrank Fruchtsaft für Erika und für sich selbst einen Whisky. »Ich habe gedacht, du wohnst bis zur Scheidung im Desert Inn. Das ist ein Luxushotel mit allem, was man sich wünschen kann. Du wirst dich wie im Märchen fühlen.«

»Ich bin nach Amerika gekommen, um Realitäten zu erleben, nicht Märchen. Was soll ich im Desert Inn?«

Bob sah sie verständnislos an. »Wohnen…«

»Ich bin verheiratet, und ich wohne selbstverständlich bei meinem Ehemann.«

»Erika, du bist jetzt in den USA, du hast deinen amerikanischen Paß; der Vertrag ist bis auf die Formalität der Scheidung erfüllt. Wir sollten jetzt vernünftig sein.«

»Und ich verstehe nicht, daß du dich gegen die Tatsachen sträubst. Ich fühle mich wohl als Frau Brook. Mir gefällt es hier in deinem Saloon. Auch die Wohnung ist nett. Wir werden sie etwas freundlicher einrichten, Jenny und Harry fliegen raus, ich arbeite mich in den Betrieb ein… Es wird schnell aufwärtsgehen mit uns!«

»Ist das alles dein Ernst?« fragte Bob und trank seinen Whisky aus. Der Kampf um mich hat begonnen, dachte er entsetzt. Ohne ihre Einwilligung kann ich nicht geschieden werden. Und sie will Mrs. Brook bleiben, um alles in der Welt! Wie sie das schaffen will, ist mir noch ein Rätsel. Aber sie wird starke Nerven brauchen, wenn sie gegen Jenny bestehen will…

»Ich bin deine Frau!« sagte Erika. Betroffen sah Bob, wie sie sich vor seinen Augen auszog und in einem der Koffer nach anderen Kleidern suchte. Wenn jetzt Jenny hereinkäme, würde sie sich sofort in ein Raubtier verwandeln. »Ich ziehe nicht in dieses Desert Inn! Ich schlafe hier!«

»In meinem Bett?!«

»Wo ich hingehöre.«

»Dort wird Jenny schlafen.«

»Sie fliegt raus!«

»Das schaffst du nie!«

»Ich werde Sheriff Brass um Hilfe rufen! Es wird doch wohl möglich sein, die Geliebte meines Mannes aus dem Ehebett zu entfernen!«

»Und wenn der Ehemann nicht will?«

»Ach! Du willst nicht?! Jenny soll bleiben?«

»Ich freue mich schon seit Wochen auf das Wiedersehen!« sagte Bob provokatorisch. »Es steht dir frei, mich bei Richter de Trajano wegen Ehebruchs anzuklagen.«

»Es gibt andere Methoden!« Erika hatte ein leichtes Sommerkleid gefunden und verschwand nackt im Bad. Aber sie stellte die Dusche noch nicht an. »Dann schlafen wir zu dritt im Bett!« rief sie.

Bob überlief ein Schauer. »Dazu ist es zu eng!«

»Es wird schon klappen - bei geschickter Platzverteilung!« Erika lachte. Es klang etwas hart. »Merke dir eins, Bob: Ich weiche nicht!«

Das Wasser rauschte. Bob stellte sein Glas ab, wischte sich mit dem Handrücken den Schweiß von der Stirn und ging zurück in den Saloon. Harry sortierte ohne erkennbaren Grund die Eistorten in der Kühltheke und atmete auf, als er Bob kommen sah. An einem Ecktisch saßen Brass, McDolland und de Trajano. Sie hielten Jenny fest, die wie eine gefangene Raubkatze wirkte.

»Du Feigling!« zischte Jenny. »Du Jammerlappen! Stehst herum wie ein Besen ohne Borsten, während sie die große Schnauze hat! Was treibt sie jetzt?«

»Sie duscht...«, sagte Bob und hob die Schultern.

»Läuft nackt vor dir rum?!« fauchte Jenny.

»Sie betrachtet sich als Mrs. Brook.«

»Wie schön! Wie schön! Und was bin ich? Aber wenn das so sein soll - okay, ich kann auch nackt durch die Gegend laufen! Bei mir sieht's besser aus!«

»Das ist Ansichtssache!« bemerkte McDolland.

»Dir wird dieses Vergnügen auch erspart bleiben!« Jenny war außer sich, und in diesem Zustand verflüchtigte sich ihre leidlich gute Erziehung.

Sie riß sich los, blieb aber am Tisch sitzen und ballte die Fäuste. »Das Hinternwackeln muß sie noch lernen, wenn sie hier was werden will!« zischte sie und stieß mit einer Faust nach vorn wie ein Boxer, ohne freilich Bob damit zu treffen. »Du Lügner! Sie hat also ein Recht, sich so zu benehmen?! Wenn sie nicht mit dir geschlafen hätte, wäre sie weniger frech. Du hast also...«

»Ich habe mit ihr im Bett gelegen...«

»Ihr hört es! Ihr hört es!«

»Wir haben geschlafen.«

»Was denn sonst?« schrie Jenny. »Natürlich habt ihr nicht die Federn gezählt!«

»Bob meint«, erklärte Sheriff Brass, der Bob schon auf dem Flug verhört hatte, »daß sie wirklich nur geschlafen haben. Brav, wie die Kinderchen. Wir wissen, daß du das nicht verstehen kannst. Bei dir hat das Wort Bett nur eine einzige Bedeutung.«

»Du deklamierst im Bett auch keine Ringelreihen-Verse!« rief Jenny. »Ausgerechnet du!«

»Bob hat nie seinen Vertrag gebrochen!« sagte Brass mit fast amtlich klingender Stimme. »Er kann das vor Richter de Trajano beschwören.«

»So ist es!« sagte Bob. Er setzte sich, in einiger Distanz von Jenny, neben McDolland und versuchte, Härte zu zeigen. »Und solange wir nicht geschieden sind, besteht Erika darauf, auch weiterhin bei mir zu schlafen.«

Die Runde schwieg atemlos. Pfarrer McDolland erblaßte. Die Nasenflügel des Sheriffs bebten vor Aufregung, Richter de Trajano ließ in vornehmer Zurückhaltung lediglich seine Fingergelenke knacken. Auch Waldemar Bubelatz hatte diese schreckliche Angewohnheit gehabt. Jenny zog, wie eine Raubkatze, die sich zum Sprung duckt, die Schultern hoch.

»Ich soll raus?« fragte sie leise.

»Ja.«

»Verlangt sie?«

»Ja.«

»Ist sie komplett verrückt?!«

»Ich kann mir das nur mit typisch deutscher Sturheit erklären«, sagte Bob. »Sie wird auf vermeintliche Rechte nicht verzichten, bevor das Gesetz es von ihr verlangt. Ihr müßt wissen - und das ist für alles weitere wichtig! -, daß die Deutschen von geradezu pathologischer Paragraphentreue sind. Wenn irgendwo irgendwer eine Verfügung oder eine Verordnung erläßt, ist das für die Deutschen gottgewollt oder eine Schicksalsfügung. Die leben dort drüben in einem Stahlkorsett aus Paragraphen und Gesetzen. Nähme man ihnen das weg, fielen alle zusammen wie Fleischklumpen ohne Knochen. Ein Deutscher ist ohne Paragraphen gar nicht lebensfähig!« Bob streckte die Beine weit von sich. Das war gut, dachte er zufrieden, das lenkt vom Kern der Sache ab. Ich kann doch nicht sagen: Erika liebt mich! Dann könnte ich gleich mein Haus anzünden.

»Es gibt in Deutschland nichts, was nicht durch Verordnungen geregelt wäre«, fuhr er fort, um Jennys lästigen Fragen zuvorzukommen. »Ich würde es nicht glauben, hätte ich es nicht selbst erlebt. Da wird die Höhe einer Gartenhecke genauso vorgeschrieben wie die Farbe der Dachziegel. Und wenn du ein fleißiger Mensch bist, gut Geld verdienst, deinen Verdienst versteuert hast und dann auf die Idee kommst, dein sauer verdientes Geld nicht auszugeben, sondern anzulegen, zum Beispiel zu sparen, oder was fürs Alter zurückzulegen, dann wirst du bestraft und mußt auch noch für die Zinsen Steuern zahlen. Überall werden die Deutschen von ihren Finanzämtern bestraft: Kaufst du Schmuck, muß er als Vermögen versteuert werden. Kaufst du Gemälde, Skulpturen - das Finanzamt kassiert, denn auch das ist ja Vermögen. Was immer du mit dem Geld tust, das dir nach Abzug der Einkommensteuer noch übrigbleibt: Das Finanzamt liegt wie ein Wolf auf der Lauer, um dich sofort zu schröpfen, falls du es nicht sofort ausgibst. Du darfst in Deutschland dein Geld verfressen, versaufen, mit Weibern verjubeln, verspielen. Nur eines darfst du nicht: Es irgendwie anlegen! Nicht einmal verschenken darfst du es - der Beschenkte muß nämlich

Schenkungssteuer bezahlen. Genaugenommen gehört dem Deutschen sein verdientes Geld nicht, es gehört immer, in irgendeiner Form, dem Staat! Als Deutscher hast du nur das Recht, Geld zu benutzen, es zu besitzen, ist strafbar.«

»Ein gutes Plädoyer!« sagte Richter de Trajano. »Bei einer solchen Mentalität ist es zu verstehen, daß Erika gewisse eheliche Rechte beanspruchen und ausüben will!«

»Ganz klar!« sagte auch Sheriff Brass.

»Nichts ist klar!« schrie Jenny unbeherrscht. »Ich soll vertrieben werden! Ihr könnt mir noch so viel von den Deutschen erzählen. - Ich allein habe das Recht, bei Bob zu schlafen! Und hier, im Saloon, gilt *mein* Recht! Entweder schläft sie im Desert Inn oder auf der Straße!«

Da der Abend schnell heranrückte und sich in dieser Situation kaum etwas tun ließ als abzuwarten, verabschiedeten sich McDolland, Brass und de Trajano ziemlich bald und wünschten Bob viel Glück, was durchaus nicht ironisch gemeint war. Auch Harry, der Cowboy-Vetter, hielt es für angebracht, seinen Dienst zu beenden, er grinste Bob verlegen zu, warf einen hungrigen Blick auf Jenny und fuhr dann in die Stadt. Er wohnte in einem möblierten Zimmer, das nach Kloake roch, weil das Fenster zum Hof hinausging, wo die fauligen Abfälle einer Gemüsehandlung auf den Abtransport warteten.

Bob schloß den Saloon. Es war nicht viel los an diesem Abend, nicht bei ihm. Um so mehr in Las Vegas, wo Frank Sinatra ein Gastspiel gab. Wer verirrte sich da schon an den äußeren Rand der Stadt!

»Jenny« - sagte Bob vorsichtig -, »sei vernünftig. Ich liebe dich.«

»Scheiße!« antwortete Jenny. Selbst das klang noch irgendwie charmant und frivol. »Was habe ich davon, wenn diese Erika im Bett liegt?!«

»Nur ein paar Tage noch, dann ist Scheidung.«

»Sie will nicht. Du hast es doch gehört! Na, zunächst schlage ich ihr ein blaues Auge! Morgen breche ich ihr eine Hand! Genügt das nicht, bekommt sie übermorgen ein Loch in den dummen Kopf! Bob, ich krieg' das Sauerkrautmädchen schon klein! Gib mir grünes Licht!«

»Man kann das alles auch gewaltlos lösen.« Bob gab Jenny einen Kuß auf die Stirn, was diese zum Anlaß nahm, ihn zu umklammern und sich an ihn zu drücken.

»Immerhin haben wir jetzt rund 25 000 Dollar in der Kasse. Daran mußt du denken! Wenn ich nur viermal heirate, sind das 100 000 Dollar, Jenny, und dann höre ich auf. Das verspreche ich dir. Viermal Heirat und Scheidung ist fast schon normal bei uns, das kann man noch keinen Beruf nennen. Stell dir mal vor, Jenny, was wir mit 100 000 Dollar Startkapital alles machen können!«

»Ich halte das nicht durch, Bob! Ich liebe dich wie eine Distel den Tau...«

»Wo hast du denn das her?«

»Stand in einem Roman von Jermy Waylot. Gut, was? Vor allem das mit dem Tau...«

Es konnte gar nicht anders sein: In dem Augenblick, wo sich Bob und Jenny innigst küßten, kam Erika frisch geduscht, munter, in einem sehr vorteilhaften Kleid, in jeder Hinsicht kampfbereit. Sie blieb in der Tür stehen, wartete, bis der lange Kuß wegen Atemmangel abgebrochen werden mußte, und sagte dann mit ruhiger Stimme:

»Wenn das ein Abschiedskuß war, ist er genehmigt...«

Jenny fuhr herum, als habe man sie getreten. Sie blies eine Haarsträhne aus ihrem Gesicht und schlug Bob auf die Hand, als er sie um die Hüfte packen wollte.

»So küssen wir uns immer, wenn's dunkel wird!« rief sie zurück. »Bist du fertig? Ich bringe dich zum Desert Inn.«

»Hast du ihr nichts gesagt, Bob?« fragte Erika ruhig.

»Aber ja. Jenny gehört das Bett, das ist doch klar!«

»Sie wird wenig Spaß daran haben!« Erika betrachtete interessiert die Theke, die Einrichtung, die Eistorten in dem Glasschrank und die beiden blubbernden Fruchtsaftsäulen. »Und damit kann man kein Geld verdienen?« fragte sie. »Da stimmt doch was nicht!«

»Was meint sie?« fragte Jenny, die sich auf eine ganz andere Diskussion eingestellt hatte.

»Erika meint, in Amerika genüge eine Leuchtreklame, um Geld zu verdienen. Irgendwas müßten wir falsch machen.«

»Sie ist wirklich verrückt, was?« fragte Jenny entgeistert. »Das läßt du dir gefallen, Bob?«

»Wir werden den Saloon umtaufen und renovieren.«

Erika ging durch das Lokal, tippte gegen die Tische und Stühle und schüttelte den Kopf. »Die schrecklichen Plastikstühle und Tische kommen weg! Es muß alles viel gemütlicher werden, viel romantischer. Das ganze Lokal wird umgebaut, bekommt Nischen, runde Tischchen, österreichischen Charme. ›Wiener Eis-Café‹ wird es heißen! Die Leute werden anstehen! So verrückt wir in Deutschland nach Hot dogs sind, so empfänglich ist der Amerikaner für europäische Romantik. Und aus den Lautsprechern« - sie zeigte gegen die Decke - »wird nicht mehr Rockmusik oder Jazz plärren, die kennt hier jeder bis zum Erbrechen, sondern wir spielen Walzer von Strauß oder deutsche Volkslieder wie ›Horch, was kommt von draußen rein…‹! Das spricht sich rum!«

»Pack sie in den Wagen, Bob, und bring sie in die Anstalt!« sagte Jenny entsetzt. »Hat sie früher auch schon solche Anfälle gehabt?!«

»Sei mal still, Süßes!« Bob dachte nach über ›Wiener Eis-Café‹. Musik von Strauß, Lanner, Millöcker, Lehár, Kálmán und Stolz. Vielleicht auch Volksmusik. Am Brunnen vor dem Tore… Man denke nur an den phänomenalen Erfolg der Trapp-Familie. Da haben die Amerikaner geheult wie beim Zwiebelschneiden, wenn die Kinderchen »Alle Vögel sind schon da« anstimmten. Und das in Verbindung mit einem Eis-Café…

Erika, du kluges Mädchen, das wäre eine Variante, die man in

Las Vegas noch nicht kennt. Da könnten gute Dollar raus-springen. »Man sollte darüber nachdenken!« sagte er laut.

»Und wo soll das Geld herkommen für den Umbau?« rief Jenny.

»Von mir!« Erika blieb an der Saloontür stehen. »Für einen Mann, den ich liebe, tue ich alles! Ich werde auf Hollywood und einen Modesalon verzichten und statt dessen einen Ice-saloon aufbauen, von dem man bald überall sprechen wird.«

Es würde zu weit führen, den weiteren Abend in allen Einzel-heiten zu schildern. Er war ein verbissener Kampf der Köni-ginnen nach klassischem Muster. Sie fauchten sich gegensei-tig an, der Haß wuchs; gegen Mitternacht war klar, daß in der Welt des Bob Brook nur eine von ihnen Platz hatte. Nur wer es sein würde, konnte nicht entschieden werden, da beide Gegnerinnen noch in bester Verfassung und keinesfalls ange-schlagen waren. Der Kampf konnte noch Wochen dauern. Bob Brook nahm sich vor, überall Rat einzuholen, wie man sich schnell scheiden lassen kann, auch wenn der Ehepartner nicht daran denkt und stereotyp erklärt: Was auch geschieht, ich liebe ihn!

Die Nacht verlief in dramatischer Spannung. Im Ehebett la-gen Jenny und Erika, beide demonstrativ nackt, und belauer-ten einander, während Bob sich auf dem alten Sofa ausge-streckt hatte und darauf wartete, zärtlichen Besuch abweh-ren zu müssen. Doch dazu kam es nicht. Die gegenseitige Kontrolle unterband Ausbruchsversuche.

So verlief die erste Nacht in Las Vegas schlaflos. Erst als um fünf Uhr früh der Milchmann kam und Jenny, wie immer, im Morgenmantel die Lieferscheine abzeichnete, schlief Bob beruhigt ein.

Gegen Mittag kam es zu einer folgenschweren Begegnung. Luigi Galezzano betrat den Icesaloon, um sich in Erinnerung zu bringen. Auf einen Wink von Jenny verschwand Harry Sandler im Hinterzimmer. Jenny hob bedauernd die Arme und zeigte dann auf Erika, die an einem Tisch im Hintergrund saß und auf einem großen Blatt Papier die ersten Skizzen für den Umbau machte. Bob war unterwegs, angeblich um einen neuen Eiskonditor, der billigere Eistorten liefern wollte, aufzusuchen; in Wahrheit fuhr er herum und suchte Rat in Scheidungsangelegenheiten.

Galezzano blickte verwundert auf Erika, erinnerte sich dann daran, daß Bob ja nach Deutschland geflogen war, um dort zu heiraten, und nun saß das Mitbringsel von dieser Reise da am Tisch und zeichnete dummes Zeug.

Galezzano, von tiefer Abneigung gegen alles Deutsche erfüllt, seit ihn ein deutschstämmiger Polizist einmal verhaftet hatte, trat gegen eines der Tischbeine. Der Bleistift, mit dem Erika gerade eine Deckenverkleidung im Grinzing-Stil zeichnete, rutschte über das Papier und hinterließ einen häßlichen dicken Strich.

Erika zuckte zurück und starrte den fremden Mann an. Es war ein südländischer Typ mit stechenden Augen. Er hatte den weißen Strohhut in den Nacken geschoben und gab, als Erika aufblickte, dem Tisch noch einen Tritt.

»Mögen Sie Plastiktische nicht?« fragte Erika ruhig. »Ich auch nicht. Wenn die neuen Tische da sind, rufe ich Sie. Dann können Sie sie alle zertreten, wenn es Sie befriedigt.«

»150 Dollar!« sagte Galezzano dumpf.

»Aber nein. Die sind viel billiger!«

»150 Dollar bekomme ich!«

»Für zweimal treten? Sie haben ja Wucherpreise! Außerdem habe ich Sie nicht bestellt.«

Galezzano spürte Übelkeit in sich aufsteigen. Immer, wenn er sich unnötig aufregen mußte, zuckte es in seinem Magen. Eine nervöse Schleimhaut, hatte der Arzt vorsichtig diagnostiziert, seitdem pflegte Galezzano jeden zu bestrafen, der seine Schleimhaut reizte.

»Paß mal auf, du deutsche Krähe!« sagte er, beugte sich zu Erika hinunter und atmete ihr ins Gesicht. »Ich bin Luigi Ga-

lezzano. Bisher hat jeder, der diesen Namen zu laut ausgesprochen hat, ohne Hose in einer Kiste gelegen! Ich nehme an, das willst du vermeiden. Also her mit den 150 Dollar!«
»Wofür?«
»Damit ich dich beschütze, du hirnloses Huhn!«
»Das ist zwar ein nützliches Angebot«, sagte Erika verhalten, »aber ich kann mich allein schützen. Sie kennen Bubelatz nicht.«
Bis heute weiß keiner, weshalb Galezzano nun durchdrehte. Ob er Bubelatz für ein ihm unbekanntes Schimpfwort hielt, ob er den Klang dieses Wortes als Drohung empfand - irgend etwas riß jedenfalls in Galezzano, seine Magenschleimhaut zog sich schmerzhaft zusammen und trübte seinen Sinn für Realitäten. Er warf mit einem Ruck den Tisch um, gab Erika eine Ohrfeige und nannte sie eine »deutsche Kuh«. Die noch im Saloon anwesenden Gäste, die bei Galezzanos Erscheinen schon ihr Geld auf die Tische gelegt hatten, verließen schnell das Lokal. Jenny suchte Deckung hinter der Theke. Im Hinterzimmer saß Harry, der muskelschwere Cowboy, bleich auf einem Hocker und starrte gegen die Wand. So schnell kann die Welt untergehen, dachte er. Wie kann man einem »Kassierer« widersprechen?!
Erika schüttelte nach der Ohrfeige den Kopf. Plötzlich stöhnte Galezzano auf, tänzelte unnatürlich um den umgeworfenen Tisch, drückte wie ein Mohammedaner beim Gebet die Hände gegen seine Brust und fiel dann krachend um. Auf Bubelatz' Spezialschlag Nummer 4 war auch er nicht vorbereitet. Er kannte ihn überhaupt nicht; es war eine Eigenentwicklung von Bubelatz.
Ruhig ging Erika zum Telefon, schob die erstarrte Jenny zur Seite und rief Sheriff Brass an. »Holen Sie einen Mann namens Galezzano bei mir ab«, sagte sie. »Er hat mich geschlagen, ich erstatte Anzeige!«
»Moment!« rief Brass am anderen Ende der Leitung. Er schnaufte laut. »Da ist etwas unklar! Wo ist Galezzano jetzt?«

»Bei mir! Er liegt mitten im Saloon und bleibt für etwa zehn Minuten ohnmächtig. Sie können ihn abholen.«

»Das muß ein Irrtum sein! Galezzano ist nie ohnmächtig! Was wollte er von Ihnen?«

»150 Dollar. Ich fragte wofür, da warf er meinen Tisch um und gab mir eine Ohrfeige. Daraufhin ging er nach einem Spezialschlag zu Boden. Dort liegt er jetzt noch.«

»O Gott!« sagte Sheriff Brass. Seine Stimme drückte Fatalismus aus. »Erika, Sie Unglücksmädchen. Sie müssen sofort aus Las Vegas verschwinden!«

»Ich sehe keinen Anlaß.«

»Und ich kann Sie nicht mehr schützen.«

»Jetzt fangen Sie auch mit dem Schützen an! Und nun kommen Sie und holen Galezzano ab, Sheriff! Meine Anzeige gilt!«

Galezzano erwachte gerade und richtete sich noch ganz verwirrt auf, als Brass und zwei Polizisten in den Icesaloon stürmten und ihn umringten. Für ein Foto des konsternierten Galezzano hätte jede Zeitung ein Vermögen bezahlt - mit dem Risiko, den Chefredakteur zu verlieren und ihm einen ehrenden Nachruf schreiben zu müssen.

»Kommen Sie mit!« sagte Brass streng. »Machen Sie keine Dummheiten, Luigi. Sie haben eine Lady geschlagen! Das ist kein Stil! Gegen Sie liegt eine Anzeige vor!«

Galezzano erhob sich, sah Erika verwundert an und klopfte seinen Anzug ab. »Ich gebe Ihnen drei Tage Zeit, aus Las Vegas zu verschwinden«, sagte er. Daß er Erika nicht mehr duzte, war eine bemerkenswerte Respektbekundung.

»Gehen wir!« Brass tippte Galezzano auf den Rücken. Es sah aus wie in amerikanischen Filmen. Nur haben die Filmpolizisten dicke Revolver in der Hand, während Brass nur den Zeigefinger benutzte. Galezzano setzte seinen Hut auf, gab dem Tisch noch einen Tritt und trottete dann hinaus. Brass blieb zurück und kratzte sich an der Nase.

»Wenn du ihn anzeigst«, sagte er in dem vertraulichen Ton,

den er der Frau seines Freundes schuldig zu sein glaubte, »hast du die ganze Meute am Hals. Überleg es dir, Mädchen.«

»Das also ist die Mafia?« Erika blickte sich um, Harry war wieder aus dem Hinterzimmer hervorgekommen und polierte nervös einen verchromten Softeis-Hahn. Jenny tippte sich mit saurem Lächeln an die Stirn, als Erika sie ansah. »Jetzt habt ihr doch endlich einen auf frischer Tat…«

»Die Sachlage ist anders, Mädchen.« Brass suchte nach Worten, um ihr diese amerikanischen Verhältnisse kurz zu erklären. »Du bist hier in Las Vegas. Wohin du blickst – vom größten Hotel bis zur schäbigsten Spielhalle, vom Großmarkt bis zur billigsten Nutte, vom Wasserwerk bis zum Kaugummiautomaten –, überall sitzt einer, kontrolliert, beschützt, kassiert… Der Gewinn landet dann in einem großen Topf.«

»Ihr wißt das und schlagt nicht zu?«

»Man kann mit euch Deutschen nicht diskutieren!« sagte Brass resignierend. »Immer müßt ihr gleich zuschlagen! Mädchen, aus dem großen Topf bedienen sich die Politiker, werden Wahlen finanziert, wird Staatsanwälten und Richtern ein sorgenfreies Leben garantiert. Die Mafia ist überall, klingelt in hunderttausenden Taschen… Was heißt da noch: zuschlagen?«

»Und was wird jetzt aus Galezzano?«

»Wenn du auf der Anzeige bestehst, müssen wir ihn festsetzen.«

»Natürlich bestehe ich darauf!« sagte Erika laut. »Er hat mich geschlagen. Noch nie hat mich ein Mann geschlagen!«

»Sein Anwalt holt ihn nach einer Stunde wieder raus! Und dann werde ich dich in Schutzhaft nehmen müssen, bis du einen anderen Ort zum Überleben gefunden hast.«

»Ich bleibe in Las Vegas!«

»Darüber reden wir noch«, seufzte Brass. »Mädchen, du hast dein Leben für 150 Dollar verkauft…«

Draußen im Polizeiwagen saß Galezzano mißmutig auf dem Rücksitz und rauchte eine Zigarette. Brass zwängte sich neben ihn, sagte zu dem Fahrer: »Los!« und nahm seinen Hut ab. »Du hast wohl ein faules Ei unter den Haaren, was?« fragte Brass, während sie zur Polizeistation rasten. »Jetzt bist du dran, Luigi.«

»Mein Anwalt holt mich raus!«

»Natürlich wird dich Frank loskaufen. Aber dein Fall spricht sich herum. Luigi legt sich vor einer Frau auf den Boden! Die Kinder werden es durch die Straßen trällern. Wahrscheinlich wird man dich bald ablösen.«

Galezzano schwieg und starrte düster vor sich hin. Was in seinen Kreisen das harmlose Wort »ablösen« bedeutete, war nur allzu bekannt. Die sanfteste Form der Ablösung war die Rückstufung in die allgemeine Truppe. Kassierer war schon ein gehobener Posten gewesen, eine Vertrauensstellung. Ganz schlimm wurde es allerdings, wenn der Große Rat zu dem Schluß kam, Galezzano sei nicht mehr verwendungsfähig. Dann blieb nur das Untertauchen, die Anonymität, ein neues Leben unter anderem Namen in einem fremden Land, außer Reichweite der ihn ausstoßenden Familie.

Allen Brass kannte den weiteren Verlauf sehr genau und wunderte sich nicht, daß, kurz nachdem er telefonisch benachrichtigt worden war, der Anwalt Frank Bulder erschien und eine Verfügung vom Distrikt-Anwalt mitbrachte, derzufolge man Luigi Galezzano gegen Zahlung von 10 000 Dollar Kaution freizulassen habe. Brass reklamierte nicht, daß der Distrikt-Anwalt noch gar keinen Bericht erhalten habe, weil ja weder ein Protokoll noch ein Verhör vorlag. Eigentlich konnte man, ohne zu wissen, wie es eigentlich zu einer Anklage gekommen war, keinen freilassen. Brass betrachtete die Einzahlungsquittung über 10 000 Dollar und nickte ergeben.

»Nimm ihn mit, Frank« sagte er. »Und wenn er die Kleine umgebracht hätte... eine Verurteilung von unserer Seite erübrigt sich. Ich werde dafür sorgen, daß bald ganz Las Vegas weiß, wie der große Galezzano von einem Mädchen über den Boden gerollt wurde. Verlaß dich drauf!«

»Das können Sie tun«, antwortete Frank Bulder steif. »Lieben Sie ein unregelmäßiges Leben, Allen?« Er lehnte sich zurück und betrachtete die glühende Spitze seiner Zigarette. »Wer ist eigentlich dieses deutsche Mädchen? Bob Brooks Frau?«

»Nur vorübergehend. Sie lassen sich in Kürze scheiden.«

»Aha! Und? Was wird sie dann machen?«

»Sie will nach Kalifornien.«

»Warum wollen Sie Luigi in die Pfanne hauen, Allen, wenn sich alles so glatt lösen läßt? Überlegen Sie mal: Sie wissen nicht, wer an Luigis Stelle kommt - aber Sie wissen, was Sie an Galezzano haben! Darüber sollten Sie mal nachdenken.«

Am Nachmittag erschien Bob aufgeregt bei Sheriff Brass. Er hatte nach seiner Rückkehr von Jenny und Harry erfahren, was geschehen war, und Erika geraten, sofort die Koffer zu packen, sich scheiden zu lassen und nach Hollywood zu flüchten. Sie hatte, wie anders kaum zu erwarten, abgelehnt und geantwortet: »Ich habe keine Angst! Wenn ihr Amerikaner Mafia hört, bekommt ihr gleich einen Herzkollaps!«

»Das gibt ein Drama!« rief Bob. »Sie stecken mir die Bude an, gießen Erika Salzsäure ins Gesicht, verstümmeln Jenny... Ich bin erledigt, wenn Erika sich nicht scheiden läßt. Allen, was kann ich tun, wenn sogar Galezzano keinen Eindruck auf sie macht?!«

»Wir müssen sie weichkochen, Bob!«

»Womit denn?! Ich habe de Trajano gesprochen. Klage wegen Vertragsbruchs ist ausgeschlossen, ein solcher Vertrag ist eine interne Vereinbarung, die nicht einklagbar ist. Bleibt nur psychologische Kriegführung. Aber auch damit ist Erika nicht zu fassen, sie schluckt alles, ganz egal, ob ich vor ihren Augen mit Jenny schlafen würde oder sie anbrülle wie einen störrischen Ochsen. Es ist zum Verzweifeln!«

»Wir müssen systematisch vorgehen«, sagte Sheriff Brass. »Nur keine Panik, Bob!«

In den nächsten beiden Wochen - die Nächte verbrachte Bob auf dem Sofa, umgeben von Jenny und Erika, die sich wie griechische Grazien benahmen - wurde der Icesaloon von geheimnisvollen Schicksalsschlägen heimgesucht. Galezzano war nicht der Urheber. Man hatte ihn vorerst aus dem Verkehr gezogen. Bob hatte freiwillig 1000 Dollar in die »Kasse« gezahlt, und Galezzano hockte irgendwo in Nevada zur »Erholung«, dachte über sein Leben nach und versteifte sich darauf, daß alles, was deutsch ist, wortlos vernichtet werden sollte.

In der vierten Nacht krachte es zum ersten Mal. Die Fenster des Schlafzimmers zersplitterten, Jenny flüchtete schreiend in den Schrank, rannte danach hysterisch herum und kreischte in einem Ton, der durch Mark und Bein ging. Sie beruhigte sich erst, als Allen Brass ihr einen Schlag auf den runden Hintern versetzte. Bob rauchte bleich eine Zigarette nach der anderen. Vier Polizisten sicherten Spuren um das Haus. Drei Reporter erschienen, interviewten Bob und fragten entgeistert, ob da nicht ein Irrtum vorliege, denn welchen Sinn sollte der Überfall haben? Nur Erika saß inmitten des hektischen Trubels in einem Sessel, trank Orangensaft und gab zu Protokoll: »Es galt mir! Aber sie irren sich alle! Ich bleibe! Ich liebe meinen Mann Bob.«

Das gab eine gute Schlagzeile. Am nächsten Morgen erschienen vier Zeitungen von Las Vegas mit einer Titelgeschichte über die große Liebe der »German-Lady«. Erika wurde eine lokale Berühmtheit.

Allen Brass beruhigte Bob, so gut es ging. »Wir schaffen es noch«, flüsterte er ihm zu. »Wir werden der Phantasie freien Lauf lassen. Keine Panik, Bob!«

Zu Erika sagte er mit amtlichem Ernst in der Stimme: »Das war eindeutig ein Mordanschlag. Der oder die Schützen haben sich nur in der Höhe des Bettes verrechnet. Außerdem war der Schußwinkel ungünstig. Du hast noch mal unverschämtes Glück gehabt, Mädchen.«

Eine Woche später fuhr Erika morgens zu der Bäckerei, die Sandwichbrot lieferte. Aber sie kam nicht weit... alle vier Reifen sanken zusammen, der Wagen knirschte auf den Felgen, und als sie ausstieg, flog mit einem Knall der Kofferraumdeckel hoch. Schwarzer Qualm quoll hervor. Erika rannte davon, ging hinter einem Hydranten in Deckung und wartete, bis die von Anliegern alarmierte Feuerwehr und Sheriff Brass mit heulenden Sirenen heranpreschten. Auch Bob erschien am Schauplatz des Geschehens, gefolgt von Harry, dem Cowboy, der mit zufriedenem Gesicht die dicken Rauchschwaden betrachtete. Die ganze Sache war völlig ungefährlich, nur das Auto hatte natürlich sehr gelitten. Rauchpatronen gehörten früher zur Ausrüstung der Cowboys - mit ihnen konnte man sich in der Weite der Prärie über den Standort der Rinderherden verständigen. Inzwischen war man jedoch längst zu Sprechfunk übergegangen.

Allen Brass fand selbstverständlich den kleinen, primitiven Zeitzünder, der an eine aufziehbare Eieruhr gekoppelt war. Triumphierend zeigte er ihn Erika. »Wenn das kein Beweis ist!« schrie er. »Dein Glück ist unbeschreiblich, Mädchen! Der Zünder hat nur die erste Lage hochgehen lassen. Wäre die Hauptladung explodiert, würdest du jetzt wie Gulasch aussehen! Ich habe dich gewarnt. Eines Tages schaffen sie es!«

Seit dem Attentat war Erika stiller, nachdenklicher und sogar etwas bedrückt gewesen. Sie saß oft allein in der Wohnung oder im Saloon, verfolgte Bob mit ihren Blicken und schien sich innerlich von ihm lösen zu wollen.

»Ich habe Angst um dich!« sagte Bob einmal. »Erika, du wolltest nach Amerika, um es zu erobern. Du wolltest eine neue Mode kreieren. Du hast von eigenen großen Modenschauen geträumt! Und was ist jetzt daraus geworden? Du stehst auf der Abschußliste der Mafia! Du bist keine Minute mehr sicher. Dabei könntest du alles sofort ändern.«

»Komm mit nach Hollywood, Bob.« Sie sah ihn mit traurigen Augen an. »Ich kann doch nichts dafür, daß ich dich liebe...«

Sie nickte mehrmals und ärgerte sich, daß ihr Tränen in die Augen schossen. »Ich weiß, der Vertrag. Es war ja nur ein Geschäft! Aber dann ist alles anders gekommen, da drinnen, in mir... Bob, hilf mir doch!«

»Wir gehen morgen zu Richter de Trajano.«

»Das ist alles, was du vorschlagen kannst?«

»Es ist das einzig Vernünftige! Erika, ich zittere vor dem dritten Anschlag!« Bobs Stimme wurde eindringlich. »Es trifft ja auch mich! Wenn sie den Icesaloon in die Luft sprengen, wäre es am besten, mich gleich mit in die Wolken zu jagen. Ich habe dann nichts mehr!«

»Mein Gott, sag so etwas nicht, Bob!« Sie lehnte den Kopf weit zurück und sah sehr unglücklich aus. »Was kann ich tun, um diesen schrecklichen Galezzano zu besänftigen?«

»Nichts! Nur abreisen... zu unser aller Sicherheit...«

Aber noch zögerte Erika. Sie wurde vorsichtig, fuhr mit dem Fahrrad, war auf jede Überraschung gefaßt. Als zwei Wochen lang nichts geschah, schien sie aufzuatmen und besann sich wieder auf ihren Konkurrenzkampf mit Jenny.

Doch dann passierte die Sache mit der Schlange.

Es gibt drei Tierarten, vor denen fast jede Frau automatisch Reißaus nimmt: Spinnen, Mäuse und Schlangen. Warum sich das so verhält, ist ein weiteres Rätsel der weiblichen Psyche, denn weder Mäuse noch Spinnen sind blutgierige Raubtiere, denen man hilflos ausgeliefert ist. Bei Schlangen ist die Sache noch rätselhafter, denn schon seit Anbeginn der Welt ist die Schlange eine Freundin der Frau. Man denke nur an Eva im Paradies, die in Zusammenarbeit mit der Schlange dem etwas trottelhaften Adam nicht nur den verbotenen Apfel, sondern auch allen Männern für alle Zeiten die Pflicht der Familienernährung bescherte. Allein schon deshalb müßten Schlangen und Frauen sich blendend verstehen. Aber nein - von seiten der Frau besteht eine rätselhafte Abneigung, die bis zu Ekel und Panik führen kann. Daran ändert auch nichts, daß die Schlange lange Zeit als Sinnbild der

Klugheit galt, was einer Frau immer imponiert, oder daß sie im Äskulapstab sogar zum Wahrzeichen der Ärzte wurde.

Bob Brook wußte nicht, wer auf den Gedanken gekommen war, als letztes Mittel sich der Schlange zu bedienen. Er tippte auf Pfarrer McDolland, der aus der Bibel, 1. Buch Moses, die Anregung dazu geschöpft haben konnte. Auf jeden Fall war es eine gemeine Sache, aber sie versprach Erfolg.

Erika hatte nach einem langen Tag, an dem es zu einem verbissenen Kampf mit Jenny gekommen war, denn zum erstenmal war nun auch sie mit einem fahrbaren Eiswagen in der City von Las Vegas aufgetaucht und hatte auf Anhieb die Verkaufserlaubnis im »Casino Alhambra« erhalten, das Bett aufgedeckt und freute sich aufs Ausruhen. In diesem Moment zuckte sie zurück und blieb stocksteif mit durchgedrücktem Kreuz stehen. Mit erstickter Stimme versuchte sie zu schreien. Endlich gelang es ihr, heiser »Bob! Bob!« zu rufen.

Bob, der im Saloon mit einigen Gästen sprach, die sich an ihr Eis mit Rumkirschen klammerten und nicht nach Hause wollten, hörte sie nicht, aber Harry, der Cowboy, der gerade nebenan einen Eisbehälter unter heißem Wasser auswusch, vernahm einen seltsamen Laut und sah in der Wohnung nach.

»Ist was los, Baby?« rief er.

»Da!« antwortete Erika. Das war alles. Ihre verkrampfte Haltung änderte sich dabei nicht.

Harry polterte durch die Wohnung. Im Schlafzimmer traf ihn Erikas flehender Blick. »Nicht so laut!« stammelte sie. »Erschreck sie nicht... sie sieht mich an. Sie mustert mich! Harry... ganz leise...«

Im Kino sind solche Zwischenfälle gang und gäbe. Die Drehbuchautoren schwelgen dann in dramatischen Bildern: Da werden Schlangen erschossen, mit Messern zerteilt, mit Schaufeln erschlagen, mit brennenden Holzscheiten ausgeräuchert. Harry jedoch verhielt sich ganz anders. Er faßte

Erika um die Hüfte, riß sie vom Bett weg und trug sie, deren Verkrampfung sich noch immer nicht löste, wie eine Puppe ins Wohnzimmer. Dann eilte er mit weit ausgreifenden Schritten und angewinkelten Armen ins Lokal und schrie schon an der Theke: »Boß! Sie haben eine Schlange im Bett! Die müssen Sie sich ansehen!«

»Ich weiß, wie Jenny aussieht!« sagte Bob und verabschiedete die letzten Gäste, die bereits an der Tür standen. Er verriegelte die Tür und streifte die dämliche Schürze mit den Eissymbolen über den Kopf. Schwungvoll warf er sie auf die Theke. »Was hast du in meinem Schlafzimmer zu suchen?«

»Sie hat um Hilfe gerufen!« sagte Harry, über Bobs Gleichmut verwirrt.

»Jenny ruft um Hilfe?! Das ist neu!«

»Erika!«

»Das ist ganz neu! Die beiden sollen sich ruhig zerfleischen, dann haben wir hier endlich unsere Ruhe! Harry! Keine Hilfestellung! Wir halten uns da vollkommen raus!«

»Im Bett liegt eine Schlange, Boß! Eine richtige! Zusammengerollt! Grünschwarz gepunktet... ein mir völlig unbekanntes Modell! Liegt da und glotzt uns an...«

»Das ist doch nicht möglich! Harry!« stotterte Bob. Er stürzte an Sandler vorbei, riß aus dem Wohnzimmer den alten Militärsäbel von Onkel Steve vom Wandhaken und erblickte erst dann Erika, die wie eine Statue neben dem Sofa stand. Er schwang den Säbel - es war ein Erbstück der Familie und sollte im Unabhängigkeitskrieg von einem Major Bulder Hamilton getragen worden sein, was jedoch nicht nachprüfbar war - und zeigte mit der anderen Hand zur offenen Schlafzimmertür. »Ist das wahr?« rief er.

»Eine Schlange...«, sagte Erika. Sie war fahlblaß, die Worte kamen aus zusammengepreßten Lippen, als könnte selbst hier eine Bewegung die Schlange zum Angriff reizen.

»Wo ist Jenny?« schrie Bob. »Ist sie schon...«

»Jenny verkauft noch in Pipers Casino«, sagte Harry. »Sie

kommt erst in einer Stunde zurück. Hat vorhin angerufen. Toller Betrieb. Ein Ausflug der Firma Transatlantic Electric. Vierundneunzig von ihren Frauen befreite Ehemänner im besten Alter. Bei Pipers rappelt es. Jenny sagt, die Kerle gehen an sie ran, als wäre sie eine Kletterwand. Ich habe schon zwei Kästen Eis nachgeschickt. Ist heute ein guter Tag, Boß...«

»Die Schlange!« sagte Erika tonlos. »Bob, die Schlange...«

Bob rannte ins Schlafzimmer, den Säbel von sich gestreckt wie bei einem Sturmangriff alten Stils. Vor dem Bett blieb er stehen und musterte die Schlange. Ein Prachtexemplar, dick wie zwei Daumen, mit einer glatten schimmernden Haut, einem wohlgeformten, etwas abgeplatteten Kopf, runden schwarzen Knopfaugen und einer gespaltenen Zunge, die blitzschnell aus dem Maul hervorschoß, züngelte und dann wieder verschwand. Knapp einen Meter lang mochte das Tier sein - man konnte es schlecht schätzen, sie hatte sich wohlig zusammengerollt und schien Bob zuzublinzeln. Wer Schlangen mag, hätte vor Begeisterung durch die Nase geseufzt, aber der Kreis der Schlangenenthusiasten ist begrenzt. Bob gehörte nicht dazu. Die Schönheit dieses Tieres nahm er nicht wahr, er sah nur einen ekelerregenden, glatten, zusammengerollten Körper und einen Kopf, der leicht hin und her pendelte, als wiege er sich im Takt nach einer unhörbaren Melodie.

Bob starrte die Schlange an, stützte sich auf den alten Militärsäbel, statt mit ihm zuzuschlagen, und gestand sich ein, daß es ihm unmöglich war, das Biest mit einem gut gezielten Hieb zu köpfen. Er hatte noch nie ein Tier getötet, wenn man von Moskitos, Mücken und Fliegen absieht, und selbst dabei empfand er immer ein Unbehagen. Mäuse hatte er nie gefangen oder umgebracht; er erinnerte sich noch an seine Kinderzeit, wo er im Haus herumgelaufen war und alle Mäusefallen entschärft hatte, damit den Tieren nichts passierte. Als er zum erstenmal gesehen hatte, wie Onkel Steve ein Huhn einfing, auf einen Holzklotz legte und ihm mit einem blinkenden Beil den Kopf abschlug, brachte er keinen Bissen des später so knusprigen Bratens hinunter, sondern lag mit Fieber im Bett und träumte drei Nächte lang von einem Huhn, das herumlief und seinen Kopf suchte.

»Aus dem Jungen wird nie etwas!« hatte der robuste Onkel Steve gesagt. »Ein Weichling! Dem platzt ja die Hose vor Schiß, wenn er eine Spinne tottreten soll. Völlig untauglich für das harte Leben!«

Bob war nun mal so; er hatte auch nie eine Spinne zertreten. Hinter seiner Orgel in der Kirche von Atlanta wimmelte es von Spinnen; während er spielte, krabbelten sie zwischen den Orgelpfeifen herum, und einmal spannte sich ein wunderschönes Netz zwischen dem linken Hauptwerk und den linken Pedalpfeifen, aber Bob, damals immerhin schon ein Mann von dreißig Jahren, bereits entlobt und mit einer Ehrenurkunde für vorzügliches Spiel von Bach-Fugen ausgezeichnet, unternahm nichts. Er spielte gerade den Choral »Hinauf zum Himmel schauen wir...«, den seine Finger bereits perfekt beherrschten, und betrachtete dabei gedankenvoll die dicke Spinne, wie sie mit rätselhaftem Kunstverstand ihr herrliches Netz vollendete.

Später, nachdem bei einer Veranstaltung des Schulchores ein Mädchen, dem eine Spinne über den Nacken ins Kleid rutschte, in Ohnmacht gefallen war, entschloß sich Bob zu dem Kompromiß, die Spinnen an seiner Orgel mittels einer großen Sprühdose zu vergasen. Nie aber, nie hatte er jemals ein Tier über Fliegengröße mit eigener Hand getötet - und daher war es ihm unmöglich, mit dem ererbten Säbel zuzuschlagen. Schon bei dem Gedanken daran wurde ihm übel. Bob wechselte noch einmal einen Blick mit der offensichtlich zufriedenen Schlange, ging dann ins Wohnzimmer zurück und setzte sich auf das Sofa. Erika stand noch immer unbeweglich, dort, wo Harry sie hingetragen hatte. Nur ihre Augen bewegten sich.

»Ist sie tot?« fragte sie durch die fast geschlossenen Lippen.

»Nein!« Bob legte den Säbel quer über seine Knie. Die Schneide war rostig. Onkel Steve hatte behauptet, das wären noch Überreste von Indianerblut, ohne damit dem kleinen Bob auch nur im geringsten zu imponieren, denn der hielt Blut nicht für Heldensaft.

»Du hast sie nicht mehr gesehen?« stammelte Erika.

»Sie liegt noch im Bett. Solange wir sie nicht reizen, fühlt sie sich dort wohl.«

»Bob! In meinem Bett . . .«

»Das ist ja die Gemeinheit. Diese Art von Schlangen gibt es hier nicht . . . Las Vegas liegt in der Wüste, und wenn schon Viehzeug herumkriecht, sind es Sandvipern, Klapperschlangen oder Skorpione! Aber welcher Sandviper wird es einfallen, die saubere Wüste gegen Gestank von Las Vegas einzutauschen? Schlangen sind lärmempfindlich! Und was haben wir hier? Autokolonnen, in Hunderten von Casinos und Saloons Popmusik, das Rattern der Spielautomaten, klirrende Münzen, die aus dem Schlitz purzeln, das Klingeln, das einen Gewinn anzeigt . . .

Die Luft von Las Vegas ist ebenso geräusch- wie abgasgesättigt. Keine Schlange kommt da auf die Idee, sich in ein Bett zu legen - und schon gar keine tropische Schlange!«

»Aber sie ist da, Bob!«

»Ein neuer Gruß von Galezzano«, sagte Harry dumpf. »Baby, das nächstemal erwischen sie dich.«

Bob schwieg. Er dachte weniger an Luigi als vielmehr an seine drei Freunde. Ihre Hilfe begann gefährlich zu werden. Ungezielte Schüsse, ein Feuerwerk im Auto, das konnte man tolerieren. Aber eine Schlange im Bett - das ging denn doch zu weit. »Ich bringe dich weg«, sagte Bob und erhob sich. »Du schläfst heute im Desert Inn.«

Erika nickte schwach. Ihre Augen wurden feucht. Lautlos weinte sie und blickte Bob lange an. Das war der Abschied . . .
Sie wußte es und hatte keine Kraft mehr, ihn noch länger hinauszuzögern. Die Schlange im Bett hatte sie überzeugt,

daß ihre Gegner über Mittel verfügten, denen sie nicht gewachsen war. Auf Bob verzichten und - wie geplant - in Hollywood neu beginnen, war der einzige Weg, der ihr blieb. Mit 50 000 DM war er ja schon bezahlt.

Sie sah sich um. In der Sofaecke, faul wie ein Eunuch, schnarchte General Wellington. Ab und zu zitterte sein Mopskörper, er schien wohlig zu träumen. Über ihm, an der Wand, hing ein Porträt: der grinsende Onkel Steve. In jeder Falte seines Gesichtes lauerte Schadenfreude.

»Wann können wir geschieden werden?« fragte sie.

Bob zuckte hoch. Der Säbel polterte von seinen Knien. »Morgen, wenn du willst!«

»Einverstanden. Sag Richter de Trajano Bescheid.«

Sie beugte sich nach vorn, nahm General Wellington auf den Arm und drückte ihn an sich. »Wer bringt mich ins Hotel?«

»Harry! Ich will mich um die Schlange kümmern.«

»Paß auf dich auf, Bob!« Sie kam zu ihm, zögerte, legte den linken Arm um seinen Nacken - auf dem rechten schlief Wellington weiter - und küßte ihn auf den Mund. Es war ein scheuer, fast ängstlicher Kuß. Ein Kuß, der um Verzeihung bat. »Ich liebe dich - obwohl ich weiß, daß es eine Dummheit ist. Es sollte ja alles ganz anders sein. Aber ich bereue nichts. Viel Glück im weiteren Leben, Bob.«

»Wir sehen uns doch morgen noch, Erika«, sagte er lahm.

»Nur zur Unterschrift, Bob!« Sie versuchte zu lächeln, obwohl sie noch weinte. »Du wirst natürlich wieder heiraten. Drüben in Deutschland.«

»Es ist mein Job, Erika. Du hast ja gesehen, was für eine Pleite der Icesaloon ist.«

»Sieh dir meine Pläne an, Bob. Bau ihn um. Mach ein Wiener Eis-Café daraus, so was gibt's in Las Vegas noch nicht. Und mach es auf Alt-Wien! Mit Stehgeiger und Ober im Frack.«

»In Las Vegas?«

»Sie werden in Scharen kommen, um Nostalgie zu atmen. Ihr Amerikaner seid ja so verrückt.«

»Ihr Europäer nicht?! Ihr himmelt unsere kreischenden Jazzbands an und nennt das Musik! Irgendwie haben wir alle eine Macke, Erika. Aber vielleicht ist das unsere neue Welt! Es kommt einmal eine Zeit, da werden die Normalen die Verrückten sein; die Menschheit wandelt sich.«

»Du bist ein netter Kerl.« Sie gab ihm die Hand. Er zögerte, dann hob er sie an seine Lippen und küßte sie. »Laß dich nicht unterkriegen, Bob. Behalt immer einen klaren Kopf. Und noch eins: Jenny ist ein verdammtes Luder!«

»Das ist mir bekannt.«

»Heirate sie nicht.«

»Wie kann ich das? Heiraten ist mein Beruf. Ich kann mir doch nicht das Geschäft zumauern!«

»Auch später nicht, wenn du als Heiratsspezialist genug Geld verdient hast. Denk an mich, Bob! Hinter Jennys Puppenfassade verbirgt sich ein eiskaltes Luder! Hat sie gesagt, daß sie dich liebt?«

»Nein. Sie hat gesagt: ›Du bist genau der Boy, den ich brauche!‹ Dabei hat sie die Bluse aufgeknöpft. – Jenny ist unkompliziert in allem, was sie denkt und tut. Irgendwie ist das erfrischend und vor allem kalkulierbar.«

Bob begleitete Erika bis vor die Tür, küßte sie noch einmal, streichelte General Wellington über seinen runden Mopskopf und winkte ihr nach, bis Harry mit seinem Wagen in die General Road einbog. Er stand noch ein paar Minuten in Gedanken versunken im Schein der riesigen Eiswaffel auf dem Dach, die auf Nachtbeleuchtung umgestellt war, was bedeutete, daß nur noch die Himbeerfüllung schwach schimmerte.

Das war das Ende, dachte er, und spürte ein wenig Traurigkeit. Mein erster Ehefall ist abgeschlossen. Reinverdienst, nach Abzug aller Unkosten, rund 43 000 Mark. Ein gutes Geschäft, ohne Zweifel. Du mußt nur noch härter werden, Bob Brook! Zum Profi fehlt dir noch das stählerne Herz und das elektronische Gehirn. Du mußt dir immer sagen: Du heiratest keine Frau, sondern einen Scheck! Du gibst deinen Namen nur auf Zeit her - nur deinen Namen, die Seele bleibt davon völlig unberührt. Und wenn du anfängst, Skrupel zu wälzen, denk immer daran: Du tust mit jeder Heirat ein gutes Werk, denn du verhilfst einem Menschen zu einem neuen Leben. Als Junge warst du doch Pfadfinder. Wie hieß deren Devise? »Tu jeden Tag ein gutes Werk!«

So gesehen, Bob, erfüllst du in idealer Art und Weise die Maximen der Menschlichkeit...

Er ging ins Haus zurück, schloß die Tür und tappte auf Zehenspitzen, den historischen Familiensäbel in der Faust, ins Schlafzimmer.

Die Schlange lag noch immer zusammengeringelt im Bett, mit herrlich glänzender, gepunkteter Haut und schwarzen Knopfaugen. Sie züngelte, sah Bob wie einen alten Vertrauten an und wippte nicht einmal mit dem wie zu einem Stachel verengten Schwanzende.

Bob setzte sich in einen neben dem Bett stehenden Sessel, stellte den Säbel mit der Spitze auf den Boden und kreuzte die Hände über dem Griff.

»Wenn du sprechen könntest«, sagte er zu der Schlange, »würde ich dich fragen: ›Wo kommst du her?‹ Und du würdest antworten: ›Von Pfarrer McDolland!‹ Und ich würde sagen: ›Das habe ich mir gedacht! McDolland, Gottes Herold auf Erden, ist ein grandioser Halunke! Ein echter Nachfahre seiner alttestamentarischen Vorgänger!‹ Und du würdest zustimmen: ›McDolland ist ein Fuchs! Ein ganz außergewöhnlicher sogar: Er beleckt die Hühner, bevor er sie frißt!‹ - Sehr gut gesagt, Schlange, ich bin mit dir einverstanden. Aber dich in mein Bett zu legen, ist schon eine Hundsgemeinheit!«

Er sah die Schlange an, die Schlange sah ihn an, und zwischen ihnen entstand eine spürbar distanzierte Komplizenschaft. Der Gedanke, jetzt mit dem Säbel zuzuschlagen und das alte Indianerblut mit frischem Schlangenblut überdecken, lag ferner denn je.

Gegen drei Uhr morgens kam Jenny von Pipers Casino zurück.

Sie war bester Laune, sang schon unter der Hintertür den Song von Jimmy, der sich zwischen drei Frauen nicht entscheiden kann, knallte den leeren Bauchkasten auf die Theke und pustete sich die Haare aus dem Gesicht.

»Aufwachen, Leute!« rief sie und setzte sich auf die Eistheke. »Es lohnt sich, aus dem Bett zu kriechen! Bob, mein Liebling, komm wie du bist, ohne Hose mag ich dich am liebsten...« Wenn Jenny ordinär wurde, war meist Alkohol daran schuld. »Komm her, du deutsches Wunderkind, und zeig deine Tageskasse! Bobby, Süßer, bei mir klimpert's von oben bis unten, Gott noch mal, war das eine Bullenherde! Als nichts mehr im Kasten war, wollten sie mich ablecken! Alle so um die Fünfzig – das sind die Verrücktesten! Leute, das ist eine Rekordtageskasse! O Scheiß, bin ich müde!«

Bob erhob sich und kam ins Lokal. Er hielt noch immer seinen alten Säbel in der Hand und stützte sich auf ihn wie auf einen Spazierstock. Jenny starrte ihn verblüfft an und gähnte dann mit weit aufgerissenem Puppenmund.

»Spielt ihr die Schlacht am Red River?« fragte sie und tippte sich an die Stirn. »Um diese Zeit? Wirst immer verrückter, Bobbybaby! Komm her und gib deinem Rekordmädchen einen Kuß auf die zwei Vorsprünge, vor denen die Electric-Boys Schlange standen...«

»Das ist es!« sagte Bob mit dunkler Stimme. »Schlange! Wo kommt sie her?«

Jennys umrandete Augen wurden groß und kullerig. Das Flattern der Wimpern war gut einstudiert, aber nicht neu; Bob kannte es zur Genüge und reagierte nicht mehr darauf wie in den ersten Wochen, nachdem er das Erbe Jenny angetreten hatte und ihre Wimpernschläge, in der Fehleinschätzung, es handle sich um Schmerzausbrüche, immer mit gesteigerter Zärtlichkeit beantwortet hatte.

»Du hast sie geköpft?« sagte sie schwer atmend. »Du hast sie mit dem Säbel zerstückelt, nicht wahr? Du hast eine kleine, süße, harmlose Schlange ermordet!«

»Ha! Du kennst sie also!« Bob vollführte einen Lufthieb. Der breite Säbel rauschte durch die Luft, es sah gewalttätig aus und hörte sich dramatisch an. Jenny zog den Kopf ein und legte beide Hände über ihre vielgelobten Brüste.

»Ich bin nicht Marie Armagnac!« rief sie.

»Marie Antoinette!«

»Irgendeine Marie war's jedenfalls!«

»Man sollte auch dich köpfen, du Aas! Du hast die Schlange ins Bett gelegt!«

»Nein! Ich schwöre...«

»Warum fällt bei deinen Schwüren nicht der Himmel ein?! Du hast von der Schlange gewußt!«

»Ich habe sie gesehen, Bobbyschatz...«

»In meinem Bett!«

»Nein. In einem Spankorb. Sie kam gerade an. Ewald Sprinker, der Tierhändler, schickte sie herüber mit den besten Grüßen. Er legte sogar gratis vier lebende Mäuse bei, falls Cleopatra Hunger bekommen sollte.«

»Das wird ja immer toller! Cleopatra!«

»So heißt sie. Ein harmloses Tierchen, sagt Sprinker.«

»Harmlos?! Sie hat mich vorhin angefaucht!«

»Sie hat den Säbel gesehen. Sie hat Angst, die kleine Cleopatra. Du hast sie erschreckt. So etwas nennt man seelische Grausamkeit! Droht ihr mit dem Säbel! Rohling!«

»Ich habe nur gewartet, bis du kommst. Jetzt hacke ich ihr den Kopf ab!« schrie Bob, daß er so etwas überhaupt aussprechen konnte, bewies, daß er ehrlich erregt war.

»Untersteh dich!« schrie Jenny zurück. »So ein junges Tierchen. Fast ein Baby noch! Ewald Sprinker hat es uns auch nur geliehen! Wenn Cleopatra etwas passiert, dreht er durch, hat er zu McDolland gesagt!«

»Also doch! Der Pfaffe hat die ganze Sache angekurbelt! So höllisch kann auch nur ein Priester denken!«

»Cleopatra ist ein Schoßtier. Harmlos wie mein kleiner Finger.«

»Welch ein Vergleich! An dir ist kein Finger harmlos!«

»Cleopatra ist eine echte Boa Constructa!«

»Boa constrictor!«

»Immer weißt du alles besser, du Klugscheißer! Aber töten wolltest du sie trotzdem!«

»In meinem Bett hat keine Boa etwas zu suchen! Und Erika...«

Jennys Gesicht, vor Zorn gerötet, hellte sich auf. Ihr Lächeln konnte einen Sonnentag ersetzen. »Ist sie in Ohnmacht gefallen?« fragte sie genußvoll.

»Sie ist weg!«

»Was heißt weg!«

»Sie schläft im Desert Inn. Morgen ist die Scheidung.«

»Wegen Cleopatra?«

»Das hat ihr den Rest gegeben, ja.«

»Wo ist mein Schlangybaby?« rief Jenny und breitete die Arme aus. Ihre an sich schon enge Bluse spannte sich bedenklich. Bob dachte an Erikas letzte Worte und beherrschte sich, was einer Selbstkasteiung gleichzusetzen war. »Ich möchte sie an mich drücken und die kleine Constructa küssen...«

»Constrictor!'

»Ja doch, du Wissensknoten!« Sie sprang von der Theke, wirbelte an Bob vorbei und rannte ins Schlafzimmer. Bob schwang den Säbel und brüllte hinter ihr her, ehe auch er losrannte.

»Stehenbleiben, Jenny! Wenn sie dich beißt...«

Erst im Schlafzimmer holte er sie ein. Jenny stand vor dem Bett und betrachtete die kleine Boa mit glänzenden Augen.

»Sie beißt nicht!« sagte sie mit soviel Zärtlichkeit in der Stimme, daß es Bob heiß über den Rücken rieselte. »Sie würgt – wenn schon...«

Cleopatra lag noch immer auf der gleichen Stelle, zusammengerollt, mit blanken wachen Augen, unbeweglich, abwartend, den menschlichen Stimmen gegenüber kritisch. Die Zungenspitze vibrierte vor dem Maul.

»Ist sie nicht süß!?« fragte Jenny und ging vor Cleopatra in die Hocke. »Braucht nur so herumzuliegen und vertreibt damit unsere germanische Heldin.«

»Ich würde vorschlagen, daß du jetzt McDolland anrufst. Er soll sein Paradiestierchen abholen! Aber sag ihm gleich, er soll für sich ein Bett im General Hospital bestellen! Abteilung Gesichtsplastik...«

»Du bist ungerecht«, sagte Jenny und machte einen Schmollmund, der so intensiv zum Küssen reizte, daß sich Bob abwenden mußte. »Morgen wirst du geschieden! Gib zu: Allein hättest du das nie geschafft! Wenn wir nicht alle für dich gekämpft hätten, wäre deine Heiratsfirma schon beim ersten Kunden in Konkurs gegangen...«

Bob gab nichts zu. Er ging zurück ins Wohnzimmer, setzte sich mitsamt seinem Familiensäbel aufs Sofa und hörte zu, wie Jenny mit McDolland telefonierte. Es schien so, als wollte der Pfarrer jetzt, um drei Uhr nachts, nicht mehr aus dem Haus, um Cleopatra abzuholen.

Bob riß Jenny den Hörer aus der Hand und hörte McDolland noch sagen: »Lock sie mit einer Maus aus dem Bett. Sie schläft überall, wo's weich ist. Am liebsten an einem Busen...«

»Du Ferkel!« sagte Bob mit tiefer Genugtuung. »In zehn Minuten bist du hier, oder dein Bau fällt ein, wie die Mauern von Jericho!«

McDolland kam tatsächlich. Schon in acht Minuten war er da, begrüßte Bob mit großer Geste und rief dröhnend: »Glaubet an die Gerechtigkeit, auch wenn sie erst in einer Ewigkeit kommt!«

»So lange habe ich keine Zeit!« sagte Bob und zog McDolland ins Haus.

»Nimm deine Cleopatra und verschwinde wieder.«

»War ein Volltreffer, was?« fragte McDolland. Er ging ins

Schlafzimmer, beugte sich über die Schlange und streichelte ihren widerlichen Kopf. Bob kostete es eine große Überwindung, dabei zuzusehen. »Ich habe mit Ewald Sprinker vereinbart, daß er sie mir immer ausleiht, wenn du in Nöten bist. Kein Beruf kommt ohne Hilfsmittel aus... Was wäre ein Handwerker ohne Schraubenzieher? Aber was hast du? Nichts! Nur Worte und Verträge. Wohin das führt, hast du gesehen. Du mußt dir ein Arsenal von wirksamen Hilfsmitteln zulegen, um allen Widerwärtigkeiten trotzen zu können. Cleopatra steht dir immer zu Verfügung.«

»Danke!« erwiderte Bob sauer. »Was soll ich mir noch zulegen?«

»Cleopatra hilft immer!« McDolland steckte sich eine Zigarette an und winkte ab, als Bob stumm auf die Schlange zeigte. »Sie ist es gewöhnt. Sprinker ist Kettenraucher und hustet dabei wie einer, der seine Lunge zerstückeln will. Ja, was haben wir noch auf Lager? Es könnte sein, daß eine ganz Hartgesottene sich auch von Cleopatra nicht einschüchtern läßt. Kaum auszudenken, aber - wie sagt der Herr? - der Wunder geschehen ständig welche, man erkennt sie nur nicht. Für solche Fälle hat Ewald Sprinker ein Stinktier. Hilft auch das nichts, dann gibt es noch gegen fünf Dollar pro Tag einen auf wild dressierten Affen, ein Männchen, das darauf gedrillt ist, Menschen zu bepinkeln. Das hält keine Frau aus...« Pfarrer McDolland rieb sich die Hände, als habe er gerade eine große Sonntagskollekte eingenommen. »Damit bist du unschlagbar, Bob! Es wird nie mehr Scheidungsprobleme geben!«

»Und so etwas ist Pfarrer vom ›Flammenden Rosenkranz‹!«

»Nur wer die Sünden der Menschen kennt, kann sie vergeben!« sagte McDolland feierlich. »Außerdem ist es keine Sünde, einem Menschen zu helfen, anständig zu bleiben. Daß jemand Angst vor wilden Tieren hat, ist ein natürlicher Reflex. Und Bestien werden die Erde bevölkern, und ein großes Heulen wird um euch sein...«

»Ich weiß zwar nicht, wo das steht, aber es ist gut, daß es die Bibel gibt, was?«

»Die Bibel hat immer recht!« McDolland zerdrückte seine Zigarette auf der Fensterbank, was einen häßlichen braunen Fleck hinterließ.

»Wann werdet ihr geschieden?«

»Morgen.«

»Und wann heiratest du wieder?«

»Ich fliege in zehn Tagen wieder nach Deutschland.«

»Denkst du auch an die armen Waisenkinder meiner Gemeinde?«

»Ich habe für die Kirche 3000 Dollar lockergemacht.«

»Gott blickt tief in dein barmherziges Herz...«

»Ich weiß!« Bob winkte sarkastisch ab. »Die Hinterbliebenen des Polizeicorps wollen mir ein Ständchen bringen. De Trajanos ›Verein zur Unterstützung von Justizopfern‹ will mich zu seinem Ehrenbeirat machen.«

»Pfui!« McDolland tat sehr empört. »Sie alle belästigen dich?! In welch verwerflicher Welt leben wir doch! Wieviel bleibt dir nach Abzug aller Spenden?«

»Ungefähr 39 000 DM.«

»Mehr als bei der Steuer! Bob, du hast eine Goldgrube entdeckt. In dir lebt der Pioniergeist unserer Ahnen wieder auf!« Dann geschah etwas Sonderbares: Pfarrer McDolland streckte seinen Arm aus, pfiff durch die Zähne und sagte mit milder Stimme: »Cleopatra, komm her. Komm her, komm zu mir, Cleopatra!« Und die Schlange bewegte sich, es war, als ob sie sich rekelte, langsam streckte sie sich, kroch elegant auf McDolland zu und umschlang seinen Arm mit ihrem geschmeidigen, schimmernden Leib.

»Wenn sie jetzt zudrückt, quetscht sie dir den Arm ab!« sagte Bob.

»Warum sollte sie?« McDolland ging langsam zur Tür. Die kleine Boa hing an seinem Arm wie an einem Ast. »Ich habe das mit Ewald Sprinker geübt. Sie hört aufs Wort. Man könnte ein Buch über die Intelligenz der Schlangen schreiben.«

Nachdem McDolland gegangen war, überzog Jenny das Bett neu. Bei aller Verehrung für die Schlange wollte sie sich nicht an die Stelle legen, auf der Cleopatra geruht hatte. Bob war ins Wohnzimmer zurückgekehrt, dachte an den morgigen Tag und das letzte Treffen mit Erika, trank einen riesigen Whisky mit Eiswürfeln und war hundemüde. Er schrak auf, als Jenny mit den Knöcheln gegen den Türrahmen klopfte. In paradiesischer Aufmachung lehnte sie im Durchgang zum Schlafzimmer, das weißblonde Haar fiel lose auf ihre Schultern. Das Modell eines Engels - aber von den Haarspitzen bis zu den Zehennägeln Sünde und Versuchung.

»Kommst du ins Bett?« fragte sie mit einer Stimme, die in winterlichen Gegenden Heizkosten sparen konnte. »Oder soll ich noch eine Platte auflegen? Trauermarsch von Chopin? Mir macht's nichts aus, wenn du nur zu mir marschierst...«

»Du bist eine ordinäre Schlampe!« sagte Bob.

»Bobbysüßer, ich habe dich so vermißt. Diese blöden Nächte. - Ich habe doch noch nie mit einer Frau im Bett gelegen! War das ein Gefühl! Das mußt du mir austreiben!«

Bob seufzte, dachte an Erikas Worte und schüttelte den Kopf. Jenny starrte ihn mißtrauisch an.

»Was soll das Kopfschütteln?!«

»Ich habe an was gedacht.« Er stand vor dem frisch bezogenen Bett und ließ es zu, daß Jenny ihm das Hemd über den Kopf streifte und seine Hose aufknöpfte. »Es ist undurchführbar.«

»Was?«

»Bei deinem Anblick einzufrieren.«

»Wer sagt denn so einen Quatsch?« Sie sprang wie ein kleines Mädchen ins Bett und hüpfte ein paarmal auf und nieder, was bei ihren körperlichen Vorzügen in männlichen Gehirnen Alarmklingeln auslösen mußte, ließ sich flach auf den Rücken fallen und breitete die Arme aus.

»Dich dürfte es gar nicht geben!« sagte Bob und beugte sich über sie. »Du bist gefährlicher als ein Kilogramm Heroin. Bei dir gibt es keine Heilungschance mehr…«

Am nächsten Tag, um 14.15 Uhr, wurden Erika und Bob Brook von Richter de Trajano geschieden. Die ganze Zeremonie dauerte genau sieben Minuten. De Trajano fragte: »Wollen Sie die Auflösung der Ehe wegen Unvereinbarkeit der Charaktere und ohne weitere Ansprüche?« Und da beide mit einem lauten »Ja« antworteten, verkündete Richter de Trajano mit ernster Stimme: »Die Ehe der Eheleute Brook ist hiermit rechtskräftig geschieden.«

Nach dem amtlichen Akt lud de Trajano die Geschiedenen privat zu einem Steak mit Paprikaschoten ein, was bei einer Spende von 2500 Dollar auch vertretbar war. Dann gab er Erika weise Ratschläge für ihren Anfang in Hollywood. Der wichtigste Ratschlag war: Lächle zurück, wenn alle lächeln, aber trau keinem! Jeder will jeden fressen, denn irgendwie steht jeder dem anderen im Weg! Und: Das wichtigste Wort am Anfang einer Hollywoodkarriere heißt Matratze! Wer es nicht kennt, muß klettern lernen; die anderen fliegen in die Höhe!

Bis zu Erikas Abreise vergingen noch drei Tage. Bob und Jenny fuhren sie vom Desert Inn zum Flugplatz. »Ich danke dir nochmals, Bob!« sagte Erika, bevor sie durch die Sperre ging. »Weißt du, wann ich mit dir am glücklichsten war?«

»Als du in New York amerikanischen Boden betreten hast und zur Amerikanerin Mrs. Brook wurdest.«

»Nein.« Sie schüttelte den Kopf. »Viel früher. Als wir gemeinsam am Rhein auf der Terrasse beim Wein saßen und du so süß betrunken warst. Damals habe ich gedacht: So müßte es jetzt für immer bleiben. Mein Gott, was soll ich in Amerika? Mit Bob hier leben, das wäre ein Teil vom Paradies. - Und ich wußte doch, daß es unmöglich war. Aber vielleicht gehe ich wieder nach Deutschland zurück - wenn ich in Hollywood das große Geld gemacht habe.«

Sie lachte gequält und flüchtete sich in falsche Burschikosität.

»Ich bekomme übrigens bald Besuch. Bubelatz will mit seiner ganzen Familie im Urlaub herüberkommen. Ich habe gestern mit ihm telefoniert.«

»Der gute Bubelatz!« Bob legte den Arm um Jennys Schulter. Sie machte eine geschickte Bewegung, so daß seine Hand auf ihren Busenansatz rutschte. »Hast du ihm von unserer Scheidung erzählt?«

»Natürlich.«

»Und was sagte er?«

»Er will einen Umweg über Las Vegas machen und dir das Gesicht auf den Rücken drehen.«

Sie lachten, winkten sich noch einmal zu, und dann war Erika für immer, für alle Zeiten, aus seinem Leben entschwunden.

»Das hätten wir!« sagte Bob rauh und legte den Arm um Jennys Hüfte. »Mein erster Fall! Jenny, mein Schatz, das ist ein schwerer Job. Ich hätte nie gedacht, daß Heiraten so viele Narben hinterläßt.«

2. Teil

Es war bei Bobs Gründlichkeit selbstverständlich, daß er sich vor seinem nächsten Flug genau informierte. Er hatte sich als Ziel Hamburg ausgesucht und studierte nun eine Broschüre, die ihm der Buchhändler Saul Pinkerle als das beste informative Buch über Hamburg empfohlen hatte. Ihr Titel war: Hamburg bei Nacht - Die Seele von St. Pauli. Bob wunderte sich, daß anscheinend ganz Hamburg nur aus Bars, Sextheatern, Bordellen und Kontaktcafés bestand. Die Lektüre stimmte ihn nachdenklich. Selbst Massagesalons hatten da eine andere Bedeutung. »Die Deutschen sind ein rätselhaftes Volk!« sagte er zu Sheriff Brass und McDolland. »Bei denen ist alles anders. Wenn du hier einen halben Hahn bestellst - was bekommst du dann?«

»Idiotische Frage!« sagte Brass. »Einen knusprigen halben Hahn.«

»Am Rhein nicht. Ich habe einen bestellt! Was haben sie gebracht? Ein Roggenbrötchen mit Schweizer Käse und Senf! So was steht in keinem Reiseführer.« Bob tippte auf das Hamburg-Buch. »Las Vegas ist schon verrückt genug, aber in Hamburg, da kann man sich die Mädchen im Schaufenster aussuchen.«

»Das haben die Deutschen in Thailand gelernt«, sagte Sheriff Brass. »In Bangkok soll es ja ganze Straßen geben, wo die Weiber -«

»In Hamburg auch!« Bob Brook kratzte sich den Kopf. »Ob Hamburg der richtige Ort für unsere Zwecke ist?«

»Du kannst es ja mal versuchen«. Richter de Trajano nahm das Buch und blätterte darin herum. Die Fotos und Zeichnungen ließen der Phantasie kaum noch Spielraum, so eindeutig waren sie. »Die müssen da eine gute Organisation haben«, sagte er. »Eine ganze Stadt voller Sexschuppen... ich möchte da kein Richter sein! Dagegen ist ja Las Vegas ein Erholungsort.«

Mit sehr gemischten Gefühlen flog Bob Brook zehn Tage später nach Hamburg. Jennys Tränen und Ermahnungen begleiteten ihn, sie gebärdete sich wie eine GI-Frau, deren Mann in den Dschungel versetzt wird, hing an seinem Hals und küßte ihn ab. Was Bob unangenehm auffiel, war das dumme Grinsen von Harry Sandler, dem Vetter, und die offensichtliche Euphorie seiner drei Freunde, die den Eindruck erweckten, daß sie den Abflug Bobs kaum noch erwarten konnten. Im Flugzeug überfiel ihn dann wieder das unangenehme Gefühl, daß Jenny mit ihm allein eigentlich doch ein sehr klösterliches Leben führte. Erika schien recht zu haben: Jenny war auf die Dauer nichts für einen Mann wie Bob, der in den wenigen stillen Stunden, die ihm vergönnt waren, in Tschaikowskij-Partituren las und nichts von Romanen hielt, in denen auf Hunderten von Seiten immer neue Variationen der Horizontalen abgehandelt werden. Wenn Jenny mit vibrierender Stimme zu ihm sagte: »Du, Bob, hör einmal zu, was die da schreiben. Ist ja toll! Ich les dir's vor, Schatz!« - dann überkam ihn manchmal die helle Angst, sie könnte sagen: »Bobbymaus, das könnten wir doch auch mal ausprobieren...«

Das größte Rätsel aber blieb für Bob, wie Onkel Steve das ausgehalten hatte, in einem Alter, in dem andere Männer sich nach Pantoffeln, einer geruhsamen Flasche Bier und einem gut funktionierenden Fernsehgerät sehnen. Vielleicht war diese Bewunderung fehl am Platz, und Jennys vulkanisches

Temperament entsprang nur einer bisher ungestillten Erwartung, die nun Bob, den Erben, mit der Gewalt eines Naturereignisses traf. Wie dem auch sein mochte, der Gedanke an Jenny, Harry und die drei Freunde trug nicht zur Aufheiterung bei.

Dafür lernte Bob an der Bordbar im Flugzeug, wo er nachts um ein Uhr seinen Kummer begoß, einen Hamburger kennen. Der Mann, der Fritz Reißmann hieß und sich als Exportkaufmann vorstellte, war sehr erstaunt, als Bob ihn fragte, ob es in Hamburg auch vernünftige Straßen gäbe. Er kramte sein Buch über Hamburg hervor, Fritz Reißmann überflog es, bekam einen kleinen Lachanfall, spendierte Bob einen Wodka-Lemon und fragte dann:

»Wie wollen Sie wohnen, Mr. Brook?«

»Standesgemäß«, antwortete Bob.

»Das kann man vielfach auslegen. Hotel? Privat? Eigene Wohnung? Wie lange gedenken Sie in Hamburg zu bleiben?«

»Vielleicht vierzehn Tage, ich weiß es nicht. Meine Geschäfte lassen keine Prognosen zu. Höchstenfalls vier Wochen.«

»Müssen Sie repräsentieren?« fragte Fritz Reißmann.

»Nicht wie ein Ölscheich.«

»Darf ich nach Ihrem Beruf fragen?«

»Ich vermittle Kontakte«, sagte Bob ausweichend.

Damit war wenig anzufangen, aber Fritz Reißmann nannte trotzdem drei gute Hotels an der Alster, die geeignet waren, den richtigen Rahmen für einen amerikanischen Geschäftsmann abzugeben.

Auf dem Hamburger Airport verabschiedeten sie sich wie gute Freunde. Fritz Reißmann wurde abgeholt und fuhr in einem dicken Wagen davon. Bob nahm ein Taxi, nannte eine der Hoteladressen und hatte Glück, daß dort ein Zimmer frei war. Ein schönes Zimmer mit Alsterblick, kleinem Balkon mit Geländer aus weißlackiertem Schmiedeeisen und einer Einrichtung von solider Qualität, die an die Gründerjahre erinnerte. Ein Zimmer, das die Seriosität seiner Bewohner unterstrich.

Schon zwei Tage später stand in den Hamburger Zeitungen seine Lock-Anzeige: »*Junger Amerikaner...*« Bob hoffte auf ein gutes Echo. Hamburg war ganz anders, als das Buch es geschildert hatte. Nach einer Stadtrundfahrt war Bob verblüfft und begeistert zugleich. Deutschland war ein schönes Land; was er bisher von ihm gesehen hatte, entsprach ganz und gar nicht der amerikanischen Vorstellung von Old Germany. Man mußte durchaus nicht jede Uniform grüßen, oder strammstehen, wenn einen ein Polizist ansprach. Die Leute waren freundlich, hilfsbereit und völlig normal. Keiner schrie ihn an: »Was, du bist ein Ami? Heil Hitler!« Irgendwie mußten die amerikanischen Comic-Schreiber und gewisse Journalisten in Gebieten Deutschlands gewesen sein, die Bob noch nicht kannte. Als er in seinem Hotel einmal zaghaft danach fragte, ob man irgendwo noch Nazis treffen könne, sah man ihn skeptisch an. Von nun an behandelte man ihn mit äußerster Vorsicht, als habe er Bomben in den Taschen. Ich werde darüber schreiben, dachte Bob mit viel Sinn für Gerechtigkeit. Ein paar klare Artikel für unsere Zeitungen. Selbst Allen Brass sieht die Deutschen völlig falsch; ihre Kopfkissen sind durchaus nicht mit schwarz-weiß-roten Bezügen bespannt.

Sie sind Menschen wie wir.

Am vierten Tag seines Hotelaufenthaltes in Hamburg klingelte morgens das Telefon. Der Portier war am Apparat. »Sir, Sie müssen bitte runterkommen!« sagte er aufgeregt. »Ich weiß nicht, ob das stimmt - die Post bringt für Sie einen ganzen Sack voll Briefe...« Neben Ärzten, Rechtsanwälten, Priestern, Steuerbeamten und Taxifahrern gehören auch Hotelportiers zu den bewundernswerten Wesen, die einen Menschen so behandeln, als baue die Natur noch an ihm herum und sei noch gar nicht fertig. Auch der Portier von Bobs bürgerlich-vornehmem Hotel akzeptierte die Erklärung, der

Postsack sei kein Irrtum, sondern es habe alles seine Richtigkeit und vielleicht käme noch mehr, mit der gelassenen Würde eines Mannes, dem der Hoteldienst die Seele gegerbt hat. Bob gab dem Briefträger zehn Mark Trinkgeld, die dieser zwar annahm, dabei aber mit dem Portier einen Blick wechselte, der zur Vorsicht und Aufmerksamkeit ermahnte.

»Lauter Briefe mit Chiffre!« sagte der Postbeamte, als Bob mit dem Postsack - leihweise bis morgen früh - im Lift wieder nach oben gefahren war. »Von drei Zeitungen! Da wird ein Ding vorbereitet...«

In München hatte Bob die Post selbst abgeholt; hier in Hamburg kam sie auf seinen Wunsch direkt ins Hotel. Dies erwies sich bald als ein Fehler, denn ein normaler Mensch, der ein Hotelzimmer bezieht, verhält sich unauffällig und erlaubt sich höchstens die Entgleisung, ein weibliches Wesen auf sein Zimmer zu schmuggeln. Eine derartige Ausnutzung bezahlter Gastfreundschaft gehört zum Hotelalltag. Wenn ein Gast aber säckeweise Post empfängt und vorher bei der Anmeldung gesagt hat, er wisse noch nicht, wie lange er bleiben werde - zwei oder drei Wochen oder auch über einen Monat -, dann wird ein Hotelier doch mißtrauisch. Im Grunde sind Dauermieter angenehm, man spart den täglichen Wäschewechsel im Zimmer, kann mit der Tagesmiete disponieren und damit rechnen, daß der Gast auch ab und zu im hoteleigenen Restaurant ißt und Getränke aus dem Zimmerkühlschrank nimmt. Anders sieht das aus, wenn ein Ausländer - in diesem Fall ein großer, ziemlich unbeholfen wirkender Ami - in seinem Hotelzimmer inmitten eines Berges von Briefen auf dem Teppich sitzt, einen Brief nach dem anderen aufschlitzt und mit Fotos spielt.

»Lauter Frauen!« berichtete das Zimmermädchen, das zum Bettenmachen gekommen war und Bob inmitten seiner Briefe überrascht hatte. »Ich schwöre es - lauter Frauen! Das ist doch nicht normal!«

Franzi, das Zimmermädchen, eine Grazerin mit Stupsnase,

wurde zum Bericht in die Hoteldirektion gebeten. Eberhard Matzkow, der in bester Hotelierstradition immer geneigt war, den Gast bei aller Verrücktheit zunächst einmal als zahlendes und damit geschäftsförderndes Individuum zu betrachten, hörte sich schweigend an, was auf Zimmer 34 geschah, und beschloß dann, Mr. Brook im Laufe des Tages in ein unverbindliches Informationsgespräch zu verwickeln.

In Hamburg gewinnen Dinge, die man in München übersieht, andere Dimensionen. Die Kriminalität in Hafenstädten ist bekanntlich groß; was in Marseille oder Hongkong passiert, ist in Braunlage/Harz oder in Lindau am Bodensee schier unmöglich, obgleich auch Lindau einen Hafen besitzt! So ist es zum Beispiel nicht ausgeschlossen, daß ein Amerikaner wie ein schlaksiger Tourist in einem renommierten Hamburger Hotel absteigt und dort in der Maske eines Biedermannes einen schwungvollen Mädchenhandel aufbaut, einen Prostitutionsring oder etwas ähnlich Unanständiges. So hielt es auch Herr Matzkow nicht für normal, daß der Fußboden seines Zimmers 34 mit Mädchenfotos übersät war.

Bob sortierte vier Stunden lang. Wie in München war auch hier wieder viel Unnützes dabei: Reklame, Angebote von Privatclubs - hier übertraf Hamburg die bayerische Metropole -, Lockrufe von Fotomodellen und Hostessen, Bilder von weiblichen Wesen aller Altersstufen - es war, als habe Hamburg nur darauf gewartet, daß ein Mann wie Bob Brook auftaucht, um eine bislang anscheinend erstarrte Weiblichkeit in Aufruhr zu versetzen.

Am Abend saß Bob am Tisch, hatte drei Fotos neben sich liegen und wartete, bis der Zimmerkellner das bestellte Pfeffersteak à la Madagaskar serviert hatte. »Noch drei!« verkündete der Kellner Herrn Matzkow in der Direktion. »Auf dem Tisch liegen nur noch drei Fotos. Die Briefe stecken wieder im Postsack. Er hat Whisky getrunken. Vier Fläschchen stehen auf dem Kühlschrank.«

»Er muß es sein!« Eberhard Matzkow hatte mit Hilfe seines

Assistenten alle Hamburger Zeitungen der letzten Woche durchgeblättert und war dreimal auf ein gleichlautendes Inserat gestoßen. *Junger Amerikaner, soeben eingetroffen…* Die Zeitungen lagen jetzt vor ihm, die Anzeigen waren mit Rotstift eingekreist. »Kaum glaublich, daß eine so dusselige Anzeige eine solche Resonanz hat! Wir werden den Burschen genau im Auge behalten?«

Bob Brook benahm sich mustergültig, weshalb die Beobachter noch mißtrauischer wurden. Am sechsten Tag erhielt er nur noch sechs Briefe, am siebten einen einzigen. Aber der hatte es in sich!

Die Tage verbrachte Bob damit, Hamburg kennenzulernen. Er machte eine Alsterrundfahrt, besichtigte den Hafen, bummelte durch die Einkaufsstraßen, besuchte St. Pauli am Tag und stellte fest, daß Las Vegas unschlagbar war, denn während St. Pauli im Sonnenlicht geradezu brav wirkte, etwas abgegriffen, schwerliderig, ein verschmiertes Clowngesicht, behielt Las Vegas auch tagsüber seinen faszinierenden, flitternden, aufreizenden, lockenden, hypnotischen und magnetischen Glanz, ratterten die Spielautomaten, dröhnten die Musikboxen, rotierten die riesigen Reklamefiguren, drängten sich Menschen durch Spielkasinos und Hallen, Tag und Nacht, ohne Unterbrechung, ohne Luftholen, ohne je zur Ruhe zu kommen. Las Vegas war der vollkommene Verlust des Zeitbegriffs, das vollendete Perpetuum mobile. Davon war Hamburg noch weit entfernt. Bob blätterte noch einmal das Buch durch, das ihm der Buchhändler in Las Vegas gegeben hatte, und warf es dann mit der Bemerkung »Idioten!« in den Papierkorb.

Der Brief vom siebten Tag, der letzte, enthielt kein Foto. Er war unterzeichnet mit »Juliane Hatzle« und lautete:

»Ich bin 51 Jahre alt, von Beruf Post-Inspektorin, gebürtige Stuttgarterin, seit sechs Jahren verwitwet. Hatzle ist mein Geburtsname - mein Mann hieß Theodor Plöck. Aber das ist nicht wichtig. Wichtig ist, daß ich nach Amerika will, um

Amerikanerin zu werden. Darüber sollten wir sprechen...«
Das war alles in einem perfekten Englisch geschrieben, klar und nüchtern.
Hier lockten keine Reize; es ging eindeutig um ein Geschäft.
Bob analysierte den Brief genau, bevor er antwortete: Witwe, 51 Jahre alt, will in die USA. – Eine Gefahr wie bei Erika war da nicht zu erkennen. Schon das Alter schaltete solche Komplikationen aus. Zwar gab es in Las Vegas Siebzigjährige, die aussahen wie muntere Mittdreißiger und für kosmetische Chirurgen Reklame liefen, aber solche starr lächelnden Masken kamen für Bob nicht in Frage. Wer eine Jenny bei sich zu Hause weiß, ist gegen eine noch so attraktive Juliane Hatzle gefeit.
Bob rief die angegebene Nummer an. »Hier ist Bob! Hallo!« sagte er. »Ich habe Ihren Brief und glaube, wir könnten miteinander klarkommen.«
»Was wollen Sie, Bob?« fragte eine energische Stimme zurück. Bob zuckte beim ersten Ton zusammen. Julianes Stimmumfang erinnerte in schmerzhaft an Dorthy Swaskoe.
Die war eines Tages in Atlanta in die Kirche gekommen, als Bob an der Orgel Händel übte, war zur Empore hinaufgestiegen und hatte sich neben ihn gestellt. Nachdem sie ihm eine Weile schweigend zugesehen hatte, sagte sie in einer Pause: »Ich heiße Swaskoe.«
»Das ist tragisch, aber ich kann Ihnen da nicht helfen!« hatte Bob geantwortet.
»Dorthy...«
»Dazu gratuliere ich Ihnen. Dorthy ist schön.«
»Ich möchte bei Ihnen singen.«
»Hier ist keine Music-Hall und keine Oper, Miß!«
»So dämlich bin ich nicht, Mr. Brook! Ich wohne seit vierzehn Tagen in Atlanta und habe Ihren Chor gehört. Ihnen fehlt ein dramatischer Sopran. In dem Choral ›Hinauf zum Himmel‹ fehlt bei dem dreimaligen Hinauf die jubelnde Stärke. Das könnte ganz anders klingen! Etwa so...«

Darauf hatte Dorthy Swaskoe tief Atem geholt und ein drei-
maliges Hinauf gejubelt, daß Bob erschrocken die Hände faltete. Es war ein großer Fehler, Dorthy in den Kirchenchor
aufzunehmen, denn Miß Swaskoe verprellte alle weiblichen
Chormitglieder, indem sie sie in Grund und Boden sang und
nach vier Monaten sogar den Chorleiter bei sich nächtigen
ließ. Von Bobs Standpunkt aus war das entschuldbar: Er war
damals gerade entlobt worden, hatte zuviel Schmerz hinun-
terspülen müssen, kam sich als totaler Versager vor - und
landete nun eben in den Armen einer Frau, die aufgrund ihrer Stimme ebenso einsam war wie er. Gekommen war er
nur, um eine Chorprobe abzusagen. Dorthy empfing ihn in
einem Baby-Doll-Kleid, und das überstand Bob nicht.
Die ganze Sache dauerte nur eine Woche. Dann brach sich
Dorthy bei einer Radtour das linke Bein, bekam im Krankenhaus Heimweh nach ihrer Mutter und verließ Atlanta mit
unbekanntem Ziel.
Bob starrte an die Decke seines Hotelzimmers und ver-
drängte die Erinnerung. Aber eine Art Schwermut blieb zu-
rück.
»Sind Sie noch da, Bob?« fragte Juliane Hatzle. Sie sprach, wie
sie schrieb: ein exzellentes Oxford-Englisch.
»Natürlich!«
»Sie wollten mir ein Angebot machen?«
»Ich dachte, Sie wollten mir etwas sagen!«
»Wäre es nicht besser, wenn wir uns erst kennenlernten?«
»Ich bin sofort bereit.«
»Woher kommen Sie, Bob?«
»Aus Las Vegas.«
»Um so besser.«
»Das meine ich auch.« Bob streckte die Beine weit von sich.
»Sie haben nicht zufällig einen Bekannten, der Karatemeister
ist?«
»Nein!« Julianes Stimme wurde noch durchdringender. »Ist
das eine Vorbedingung?!«

»Bei Gott, nein. Es beruhigt mich ungemein! Wo treffen wir uns?«

»Sie wohnen sicherlich in einem Hotel.«

»Ja.« Bob gab ihr seine Adresse. Juliane Hatzle schien beeindruckt.

»Ich komme zu Ihnen«, sagte sie. »So eine Hotelhalle ist ein guter, anonymer Platz. Welche Zeit paßt Ihnen?«

»Heute abend zum Essen? Um 20 Uhr? Ich bin nicht zu verfehlen. Wenn Ihnen ein interessanter Mann entgegenkommt...«

»Lassen Sie das, Bob!« unterbrach ihn Juliane kalt. »Ich möchte mit Ihnen über etwas sprechen, das für uns beide interessant ist.«

Bob war sehr beruhigt. »Ich freue mich«, sagte er, »vorausgesetzt, wir meinen beide das gleiche.«

Juliane Hatzle war eine imposante Erscheinung. Sie sah - Bob hatte es geahnt - zehn Jahre jünger aus und trug die schwarzgefärbten Haare in einer modernen Schüttelfrisur. Ihr auf Figur geschneidertes Tweedkostüm verriet diskrete Eleganz, ihrem etwas strengen Gesicht vermochte sie durch ein permanentes Lächeln sympathische Züge zu verleihen und hatte ihre gewaltige Stimme, im Gegensatz zu Dorthy, gut unter Kontrolle.

Juliane musterte Bob wie einen käuflichen Gegenstand, schien dann zufrieden, gab ihm die Hand und sagte: »Meine Angst ist verflogen.«

»Du lieber Himmel, Sie hatten Angst vor mir?!« Bob überreichte ihr den kleinen Strauß Rosen, den er im Blumenstand der Hotelhalle gekauft hatte. Es waren gelbe Rosen, kleinblütig, aber stark duftend.

Hinter der Rezeption lauerte der Chefportier; Herr Matzkow, der Direktor, schritt unbefangen durch die Halle und nickte anderen Gästen zu, während er zu Bob und Juliane herüberschielte. Das also war das erste Opfer! Eine echte

Dame... Tragisch, so etwas mit ansehen zu müssen, ohne dagegen einschreiten zu können.

»Wußte ich, wie Sie aussehen?« sagte Juliane. Sie erweckte den Eindruck, als sei sie von einer schweren Last befreit worden. »Ein Amerikaner, der in einer Zeitung –«

»Das muß ein Gangster sein, haben Sie gedacht!«

»Ungewöhnlich ist es.«

»Und ich mache nicht den Eindruck eines Gangsters?«

»Durchaus nicht.«

»Wie muß ein Gangster aussehen? Wie ein sonnenbebrillter Mafiaboß mit Schlapphut!« Bob schüttelte den Kopf. »Immer diese Kino-Klischees! Wir alle fallen darauf rein – ich auch! Ich habe bei meinem ersten Deutschlandaufenthalt nach Lederhosen und Sauerkrautgeruch gesucht. – Kennen Sie Babyface?«

»Nein! Muß man den kennen?« fragte Juliane verblüfft.

»Babyface war ein Mann, der ein so liebes Kindergesicht hatte, daß jeder ihn streicheln wollte. Ein Engelsköpfchen – einfach süß. Er war einer der brutalsten Massenmörder der USA!« Bob zeigte auf sich. »Wer sagt Ihnen, daß ich kein Gangster bin?«

»Ich fühle das, Bob!«

Dieser Satz hätte Bob warnen müssen, aber er überhörte ihn. Im Gegenteil, er war so geschmeichelt, daß er Juliane unterfaßte und in den Speisesaal geleitete. Der reservierte Tisch war mit einem Blumensträußchen dekoriert und stand in einer Ecke. Bob hatte es so verlangt, um ungestört mit Juliane verhandeln zu können. Der Oberkellner, der zwei Jahre in Los Angeles gewesen war, sah das anders. »Er will den Rücken frei haben«, hatte er zu seiner Servierbrigade geflüstert. »Das ist typisch für einen Gangster. Immer mit dem Rücken zur Wand!«

Sie aßen eine Schildkrötensuppe Lady Curzon, aus der sich Bob gar nichts machte, da sie seiner Ansicht nach wie Salzwasser schmeckte, aber da Juliane sie gewünscht hatte und sie auch mit sichtlichem Verzücken schlürfte, mußte er annehmen, daß es sich um eine ihm fremde und seinem Geschmack nicht zugängliche Köstlichkeit handelte. Auch der Hauptgang des Essens - gekochter Seehecht in Champagnersoße - kam ihm leimig und pappig vor; ein richtiges Farmersteak mit einem großen Klecks Tomatenketchup und Kartoffelchips, die so richtig zwischen den Zähnen knackten, wären ihm lieber gewesen.

Juliane bestellte auch eine sehr teure Flasche Wein, einen Chablis, von dem Bob nur ein halbes Glas trank, weil er ihm zu sauer war. Aus Wein hatte er sich nie viel gemacht. Auch Jenny sagte: »Wein? Brr! 'n strammes Bier ist mir lieber...« Juliane dagegen schwärmte von diesem Wein. Sie schluckte ihn nicht gleich hinunter, sondern kaute immer erst eine Weile auf der Flüssigkeit herum, was Bob mit ratloser Faszination beobachtete.

Beim Essen sprachen sie über das Hamburger Wetter, das ausnahmsweise freundlich war, und Bob erzählte von Las Vegas und aus seinem Leben. Juliane erwies sich als eine musikkundige Frau, kannte sogar das Trompetenkonzert von Tschaikowskij, das in den Konzertsälen kaum noch zu hören ist. Es zählte zu Bobs Lieblingsstücken; er hatte es studiert und gespielt - nicht öffentlich, sondern zu Hause neben einem Kassettenrecorder, in dem eine Bandaufnahme des Konzertes lief, zu der er dann den Solopart schmetterte. Dabei war Bob immer sehr glücklich gewesen.

»Wir benehmen uns wie Pensionstöchter, die über Männer reden wollen, aber von Schmetterlingen sprechen. Bob - kommen wir endlich zur Sache!« Juliane sagte es unvermittelt, als der Oberkellner persönlich das Dessert brachte: Einen Eisbecher à la Chef. Hier kannte sich Bob nun bestens aus, ließ das Eis auf der Zunge schmelzen - wie vorher Juliane den Wein - und war verblüfft über die gute Eisqualität. »Was soll Ihre Anzeige bedeuten? Wenn ich Sie so vor mir sitzen sehe, kommt es mir unwahrscheinlich vor, daß Sie per

Annonce eine Freundin suchen müssen! So, wie Sie aussehen, laufen Ihnen doch die Mädchen nach!«

Bob lächelte breit. Juliane gefiel ihm. Ihre offene Art ließ keinen Raum für Probleme. Sie sagte, was sie dachte, und das völlig klar und nüchtern.

»Ich will heiraten!« antwortete Bob. »Berufsmäßig! Ich biete durch Heirat die amerikanische Staatsbürgerschaft und garantiere dabei vollkommene Korrektheit, also eine schnelle Scheidung. Natürlich kostet das ein paar...«

»Wieviel?« fragte Juliane Hatzle nüchtern.

»Das kommt auf den jeweiligen Fall an!« erwiderte Bob vorsichtig.

»Sie sind ein armer Hund, nicht wahr?«

»So kann man das nicht nennen. Ich habe einen Icesaloon in Las Vegas geerbt. Um ihn zu erhalten, muß ich heiraten. Die Idee ist doch gut, nicht wahr? Man kann sie sogar humanitär nennen...«

»Bei einigem Wohlwollen und geschlossenen Augen... zugegeben!« Juliane trank wieder ihren Chablis und kaute auf ihm herum. Dann sagte sie: »Ehrlichkeit gegen Ehrlichkeit, Bob: Ich *muß* nach Amerika und *muß* Amerikanerin werden.«

»Wohin?«

»Nach Algona am East-Fork-River. Das liegt in Iowa.«

»Weiter weg ging's wohl nicht?«

»In Algona lebte ein Onkel.« Juliane steckte sich eine Zigarette an, bestellte zwei Mokkas und dazu zwei spanische Kognaks.

Die deutsche Post muß ein grandioser Betrieb sein, dachte Bob, wenn sie solche Inspektorinnen hat! »Meistens sind Onkels, die nach Amerika auswandern, Sonderlinge oder die schwarzen Schafe der Familie. Daß sie in Amerika dann reich werden, gehört zu den großen Wundern des Lebens. In der Heimat Hallodris, in den USA dann die großen Maxe! Mein Onkel Eduard - in Algona nannte er sich Ed Hatz - mußte nach den Erzählungen meiner Eltern ein ganz wüster Junge gewesen sein.«

»Es ist fast so, als ob Sie von meinem Onkel Steve sprechen, Juliane«, sage Bob sichtlich beeindruckt. »Ohne Onkel Steve brauchte ich jetzt nicht als Heiratsspezialist mein Geld zu verdienen.«

»Onkel Ed wurde reich - wie, weiß keiner genau. Man munkelt, daß er ungezählte Leute übers Ohr gehauen hat, bis er soweit war, eine Schokoladenfabrik aufzumachen. Ausgerechnet im unbekannten Algona am East-Fork-River! Aber der Betrieb lief. Onkel Ed war in der Kleinstadt bald berühmt, war Vorsitzender von vielen Vereinen, finanzierte einen Kindergarten, unterstützte einen Frauenclub, baute der Kirche einen neuen Turm, kurzum: Als Ed Hatz starb, trauerte ganz Algona drei Tage lang. Dann wurde sein Testament eröffnet, und damit haute er posthum auf den Putz. Von seiner Familie in Deutschland, das hatte er heimlich feststellen lassen, lebte nur noch einer: Ich, die Tochter seines älteren Bruders Leo, der damals, vor einem halben Jahrhundert, seinen Bruder Eduard eine Familienschande genannt hatte. Und nun schlug Onkel Ed zurück...«

»Ich kenne das!« sagte Bob verbissen. »So ein Onkel kann schreckliche Rache nehmen!«

»Onkel Ed bestimmte also in seinem Testament: Der bekommt das, dieser bekommt jenes, alle wurden bedacht, vom Hundefriedhof bis zu einer Miß Gaby, von der bis dahin keiner eine Ahnung hatte...«

»Bei mir hieß Gaby Jenny«, unterbrach Bob.

»Als alles verteilt war, blieben nach deutschem Geld noch rund 2,4 Millionen Mark in bar übrig. Die Fabriken wurden in eine Stiftung umgewandelt, deren Gewinn dazu bestimmt war, ständig gute Taten auszuführen, immer mit dem Etikett: ›Onkel Ed, der Menschenfreund.‹ Die 2,4 Millionen aber sollten an mich, die Tochter von Bruder Leo, fallen, vorausgesetzt, ich würde Amerikanerin und persönlich in Algona ein lebensgroßes Denkmal von Onkel Ed bauen lassen, im Garten des Hauses, für jedermann sichtbar. Auf dem Sockel soll stehen: Eduard Hatzle, der Stolz der Familie. - Die spießbürgerliche Rache eines Mannes, der nie seine Komplexe ablegen konnte. Aber Onkel Ed kannte mich nicht! Ich *will*!« Juliane lächelte Bob kampfeslustig an. »Für 2,4 Millionen gehe ich auch jeden Morgen zum Denkmal und gebe Onkel Ed einen Kuß auf den Bronzemund! Nur - so einfach wird man nicht Amerikanerin. Die Botschaft in Bonn-Mehlem stellt sich da stur. Testamente sind kein Grund für die Verleihung der Staatsangehörigkeit, bekam ich zur Auskunft. Da las ich Ihre Anzeige. Sie kam genau zur richtigen Zeit. Nun wissen Sie, worum es geht. Es ist doch jetzt alles nur noch eine Geldfrage, nicht wahr?«

»Sie sehen das völlig richtig, Juliane«, sagte Bob Brook. »Wieviel ist Ihnen Ihr Erbe wert?«

»Was ist Ihre Taxe?«

»Ich richte mich in meinen Geschäften nach Dringlichkeitsstufen«, sagte Bob, wie ein Großmanager, der um Millionen handelt. Er schlürfte den starken Kaffee, trank den vorzüglichen spanischen Kognak und ließ seinen Gedanken freien Lauf. 2,4 Millionen, die durch eine Heirat verfügbar werden, werden einem nicht alle Tage angeboten. Er holte tief Atem und fügte dann hinzu: »Ich bin kein Halsabschneider, Juliane. Ich betrachte meinen Beruf auch unter humanitären Aspekten.«

»O Gott!« sagte Juliane und starrte Bob verwirrt an. »Humanität ist ja gar nicht bezahlbar...«

»Sie ist es. Zehn Prozent!« sagte Bob lässig.

»Das sind 240 000 Mark!«

»Ihnen bleiben noch über 2,1 Millionen! Ein sicheres Vermögen - wenn Sie mich heiraten.«

»Das stimmt.«

Juliane Hatzle schloß die Augen. Sie schob die Unterlippe vor und sah jetzt aus wie jemand, der sich stillvergnügt an nur ihm selbst bekannte intime Dinge erinnert. »Wann können wir heiraten?«

»Sehr bald. Ich rufe morgen in der Botschaft an, nein, ich fliege selbst nach Bonn. Ich spreche mit Konsul Nesswick.«

»Aha. Der kennt Sie?«

»Ja.«

»Und der wird nicht mißtrauisch?«

»Heiraten ist eine legale Angelegenheit. Man kann einem Menschen doch nicht vorschreiben, wie oft er heiratet und wie oft er sich scheiden läßt!«

»Ich bin mir da nicht ganz sicher.«

»Bewundern wird man höchstens meine Kondition und meinen Mut.« Bob plagte ein unstillbarer Whiskydurst, der heiße starke Mokka rumorte in seinem Magen. »Einigen wir uns auf 10 Prozent des Erbes?«

»Wieviel hätten Sie genommen, wenn ich Ihnen von Onkel Ed nichts erzählt hätte?«

»Das ist kein Thema mehr, Juliane.«

Juliane Hatzle nickte, steckte sich eine neue Zigarette an und lehnte sich zurück. »Sie sind ein cleverer Bursche, Bob, und ich bin eine dumme Nuß. Keine Widerrede! Aber ich bin andererseits auch so gerecht, zu sagen: Jede Arbeit soll ihren angemessenen Lohn haben.«

»Bravo!«

»Was bieten Sie mir für die 240 000 Mark?«

»Einen absolut sicheren Vertrag, Juliane. Darauf können Sie einen neuen Olympiaturm bauen!«

»Es genügt, wenn ich einen amerikanischen Paß auf den Namen Brook bekomme!«

»Garantiert.«

Bob holte aus der Brusttasche ein Kuvert, öffnete es und entfaltete seinen Ehevertrag. »Lesen Sie es sich durch, Juliane... an alles ist gedacht. Sogar für den Fall, daß wir in einem Bett schlafen müssen, gibt es Strafen beziehungsweise Schutzvorschriften.«

Juliane musterte Bob stumm, ehe sie antwortete. Ihre Augen leuchteten in freudiger Erwartung. Sie fuhr sich mit der rechten Hand durch die schwarzgefärbten Haare und zwängte ihre Bluse fester in den Kostümrock. Die Seide straffte sich über spitzen Brüsten, die ein gutes Miedergeschäft verrieten.

»Wäre so etwas möglich?« fragte sie, weniger forsch als bisher.

»Wir müssen ein junges Ehepaar spielen, vergessen Sie das nicht. Wir müssen nach außen hin glaubhaft sein!«

»Wie alt sind Sie, Bob?«

»Runde fünfunddreißig.«

»Doch schon? Sie sehen viel jünger aus.« Und dann sagte Juliane einen Satz, bei dem in Bob wieder einmal die Alarmklingeln hätten schrillen müssen, was aber leider nicht der Fall war. »So groß ist unser Altersunterschied ja gar nicht. Was sind schon 16 Jahre angesichts der fortschreitenden biologischen Revolution...«

Während Juliane den Vertrag las, dachte Bob an die Stunden, in denen dieses Vertragswerk geschaffen worden war. Richter de Trajano hatte die Paragraphen formuliert, Sheriff Brass steuerte Erfahrungen bei, Pfarrer McDolland wollte unbedingt eine Klausel haben, die eine kirchliche Trauung wegen Mißbrauch des Sakramentes ausschloß, und Jenny hatte gesagt: »Ist ja alles blauer Wind, was da steht! Los, da muß stehen: Paragraph eins - Jede Körperberührung ist verboten. Paragraph zwei - Wer sich auf den Rücken legt, liegt von da ab allein! Paragraph drei: Jeder Beischlaf verdoppelt die Vertragssumme...« Natürlich waren diese Paragraphen von Jenny nicht in den Vertrag aufgenommen worden, was zu einer nächtlichen Szene zwischen Jenny und Bob geführt hatte, auf deren Schilderung wir lieber verzichten. Am nächsten Morgen fühlte sich Bob wie nach einem rasanten Football-Match; er lief hohläugig herum, gab muffelige Antworten und hielt Jenny für ein unbesiegbares Tier. Immerhin war der Vertrag dichter als der erste mit Erika; es gab keine Lükken mehr, vor allem die Sperrklausel für Intimitäten war jetzt hieb- und stichfest.

»Sehr gut«, sagte Juliane und schob das Formular über den Tisch. »Ich zahle also 120 000 Mark an und habe überhaupt nichts davon.«

»Eine Ehe ist auf Vertrauen aufgebaut«, sagte Bob treuherzig. »Außerdem ist die erste Rate erst unmittelbar vor der Trauung fällig, die zweite dann nach der Trauung.«

»Bei Paßüberreichung, Bob!«

»Stimmt! Das wurde geändert.«

»Und wann können wir heiraten?«

»Ich fliege morgen schon nach Bonn.«

»Amerikanisches Tempo, das imponiert mir.« Juliane gab dem Oberkellner ein diskretes Zeichen. »Und jetzt keine Widerrede, Bob. Es ist selbstverständlich, daß ich den heutigen Abend bezahle.«

Im Hotel verlor Bob dadurch das letzte Ansehen. Man war sich sicher, daß er nach Deutschland gekommen war, um sich von den Frauen aushalten zu lassen. Herr Matzkow beschloß, sich dieses dem Hause nicht angemessenen Gastes auf diskrete Weise zu entledigen.

Notar und Konsul Clifford Nesswick erinnerte sich gut an Bob Brook, oder eigentlich mehr noch an das verliebte kleine Frauchen mit den roten Backen, das kaum ihren neuen Namen schreiben konnte und Bob dann so zaghaft küßte. So etwas bleibt haften. Es muß ja nicht gerade eine Hochzeit sein wie damals bei Steff Lammy, dem Texaner, der nach dem Ja-Wort seine Frau ergriff, ohrfeigte, würgte und gegen die Wand warf, weil sie dem linken Trauzeugen zugeblinzelt hatte.

Vier Riesen von der Militärpolizei mußten den Tobenden überwältigen und abschleppen. Eine Woche später war er geschieden, und seine Frau heiratete den Trauzeugen.

»Bob, wie geht's Ihrer Frau?« fragte Nesswick, nachdem man

sich mit Hallo begrüßt hatte. »Sie wagen es, so ein Mädchen allein zu lassen?«

»Ich muß!« antwortete Bob unbefangen. »Ich will heiraten...«

»*Was* wollen Sie?« Nesswick rieb sich den Nasenrücken. »Sagen Sie bloß, diese glückliche Ehe ist schon zerbrochen.«

»So ist es! Wir sind geschieden. Und jetzt will ich es wieder wagen.«

»So schnell aufeinander?«

»Um zu vergessen, Sir. Außerdem war es einfach zu schön... nie allein im Bett. Keine Hetzerei mehr, um jemanden hineinzubekommen. Man kommt nach Hause, und das Kopfkissen ist belegt. Daran kann man sich gewöhnen.«

Clifford Nesswick war ein Gentleman, der über solche Dinge nicht sprach. Seine puritanisch erzogene Frau hätte sich so etwas auch verbeten. Außerdem hatte Nesswick ein Verhältnis zu seiner Sekretärin zu verbergen, und das tut man am besten unter dem Deckmantel sittlicher Strenge.

»Sind die Papiere in Ordnung?« fragte er deshalb etwas kühler.

»In drei Tagen können wir sie einreichen, Sir. Meine Braut ist Beamtin, da ist nicht nur der Arbeitsplatz in Ordnung, sondern auch das Privatleben. Die Formulare können wir also schon ausfüllen.«

Nesswick nickte, suchte die Eheanträge heraus und griff nach einem Bleistift. Bob diktierte, und Nesswick schrieb mit. Als Julianes Geburtsdatum an die Reihe kam, blickte Nesswick auf.

»Sie haben sich um zwei Jahrzehnte geirrt!« mahnte er. Bob lächelte säuerlich und schüttelte den Kopf.

»Nein, Sir.«

»Ihre Braut ist doch nicht 51 Jahre alt!«

»Ich kann sie nicht jünger machen.«

Nesswick legte den Bleistift auf den Fragebogen und lehnte sich zurück. »Bob«, sagte er mit väterlich-gütiger Stimme,

»wir beschäftigen in der Botschaft auch einen Psychiater. Ein sehr guter Mann! Hat Verständnis für alles. Ich rufe ihn gern mal rüber...«

»Juliane ist eine hübsche Frau!«

»Wer zweifelt daran?! Aber ich möchte wetten, daß Sie bald wieder hier sitzen und zu mir sagen: Ich möchte heiraten...«

»Das könnte möglich sein, Sir.« Bob lächelte verhalten. Dieses Jahr höchstens noch einmal, dachte er. Dann fliege ich mit Jenny auf die Bahamas, aale mich im Sand, kraule ihr Bauch und Busen und genieße den Verdienst von drei anstrengenden Geschäftsabschlüssen. Im nächsten Jahr könnte man dann vier Verträge schaffen; jedes Vierteljahr einen, das ist ökonomisch vertretbar sowie nervlich und körperlich durchzustehen. Auch wenn man allmählich Routine bekommt - so ganz cool wird nie ein Geschäft über die Bühne laufen. Dazu habe ich zuviel Charakter. Da sitzt einem das Gewissen im Nacken, redet die Seele mit. Wahrscheinlich werde ich mich nie daran gewöhnen können, in der Vertragspartnerin nur eine Ware zu sehen, der man einen anderen Namen verpaßt und sie dann einfach in den USA abliefert. Bob, das wird dir nie gelingen!

»Man muß nicht immer heiraten, um mit einer Frau - ich meine... es geht auch anders. Bob, stellen Sie sich doch nicht so stur! Sie wissen doch, was ich meine...«

Nesswick rang nach gesetzten Worten. Mit ein paar Kraftausdrücken hätte man das alles viel einfacher sagen können. Aber das war nicht sein Stil; die vereinfachende plastische Sprache verabscheute er; sie war ein Zeichen kulturellen Verfalls. Es genügte, wenn sein Sohn so ordinär sprach. »Sie kennen doch die Geschichte von dem Glas Milch, Bob...«

»Juliane und ich sind keine Sexartisten, Sir.«

Nesswick wurde rot, das Gespräch wurde ihm sichtlich peinlich. »Ist sie reich?« fragte er.

»Mäßig«, antwortete Bob vorsichtig. »Keine geborene Dupont oder Rockefeller.«

Nesswick wurde wieder dienstlich. »Es bleibt also dabei? Sie wollen Juliane Hatzle, 51 Jahre alt, heiraten?«

»Es ist mein fester Wille, Sir.«

»Was alles so in einem menschlichen Kopf vorgehen kann!« sagte Nesswick ergriffen. »Wenn mir die Papiere vorliegen, können wir sofort trauen. Ich will Ihrem Glück nicht im Wege stehen...«

An diesem Abend gönnte sich Bob eine Flasche Sekt. Er wohnte nicht im »Bellevue« in Rhöndorf, sondern im »Rheinhotel Dreesen«, einem der berühmten deutschen Hotels, die Geschichte gemacht haben wie das »Adlon« in Berlin, das Hotel »Petersberg« in Königswinter am Rhein oder das Kurhotel in Bad Ems. Er saß auf der verglasten Terrasse, blickte über den Rhein zu den sagenhaften Sieben Bergen und leerte die Flasche mit großem Genuß. Dann ging er leicht schwankend auf sein Zimmer, stellte sich dort vor den großen Spiegel und machte vor seinem Spiegelbild eine tiefe Verbeugung.

»240 000 Mark« sagte er zu sich. »Bob Brook, die Welt wird es nie erfahren - aber du hast so etwas wie den Stein der Weisen entdeckt! Wovon andere in einem ganzen Leben nur träumen, kassierst du mit einem einzigen Wort: ›JA!‹ Genialität ist Beschränkung auf das Wesentliche. Schon Einstein wurde durch eine einzige Formel unsterblich! Gute Nacht, Bob! Bist ein toller Bursche!«

In dieser Nacht träumte er von Jenny. Im Evaskostüm rannte sie durch pulverfeinen, goldenen Sand und er hinter ihr her. Bevor er sie jedoch erreichen konnte, stolperte er über ein Stück Treibholz und fiel hin.

Mit einem Seufzer erwachte Bob und merkte, daß er aus dem Bett gefallen war.

Der Heiratstermin war, nachdem Bob alle Papiere nach Bad Godesberg geschickt hatte, von Konsul Nesswick auf einen

Freitag festgelegt worden. Fünfzehn Tage waren vergangen, davon zehn Tage in der Gesellschaft von Juliane Hatzle.

Sie hatte nach Bobs Rückkehr vom Rhein sofort begonnen, ihren Haushalt aufzulösen, meldete sich bei der Post krank und reichte gleichzeitig ihr Entlassungsgesuch ein. Damit löste sie ungeahnte Komplikationen aus, denn sie war Beamtin auf Lebenszeit, hatte Anspruch auf eine gute Pension und unterlag einem fast lückenlosen Beamtengesetz. Daß jemand freiwillig auf seine Pension verzichtete, war so selten, daß der Personalreferent der Oberpostdirektion von Hamburg etwas verwirrt auf das Schreiben starrte und im voraus nur eins wußte: Es war unmöglich, daß ein deutscher Beamter auf Geld verzichtete, das ihm laut Gesetz zustand. Auch wenn er nicht mehr Beamter sein wollte, blieb ihm der Anspruch auf das Geld, das er sich als Beamter verdient hatte.

Mit ihrem Satz: »Machen Sie mit meiner Pension, was Sie wollen...«, veranlaßte Juliane Hatzle die Erstellung zahlreicher Gutachten. Man konnte sich in der Hamburger Oberpostdirektion nicht erinnern, jemals einen solchen Fall gehabt zu haben. Bisher war so etwas undenkbar gewesen. Schließlich wird man ja Beamter, um einmal pensioniert zu werden!

Juliane Hatzle kümmerte das wenig. Sie war vollauf damit beschäftigt, Bob Hamburg und Umgebung zu zeigen. Abgesehen von den Naturschönheiten an der Unterelbe und der Nordsee interessierte Bob das ihm bisher unbekannte Hamburg, jenes Hamburg, über das er in seinem Buch informiert worden war. Juliane Hatzle, in tiefster Seelentiefe anscheinend von der Hoffnung getragen, ein Blick in die einschlägigen Lokale von St. Pauli könne Bob Brook vom strengen Vertragstext ein wenig abweichen lassen, war sofort begeistert, holte ihn um 10 Uhr abends vom Hotel ab und fuhr mit ihm zur Reeperbahn.

Bob war in keiner Weise beeindruckt. Für einen Mann aus Las Vegas sind die zuckenden Lichtreklamen St. Paulis nichts

Besonderes. Schon seine bunte Eiswaffel auf dem Dach des Saloons übertraf alles, was er hier sah. Die Szenenfotos in den Schaukästen der Sextheater hatten ihm auch nichts Neues zu bieten.

In einer Show, irgendwo in der Nähe der Großen Freiheit, saß er dann an einem kleinen runden Tisch, starrte auf die winzige Bühne, wo eine üppige Blondine mit einer brennenden Tischlampe allerhand anstellte, schielte ab und zu auf Juliane, die mit roten Backen dasaß und mehrmals nach seiner Hand tastete, und sagte einmal, als sie den Kopf gegen seine Schulter lehnte:

»Juliane, wenn die Darbietung Sie anstrengt, sollten wir gehen…«

Es war zweifellos ein Fehler, Bob über die Reeperbahn und durch die anschließenden Straßen zu führen. Das stellte sich schlagartig heraus, als Bob in einem anderen Lokal zwischen zwei Auftritten einen bestimmten Ort aufsuchen wollte. Der Gang war rötlich beleuchtet, und der Weg zur Tür mit dem Symbol für Männer führte an einem Mädchen vorbei, das an der Wand lehnte, Jenny verdammt ähnlich sah und zu Bob sagte: »Ha! Da kommt genau mein Typ! Ich wette, wir passen gut aufeinander.«

Bob verstand nur die Hälfte, blieb aber dummerweise stehen und hob die Schultern. Die Ähnlichkeit mit Jenny war enorm, er hatte so etwas noch nicht gesehen.

»I don't know…«, sagte er höflich.

»Bist 'n Ami, was?« Das Mädchen lachte kurz und laut. Es klang wie ein Signal.

»Yes. Isch bin Amerikaner«, sagte Bob auf deutsch.

»So 'n kleiner Millionär…«

»Millionär?« wiederholte Bob. Es sollte fragend klingen. Er war ja ein Mensch ohne Fehl und Arg, hatte keinerlei Erfahrung mit Mädchen dieses Gewerbes, sah in allen Menschen nur das Gute und wäre nie auf den Gedanken gekommen, daß ein einziges Wort Schicksal spielen könnte.

Das Mädchen riß sich die Bluse auf, Bob starrte entgeistert auf das, was sich ihm entgegenwölbte, dann stieß das Mädchen einen klagenden Laut aus, wich vor ihm zurück und stammelte: »Hilfe, Hilfe!« Erst da begriff Bob den uralten Trick, von dem er viel gelesen und den er oft im Fernsehen oder Kino gesehen, aber noch nie selbst erlebt hatte. Ein Trick, der noch immer wirksam war, weil er den Gegner überrumpelte. Spätere Argumente kamen stets zu spät.

Auch Bob sah keine Möglichkeit, sich zu rechtfertigen. Ein blonder Hüne kam aus der Toilettentür, schrie: »Hände weg, du Sau!«, und hieb Bob sofort in die Magengrube. Bob knickte ein, genau in die zweite Faust hinein, die sein Kinn traf. Er taumelte gegen die Wand, ihm wurde übel. Er spürte den dritten Schlag gegen seine Schläfe, das Mädchen mit den weißen Kugeln unterm Kinn grinste ihn an, er sah auch noch einmal den blonden Riesen, der die Arme ausbreitete, um ihn aufzufangen... dann schaltete sich sein Gehirn ab.

Juliane Hatzle wartete eine halbe Stunde auf Bob, betrachtete unruhig den Mann, der auf der Bühne für die weiblichen Besucher etwas tat, stand dann auf und ging zur rückwärtigen Bartheke, wo der Geschäftsführer lehnte, Mineralwasser trank und gelangweilt vor sich hin stierte.

»Ich glaube, hier ist etwas passiert...«, sagte Juliane.

Der Geschäftsführer hob den Kopf, musterte Juliane und lächelte verbindlich. »Sind Sie belästigt worden, gnädige Frau?« Er wiegte den Kopf hin und her. »Unsere Show ist anregend...«

»Mein Begleiter ging auf die Toilette...«

»Das ist besser, als wenn er's unter den Tisch macht...«

»...vor einer halben Stunde! Er ist noch nicht zurück...«

»Das kann normal sein. Vielleicht hat er Schwierigkeiten?«

»Reden Sie nicht so saudumm daher!« Julianes Stimme bekam einen ehernen Klang. »Hier ist etwas passiert!«

»Es ist noch nie vorgekommen, daß sich jemand selbst weggespült hat, gnädige Frau!« sagte der Geschäftsführer steif.

»Aber es ist schon manchmal vorgekommen, daß sich jemand über den Weg zur Toilette aus dem Staub gemacht hat. Wir saßen dann da mit der Rechnung. Darf ich Sie bitten, an den Tisch zurückzugehen und auf die Rechnung zu warten. Ich lasse in der Toilette nachsehen.«

Nach fünf Minuten wußte man es: Die Toilette war leer. Die Rechnung betrug 243 DM. Juliane bezahlte, aber sie verließ das Lokal nicht. Ihr Gesicht war hart geworden. Trotz Kosmetik und Höhensonne sah man jetzt ihre 51 Jahre. Der Geschäftsführer und zwei Kellner standen an ihrem Tisch und versuchten, ihr zu erklären, daß nicht jeder, der wie ein Kavalier aussieht, auch einer ist. So etwas habe man öfter erlebt.

»Die Polizei!« sagte Juliane. »Ich will die Polizei!«

»Machen Sie bloß keinen Trubel!« rief der Geschäftsführer. Das Wort Polizei ist auf St. Pauli so etwas wie eine persönliche Beleidigung, seit die »Häuser« nach behördlicher Ansicht »sauber« geworden sind und es nur in den Shows auf den Bühnen heiß hergeht. »Wenn Ihnen der Mann abhaut, was soll da die Polizei!«

Juliane Hatzle lehnte sich zurück und blickte auf die Bühne, wo die Vorstellung weiterging - zwei Lesbierinnen verrenkten sich artistisch.

»Was ist Ihnen lieber?« fragte sie scharf. »Sie rufen die Polizei - oder ich gehe und komme mit der halben Davidswache wieder? Hier in Ihrem Haus ist Bob Brook verschwunden. Ein angesehener amerikanischer Kaufmann, der es nicht nötig hat, die Zeche zu prellen!«

Es ist noch keinem gelungen, fröhlich zu erwachen, wenn ihn zuvor eine auf sein Kinn gezielte Faust eingeschläfert hat. Eine Ausnahme ist vielleicht der Boxer, der nach einem K. o. mit dem erhabenen Gefühl in die Gegenwart zurückkehrt, sein Bankkonto um einige Nullen vor dem Komma aufgestockt zu haben ... Bob Brook gehörte jedenfalls zu jenen Alltagsmenschen, denen der Schädel gewaltig brummt und gallige Übelkeit im Magen liegt, wenn sie mühsam aus dem Reich des Vergessens auftauchen.

Er selbst wollte das noch gar nicht, aber irgend jemand bearbeitete sein Gesicht mit kleinen, schnellen, klatschenden Ohrfeigen, etwas Nasses belästigte ihn ungemein, er spürte Feuchtigkeit über Schulter und Brust rinnen und entschloß sich, den Zustand seliger Ferne aufzugeben.

Das erste, was er wahrnahm, waren eine weit ausgeschnittene Bluse und zwei kugelförmige Brüste. Sie schwankten vor seinen Augen gefährlich hin und her, als wollten sie sich von dem wenigen Stoff, der sie festhielt, befreien, und Bob dachte voll Interesse, die richtige Bewegung wäre wohl nicht hin und her, sondern auf und ab. Dann würde sie nichts mehr in ihrer ohnehin nur notdürftigen Verkleidung halten können. Aber auch dieser halbrunde Zustand verflog schnell. Bob sah klar, erkannte das Mädchen, das ihn auf dem Gang zur Herrentoilette angesprochen und dann völlig unmotiviert losgeschrien hatte, und an ihrer nackten Schulter vorbei sah er den blonden Hünen, der an der Wand lehnte und mit einem Gasfeuerzeug spielte. Er ließ es aufschnappen, betrachtete die kleine Flamme und ließ den Deckel dann wieder zuklappen. Neben ihm hockte ein anderer Mensch auf einem Stuhl; er hatte die Lehne nach vorne gedreht, damit er das Kinn darauf stützen konnte, er rauchte, blies den Rauch durch die Nase und wirkte wie eine Eule, die sich in eine Räucherkammer verflogen hatte.

»Ich glaube, er kommt!« sagte das fleißig klopfende Mädchen. Sie patschte noch einmal ein kleines nasses Handtuch über Bobs Augen, ohrfeigte ihn mit schneller Hand und zog das Tuch wieder weg. »Tatsächlich, jetzt hat er die Augen auf.«

Bob rührte sich nicht. Er merkte, daß er auf einer Art Chaiselongue lag, die mitten in einem kahlen Raum stand. Ein Keller, stellte er fest. Natürlich ist das ein Keller. Es muß ein Keller sein, denn was wäre ein Verbrechen ohne einen anständigen Keller, dem Standardrequisit jedes echten Thrillers: Ein massiver Keller, schalldicht, ausgestattet mit den tollsten Folterwerkzeugen, möglichst mit einer Falltür und einer Rutsche, die direkt in einem gurgelnden Fluß endete, wo die Opfer für immer verschwinden, das gehört zu einem anständigen Verbrechen! Warum sollte es hier anders sein? Wer weiß denn, wieviel unterirdische Kanäle die Stadt Hamburg durchziehen, Kanäle, die alle in der Elbe enden?

Das Mädchen richtete sich auf, wodurch die Gefahr weiterer Entblößung gebannt war, faltete das Handtuch viermal zusammen und legte es Bob über die Stirn. Die Kühle tat gut. Bob war gerührt über so viel samariterische Fürsorge und sagte:

»Danke, Mylady...«

Es sollte laut und forsch klingen, aber es geriet zu einem heiseren Wortkauen. Nur schrittweise gewann Bob die Kontrolle über seinen Körper zurück. Auge und Hirn waren schon da, die Sprache hinkte noch hinterher.

»Wie fühlen Sie sich?« fragte der blonde Hüne. Er sprach ein Seemanns-Englisch, wie es Leute reden, die sich in allen Englisch-Variationen auf der ganzen Welt geübt haben.

Bob riet sein Instinkt, liegenzubleiben und die Unterhaltung zunächst aus der Horizontale zu führen. Das Mädchen pustete ihre blonden Locken aus dem Gesicht, nahm der Eule die Zigarette aus dem Mund und zog ein paarmal kräftig daran. Mit gespitzten Lippen blies sie den Rauch weg... wie Jenny, dachte Bob. Genau wie Jenny! Fast der gleiche Typ – nein, Verzeihung, mein Schätzchen im fernen Las Vegas, die hier ist ordinärer! Was bei dir Natur und Klasse ist, jener umwerfende Sexappeal einer amerikanischen Großstadtpflanze, der das Leben nur das Leben und sonst nichts geschenkt hat und die sich zum Kuchen durchbeißen muß, ist bei diesem Weibsstück aufgetragen wie dicke Schminke. Außerdem ist dein Busen mindestens eine Nummer größer, Jenny! Ich kann das doch beurteilen. Mein Gott, Jenny, was haben die mit mir vor?!

Er drehte etwas den Kopf, sah den Blonden an und lächelte schwach.

»Ich verstehe jetzt, warum die Germanen die Römer geschlagen haben«, sagte er mit sich langsam lockernder Zunge. »Sie haben einen tollen Punch, mein Junge! Der blonde Bomber...«

»Dem haste das Hirn gequetscht, Fred!« sagte die Eule über die Stuhllehne hinweg. »Was nun?«

»Ehrlich! Haben Sie noch nie daran gedacht, in den Ring zu klettern?« Bob fühlte sich wohler. Das nasse Handtuch auf seiner Stirn tat Wunder, sogar die Übelkeit verflüchtigte sich. Was blieb, war das Gefühl, an seinem Kinn hinge ein Sack. »In Amerika wäre das eine Sensation: Der blonde Bomber gegen den schwarzen Bomber. Allein von den Wetten könnte man gut leben.«

»Was soll der Quatsch?« Der Blonde, den sie Fred nannten, steckte sein Feuerzeug ein. »Sie sollten an was anderes denken - gerade jetzt!«

»Ich bin Geschäftsmann, Fred! Wenn ein Amerikaner Geschäfte riecht, gleicht er einem Löwen, der eine Antilope wittert: Er rennt los! Dagegen sind Armenier, Zigeuner, Türken, Inder, Chinesen, Malaien mühsame Hüpfer! Und mit Ihnen ist Geld zu verdienen. Stellen Sie sich vor, Sie werden aufgebaut als ›Thor, der Wikingerhammer‹. Amerika wird Kopf stehen! Der Madison Square Garden wird Ihnen seine Tore öffnen!«

»Knall ihm noch einen vor die Birne, damit er wieder klar wird!« sagte die blonde Maid ziemlich ungezogen. »Oder hat der vielleicht wirklich 'ne Macke! Na, dann Prost!«

»Sie heißen Robert Brook und wohnen in diesem stinkfeinen Kasten an der Alster.«

Der Blonde nahm von einem schäbigen kleinen Tischchen, das Bob erst jetzt wahrnahm, den amerikanischen Paß und blätterte darin herum. Auf dem Tisch lag korrekt aufgereiht Bobs Tascheninhalt. Deutsche Ordnung, dachte Bob. »Sie sind fünfunddreißig Jahre - ein bißchen jung, um schon zu sterben.«

»Ich habe dies auch nicht in Erwägung gezogen, Fred.«

»Es wird Ihnen kaum was anderes übrigbleiben. Wenn wir hier auch wie die Bekloppten sprechen, es ist ernst, Bob! Sie haben 236,67 Mark bei sich. Mehr nicht?«

»Nein. Sie wissen doch, was ich in der Tasche hatte.«

»Man kann Geld auch woanders tragen.«

»Ich besitze keinen Brustbeutel. Und sonst... Überzeugen Sie sich, Fred. Ich bin kein schüchterner College-Boy!« Er streckte sich, löste den Gürtel und begann, seine Hose aufzuknöpfen. Das blonde Mädchen starrte auf seine Finger. Die Hand, die gerade wieder die Zigarette an die Lippen führen wollte, hielt inne.

»Die Sau holt'n tatsächlich raus!« schrie sie. »Der nimmt uns auf'n Arm!«

»Ich will Ihnen nur erleichtern, meinen Körper nach Geld zu untersuchen.« Bob beschränkte sich darauf, nur seinen Hosengürtel offenzulassen. »Ich habe doch wirklich nicht mehr bei mir.«

»Und damit wollten Sie auf St. Pauli einen draufmachen?«

»Nein.«

»Mann, Sie waren doch in der Sex-Show! Wenn die nachher kassiert hätten... Mannomann!«

»Ich war eingeladen...« Bob zog die Beine an, drückte sich hoch und setzte sich auf. Es war tatsächlich ein Keller mit gekalkten Wänden. Von der Decke hing eine Glühlampe, die Tür war aus Eisen, der Fußboden glattgestrichener Zement. Bis auf die Liege, auf der er saß, war der Raum nur noch mit zwei Stühlen, einem Tischchen und einem verbeulten Blecheimer möbliert. An die hintere Schmalwand war ein Plakat mit Klebestreifen an die Mauer geheftet: Ein dicker, lächelnder Koch, der einladend mit einem Kochlöffel winkte. Darunter die dicke Unterschrift: »Eßt Scheiße! Millionen Fliegen können nicht irren!«

Bob lächelte verträumt. Diese Wirklichkeit übertraf sogar amerikanische Drehbuchautoren...

»Um so besser!« sagte der Blonde. Bob schrak zusammen.

»Was soll das heißen?«

»Man wird Sie vermissen!«

»Gewiß.« Bob dachte an Juliane Hatzle und konnte sich vorstellen, mit welchem Elan sie sein Verschwinden reklamierte. Er sah, wie sie das ganze Lokal mit ihrer gewaltigen Stimme zusammenbrüllte und der Sex-Show keine Chancen mehr ließ. Die Polizei rückte heran, der Tatort Toilette wurde abgeriegelt, Juliane gab sich als Post-Inspektorin zu erkennen, und da Beamte einer Beamtin helfen mußten, blieb dem Geschäftsführer des Lokals nichts anderes übrig, als klein beizugeben.

Fred, der Hüne, schien in Bobs Gesicht etwas anderes zu lesen. Er fuchtelte mit seinen großen Händen durch die Luft.

»Keine falschen Hoffnungen, Bob! Das hier ist nicht der Keller von dem Schuppen! Hier findet uns keiner!« Er nahm eine von Bobs Zigaretten, zündete sie an und rauchte sie sehr nervös. Seine Sicherheit war nur Maske; dahinter vibrierten die Nerven.

»Was halten Sie von 100 000 Dollar?«

»Viel! Man kann allerhand damit anfangen.«

»Umgerechnet sind das 175 000 Mark. Runden wir auf: 200 000 Mark! Klar?«

»Aber ja. Ganz klar. Schön, so mit Zahlen zu spielen.«

»Das sind Sie uns wert, Bob! Wenn wir die 200 000 Mark haben, lassen wir Sie garantiert frei.«

»Oh, das ist nett!« Bob ließ die Beine zu Boden gleiten. Er saß jetzt auf der Liege, betrachtete den Mann, den er Eule getauft hatte und der jetzt seine fünfte Zigarette rauchte. Dann ließ er den Blick zu dem blonden Mädchen wandern, das ihn mit offenem Mund anstarrte. Ihr Gesicht hatte einen schafsähnlichen Ausdruck angenommen: Ein Hammel beim Anblick einer fetten Weide. »Haben Sie jemanden, der mich abkauft?«

»Ihre Verwandten.«

»Fehlschuß! Ich habe keine mehr. Mein letzter Onkel machte mich zum Alleinerben. Gott strafe ihn dafür mit einer zugigen Wolke!«

»Irgendeiner wird zahlen!«

»Keiner? Wer denn und warum?«

Fred wurde unruhig. Er drehte die Zigarette in seinen Fingern und zerquetschte sie. Die Eule hustete heiser.

»Es wird doch irgend jemand auf der Welt geben, der für Sie zahlt!« rief der blonde Hüne. »Und wenn es Ihre Stadt ist!«

»Las Vegas?« Bob fand die Unterhaltung schon beinahe amüsant. »Fred, wenn Las Vegas einen Cent für mich zahlt, rutsche ich auf dem Hintern rückwärts nach Rom und melde das als Wunder an!«

»Was haben Sie geerbt?«

»Einen Icesaloon...«

»Na bitte!«

»Pleite! Ich *brauche* 100 000 Dollar, darin sind wir Brüder! Aber geben? Fred, Sie haben den total Falschen gekidnappt... Ich bin eine arme Sau...«

»Und was wollen Sie in Hamburg?«

»Geld verdienen!«

»Also haben Sie doch Bekannte!«

»Natürlich.«

»Und die werden zahlen.«

Würde Juliane Hatzle zahlen? Würde sie 200 000 Mark aufgrund ihres zu erwartenden Erbes beschaffen und ihn freikaufen? Immerhin ging es bei ihr um 2,4 Millionen, es blieb genug übrig, wenn sie den Heiratspreis und die Lösegeldsumme abzog. Und heiraten mußte sie, sonst kam sie nie an das Geld heran.

»Ich bezweifle das!« sagte Bob. »Finden Sie sich damit ab, Fred: Ich bin nur das Material wert, aus dem ich bestehe, das hat ein Chemiker mal ausgerechnet. Sie bekommen dafür keine zwei Whiskys an der Bar...«

»Dann zahlt Ihr Staat!« sagte Fred laut. »Ich schreibe Ihrem Konsul! Der wird es schon weitergeben! Die werden doch nicht einen amerikanischen Staatsbürger verschimmeln lassen! Die holen Sie raus! Die blättern die 200 000 Mäuse auf den Tisch! Vor allem, wenn die Presse groß einsteigt. Amerikanischer Staatsbürger entführt. Washington soll 200 000 Mark zahlen. Wetten - die zahlen. Müssen sie ja - schon wegen dem öffentlichen Theater!«

»Und euch wird man jagen!«

»Haha!«

»Die deutsche Polizei...«

Der Hüne grinste breit. »Die spielt mit dem Sandmännchen! Die gründen dann 'ne Sonderkommission, dann kommen die Politiker mit 'nem Krisenstab, das Bundeskriminalamt mischt sich ein, ihr Amis schickt vielleicht ein paar vom FBI herüber - und alle arbeiten getrennt, machen, was sie wollen, behindern sich, bespitzeln sich gegenseitig und haben vollauf zu tun, die Kollegen vom anderen Amt nicht in die eigenen Karten gucken zu lassen. Das kennen wir doch, haben wir doch oft genug erlebt. - Keine Hoffnung, Bob!«

Er lachte, zertrat seine Zigarette auf dem Zementboden und sah die Eule strafend an, weil sie begeistert meckerte. Auch das blonde Mädchen lachte schrill, bog sich in den Hüften und jonglierte mit ihren Kugeln wieder hart am Rand der Katastrophe. Bob teilte diese Fröhlichkeit nicht. Er dachte weniger an das Aufsehen, das seine Entführung in der Öffentlichkeit auslösen würde, als vielmehr an die Möglichkeit, daß Jenny wirklich alles aufbieten würde, um die 100 000 Dollar zusammenzubringen. Daß man in Las Vegas das Kidnapping groß herausstellen würde, war sicher. Obwohl die Stadt an Gangster im Urlaub gewöhnt war und jede Nacht das gesamte Gesetzbuch überschritten wurde, würde die Entführung eines Eissalonbesitzers doch eine Lokalsensation sein, zumal wenn man ihn so hoch einschätzte. Und noch etwas kam Bob zum Bewußtsein: Wenn er zurückkehrte, würde er einen Tag lang der große Sohn der Stadt sein! Der Befreite, dem Tode Entronnene! Ein überlebendes Opfer! Das bedeutete: Fernseh-Interview, Zeitungsspalten, vielleicht sogar ein Filmangebot – auf jeden Fall das beste Reklameschild für seinen Eissalon. Man würde seine Bude stürmen, um Bob Brook, dem Befreiten, die Hand zu schütteln, ihm auf die Schulter klopfen und sich mit ihm fotografieren lassen, fürs Familienalbum zum Beispiel: Papi und Mami mit einem gekidnappten Burschen – Las Vegas bietet eben alles! Man konnte diese Publicity auch noch ausbauen, indem man einen Spezial-Eisbecher erfand. Preis einen Dollar, bei einem Materialaufwand von knapp 14 Cents. Name des kalten Wunders: Kidnapping. Das müßte ja ein Renner werden!

»Okay!« sagte Bob nachdenklich. »Ich bin überzeugt! Versucht euer Glück. Macht alle Pferde wild – ich kann warten!« Er sah den irritierten Blonden an und schnippte mit den Fingern. »Für 200 000 Mark aber verlange ich auch eine angemessene Betreuung. Fred, ich habe einen unbändigen Appetit auf einen großen Whisky…«

Die Polizei war ratlos, wie erwartet. Die Beamten der Hamburger Davidswache sind in aller Welt berühmt, es ist eine der wenigen Polizeiwachen in Deutschland, um die sich schon Legenden ranken. Dementsprechend sind die Polizisten dort auch besonders hartgesottene Burschen, die nichts mehr erschüttern kann, was auf der »sündigen Meile« von St. Pauli geschieht. Daß ein Mann auf dem Weg vom Tisch zur Toilette verlorenging, war eine Lappalie. Das war ein alter Trick, um sich vor dem Bezahlen zu drücken. Dem, der zurückblieb, wurde die Rechnung präsentiert. Dieser Fall war allerdings doch etwas merkwürdig: Die alleingelassene Post-Inspektorin Juliane Hatzel konnte beweisen, daß Mr. Brook – der Verschwundene – gar keinen Grund hatte, sich um die Zeche zu drücken, da er von ihr eingeladen worden war. Außerdem wollte man in aller Kürze heiraten; die Papiere waren schon auf dem Weg zur amerikanischen Botschaft. Frau Hatzle gab außerdem noch an, Erbin eines Millionenvermögens in den USA zu sein, und auch Mr. Brook war als Besitzer eines großen Eiscafés - so drückte Juliane es aus - durchaus nicht der Typ des Zechprellers.

Der Polizeiobermeister, der das Protokoll aufnahm, ahnte, daß es Komplikationen geben würde. Die schon unterbrochene Sex-Show wurde nicht fortgesetzt, die Polizei begann mit der Spurensuche, der Geschäftsführer beteuerte unter Schweißausbrüchen, er sei völlig ahnungslos, und die »Artisten« warteten hinter der kleinen Bühne und in den Gängen, in Bademänteln oder - wie die »Tänzerin« Corona - im Arbeitskostüm, das aus einem mit farblosem Sauggummi an ihren Nabel geklebten Goldkettchen bestand. Die Stimmung war gelockert, man benahm sich diszipliniert, der schwule Fakir Rammeldan erzählte sogar Witze, und nur Juliane Hatzle störte die Idylle, da sie lauthals immer wieder verlangte, diesen »Sumpf« trockenzulegen.

Die Gäste des »Varietés«, die anfangs noch auf den Fortgang des Programms gehofft hatten, weil die beste Nummer angeblich noch bevorstand, verkrümelten sich langsam. Ein sehr vornehm aussehender graumelierter Herr, den man außerhalb dieses Lokals bestimmt mit »Herr Direktor« angesprochen hätte, sagte laut: »So ein Scheißdreck! Und dafür hat man nun 20 Mark für einen Whisky bezahlt...«, und verließ wütend seinen Tisch. Vor dem Polizeiobermeister pflanzte er sich auf und bellte: »Ich fühle mich betrogen!« Dann zischte er den Geschäftsführer an: »Ich werde mir das merken!« Mit undeutlichem Gebrabbel verließ er als einer der letzten das Lokal.

»Kennen Sie den?« fragte der Obermeister kopfschüttelnd.

»Ja.« Der Geschäftsführer nickte trüb. »Ein guter Stammgast. Läßt im Durchschnitt pro Abend um die zweitausend hier...«

»Für Whisky? Du lieber Himmel!«

»Nein. Für Lilo oder Ev oder Fanny... wer gerade unser Star hier ist. Er badet so gern und läßt sich dann massieren. Sie wissen doch, wir haben oben...«

»Hör auf, Jonny!« Der Polizeiobermeister winkte ab. »Wer ist es!«

»Keine Namen, Sheriff...« Jonny lächelte breit. »Verheiratet, drei erwachsene Kinder. Kommt zweimal im Monat nach Hamburg, in Exporten. Und ist treu wie Gold; kommt immer zu mir. Hat auch schon Sonderkonditionen hier, vor allem beim Champagner...«

»Was wird nun?« Juliane Hatzle hieb mit der Faust auf ihren Tisch. »Was tut die Polizei?!«

»Alles!« sagte der Obermeister freundlich.

»Und das ist?«

»Wir verfassen ein Protokoll, das Sie uns bitte unterschreiben, und dann geben wir eine Vermißtenmeldung heraus.«

»Das ist alles?!« Ihre Stimme dröhnte gefährlich.

»Was schlagen Sie noch vor?«

»Bin *ich* die Polizei?! Ein Mann ist verschwunden...«

»Das kommt vor. Wir werden alles tun, um aufzuklären, warum...«

»Es gibt kein Warum!« unterbrach ihn Juliane Hatzle. »Hier, in diesem Haus, verschwand Bob Brook ohne Grund! Und ich bleibe so lange hier sitzen, bis er wieder auftaucht!«

»Das dürften Sie finanziell nicht überleben!« stöhnte Jonny. »Außerdem wäre das Hausfriedensbruch, denn ich verbiete Ihnen das Haus...«

»Haben Sie das gehört, Herr Polizeimeister?« Juliane zuckte hoch. Ihr hochrotes Gesicht zitterte. »Man wirft die Opfer eines Verbrechens auf die Straße! Und die Polizei steht daneben und grinst dumm! Ist das das ›saubere St. Pauli‹, von dem immer geredet wird?! Hier verschwinden Menschen wie alte Bierdeckel, und die Polizei sagt nur...«

»Beruhigen Sie sich, Frau Hatzle.« Der Obermeister blickte sich um. Zwei der Beamten, die das Hinterhaus durchsucht hatten, kamen zurück. Ihr Kopfschütteln machte weitere Fragen überflüssig. Nichts. Alles sauber. Jonny atmete auf - seine Konzession hatte an einem dünnen Fädchen gehangen.

»Mir ist das unerklärlich«, sagte er mit fester Stimme. »Auf dem Weg zum Lokus kann gar nichts passieren. Da ist doch ein ständiges Kommen und Gehen. Aber neben dem Lokus ist ein Notausgang. Vielleicht ist Mr. Brook auf diesem Weg verduftet.«

»Die Tür war geschlossen«, sagte einer der Polizisten.

»Sie hat ein Schnappschloß. Wenn man sie von außen zuzieht, rastet sie ein. Ist aber von innen zu öffnen! Er kann also raus, die Tür hinter sich zumachen und weg ist er!«

»So wird es gewesen sein!« Der Obermeister schielte zu Juliane Hatzle. Wird in Panik gekommen sein, dachte er, je älter der Abend wurde. Brauchte vielleicht ein paar hinterm Knorpel, um zu erkennen, was er sich da abgeschleppt hatte. Und als er das sah, hat er sich sofort durch die Hintertür verdrückt. Eine glatte Flucht. Aber wie bringt man das einer Frau bei? Vor allem *dieser* Frau. Wobei das Rätsel offenbleibt, wie eine ehrbare Post-Inspektorin auf den Gedanken kommt, mit einem jungen Amerikaner nachts in eine Sex-Show zu gehen, bei der selbst die harten Männer von der Davidswache rote Ohren und blanke Augen bekommen! Ein wenig ungewöhnlich war das schon...

»So war es nicht!« schrie Juliane Hatzle. »Wir wollten heiraten! Das habe ich schon gesagt!«

»Es hat schon Männer gegeben, die sind noch vor der Kirchentür weggelaufen«, sagte der Obermeister freundlich, mit einem tröstenden Unterton. »Gehen wir zur Wache, Frau Hatzle; hier können wir im Augenblick nichts mehr tun.«

Im Protokollbuch der Davidswache schlug sich der Besuch von Juliane Hatzle in folgenden Worten nieder:

»Frau Hatzle gebrauchte Ausdrücke, die in Anbetracht ihrer Verfassung von den Beamten nicht als Beleidigung aufgefaßt wurden. Sie nannte den Wachhabenden, Polizei-Kommissar

Hausermann, einen uniformierten Strichjungen, alle anderen
Beamten Lahmärsche oder Rotzlümmel. Erst nach dem Ge-
nuß von drei Tassen Kaffee, in die wir auf Rat von POM
Wentzel je einen großen Kognak mischten, beruhigte sich
Frau Hatzle und schlief ein. Wir legten sie in eine der Aus-
nüchterungszellen, wo sie bis gegen 6 Uhr 30 fest schlief. Als
sie aufwachte, begann sie zu weinen und fragte: ›Wo ist Bob‹
– Wir konnten ihr darauf nur die Auskunft geben, daß der Po-
lizei noch nichts Neues bekannt sei. Sie verließ die Wache ge-
gen 8 Uhr, nachdem wir ihr ein Taxi gerufen hatten...«

Wer etwa glaubte, Juliane Hatzle habe den Schlaf in der
Ausnüchterungszelle der Davidswache zur inneren Einkehr
genutzt, hätte sich gewaltig geirrt. Sie überdachte während
ihrer Taxifahrt von St. Pauli bis zur Binnenalster noch einmal ihre Situation und fand sie in höchstem Maße alarmie-
rend.

»Zum Pressehaus!« sagte sie und tippte dem Fahrer auf die
Schulter. »Und dann warten Sie. Wir fahren weiter zum
Springer-Haus und zum ›Spiegel‹ und überhaupt zu allen Zei-
tungen und Illustrierten! Sie kennen die Adressen?«
»Zu allen?« Der Taxifahrer fuhr an den Straßenrand und
hielt vorsichtshalber an. Wer aus der Davidswache kommt
und zu allen Zeitungen will, muß eine Sauwut im Bauch ha-
ben.
»Zu allen!« sagte Juliane Hatzle.
»Ich glaube, das gibt großen Ärger!«
»Das soll es auch!«
»Wär's nicht besser, Sie warten bis morgen?«
»Was geht das Sie an?« Juliane beugte sich vor. »Fahren Sie?
Oder soll ich eine andere Taxe holen?! Ich will die Welt auf-
horchen lassen!«
»Oje! Womit denn?«
»Mein Bräutigam ist entführt worden...«
»Da leckst mich doch...« Der Taxifahrer verbiß sich den
Schluß des Satzes. Er wandte den Kopf, erschrak, weil Julia-

nes Kopf unmittelbar neben seinem Ohr war, und starrte sie an. »Entführt?!«

»Spurlos!« Sie setzte sich zurück in das Polster. »Fahren Sie nun herum?«

»Bei fünfzig Mark Vorauskasse«, sagte der Fahrer mißtrauisch. Sie kann eine oder mehrere Schrauben locker haben, dachte er. Wer zahlt mir dann die lange Fahrt? Das alles klingt verdammt verrückt. Nur kein Risiko eingehen, Franz. Die Taxuhr tickte weiter...

»Bitte!« Juliane reichte einen Fünfzigmarkschein nach vorn. »Zufrieden.«

»Jetzt, ja!«

»Sie halten mich wohl auch für bekloppt?«

»Ich bin kein Arzt.« Der Taxifahrer blickte in den Rückspiegel und wartete auf eine Gelegenheit, sich in den dichten Verkehr einzufädeln. »Darf ich Ihnen einen Rat geben?«

»Bitte!«

»Wenn die ganze Welt von der Entführung erfahren soll...«

»Natürlich! Die ganze Welt! Das will ich! Man hat Bob entführt, aber die Polizei tut so, als sei er ein Zechpreller!«

»... dann fahre ich Sie zu den großen Nachrichten-Agenturen. dpa, ddp, UPI, AP, Reuter und wie die alle heißen. Dann geht die Meldung bis nach Australien und Grönland...«

»Eine fabelhafte Idee!« sagte Juliane Hatzle dumpf. »Ich danke Ihnen. Dafür bekommen Sie hundert Mark extra.«

Mit Blinker und Hupe bahnte sich die Taxe den Weg und schoß der Binnenalster entgegen, als transportiere sie einen akuten Fall von Gehirnschlag.

Am nächsten Morgen kauften nicht nur Franz, der Taxifahrer, sondern Millionen Bürger in ganz Europa die Morgenzeitungen. Eine dicke Balkenüberschrift schrie ihnen entgegen.

Amerikanischer Millionär auf St. Pauli entführt!

In den USA, vor allem in Las Vegas, las man diesen Bericht erst einen Tag später. Er war deshalb nicht weniger aktuell. Jenny schrie auf, ja sie verfiel in einen hysterischen Schreikrampf und hörte erst wieder auf, als Vetter Harry ihr die Zeitung in den Mund stopfte. Sie zermalmte sie zwischen den Zähnen und legte sich dann aufs Bett, total erschöpft und leergebrüllt.

Nacheinander erschienen Sheriff Brass, Richter de Trajano und Pfarrer McDolland im Icesaloon und plazierten sich um das Bett, auf dem die stumpf vor sich hin stierende Jenny lag.

Brass sagte: »Das bekommen wir da drüben in den Griff! Verlaß dich drauf, Baby... Die Deutschen haben zwar keine Erfahrung in Kidnapping, aber ich habe schon mit dem Gouverneur gesprochen. Sobald sich die Gangster rühren, fliegt einer vom FBI nach Hamburg. Bob ist noch längst nicht verloren.«

Richter de Trajano sagte begütigend: »Jenny, Liebes, Kopf hoch! Wäre das bei uns passiert, dann hätte ich tiefe Falten auf der Stirn. Aber in Deutschland? Bob ist weder ein Politiker noch ein großer Boß! Kein Aas kennt ihn in Germany! Was wollen sie mit ihm? Amerika erpressen? Lächerlich. Das kann nur ein Irrtum sein. Paß auf, plötzlich steht er irgendwo herum und ruft: ›Jenny, hol mich ab!‹«

Pfarrer McDolland starrte zunächst begeistert auf Jennys hochgeschobenen Rock, ihre blanken Schenkel, den freien Rand ihres hellblauen Höschens und ganz allgemein auf ihren so verkrümmt auf das Bett geworfenen Körper, ehe er mit weihevoller Stimme sagte:

»Kommet zu mir, ihr Schmerzbeladenen, daß ich euch wie ein Quell erfrische! Seht, Gottes Blick erkennt jede Tat und Untat, und wir lieben die Guten und strafen die Bösen... Jenny, mein Mädchen, reiß dich zusammen! Wer Bob des Geldes wegen entführt hat, muß Stroh im Hirn haben! Wer gibt denn für ihn einen Dollar?!«

»Wir alle!« Jenny schnellte hoch, schob die Beine unter ihren süßen Po und kniete nun auf dem Bett. »Jawohl! Wir alle! Ich - und du, Allen, und du, Ernesto, und du, William! Das gibt eine schöne Summe!«

»Ich habe nichts!« sagte McDolland. »Meine Scherflein gehören der Kirche. Ich bin ein bescheidener Mensch...«

»Bis auf das Bankkonto bei der First National in Phoenix, die Farm bei Atwater in Kalifornien, die dein Neffe Patrick verwaltet, und deine Beteiligung bei der ›Sunshire‹ Fruit Corporation in Florida!« sagte Jenny giftig. »Du verdammter Heuchler!«

»Auch Geschäftssinn ist gottgefällig!« Und Pfarrer McDolland hob den Blick zur Decke. »Herr, du blickst auf Gerechte und Ungerechte.«

»Scheiße!« sagte Jenny mit umwerfendem Charme. »Ich bin nicht dein komischer Compagnon im Himmel, sondern ich trete dir hier auf Erden in den Hintern! Wenn wir Bob freikaufen müssen, dann schneidest du ein Stück von deinem dicken Kuchen ab, William, oder ich gebe drei Tage lang Interviews über die Kirche ›Der flammende Rosenkranz‹! Dann kannst du dich auf den Mond schießen lassen, McDolland; bist deinem Herrn ja dann noch näher...«

McDolland war etwas verlegen geworden, was ihm gut zu Gesicht stand, und wandte sich an Sheriff Brass.

»Allen, gib mir einen Rat als Fachmann: Ist das nicht Erpressung?!«

»Sie hat nicht gesagt: Du *mußt*!«

»Sie droht mit Interviews.«

»Interviews kann jeder geben. Wir sind ein freies Land mit einer freien Presse. Hier kann jeder sagen, was er denkt.«

»Wenn's nicht stimmt, kannst du klagen!« warf Richter de Trajano ein. »Wahrheit aber kann man nicht bestrafen...«

»Ihr seid vielleicht eine Bande!« Jenny angelte sich eine Zigarette vom Nachttisch, steckte sie an und zeigte dann mit der glühenden Spitze auf Sheriff Brass.

»Auch du blechst im Notfall, Allen!«

Sheriff Brass wurde fahl und streichelte seinen breiten Ledergürtel. »Ich bin ein unterbezahlter Beamter, Jenny! Das ist in ganz Las Vegas bekannt. Ich habe in diesem Saustall die meiste Arbeit und verdiene am wenigsten. Jeder Lümmel, der einen Shop besitzt, lacht mich deswegen aus.«

»Ich weiß, ich weiß -« sagte Jenny langsam. Dann hob sie die linke Hand und spreizte zählend einen Finger nach dem anderen ab. »Bobbys Coco-Inn... Larrys Reithalle... die Schrottverwertung von Millian und Partner.« Sheriff Brass wurde sichtbar unruhig, setzte sich schwer auf einen Hocker und kratzte sich den Kopf. Dabei starrte er Jenny mit flehentlichem Blick an, aber die kannte keine Gnade. »Harbourgs Französisches Restaurant... Die Pinte ›Nacht in Venedig‹ von Marcello Butaglia... Fünf Finger sind weg, Allen. Soll ich mit der anderen Hand weiterzählen?«

»Ernesto! Das ist doch nun vollendete Erpressung, nicht wahr?« sagte Sheriff Brass zu Richter de Trajano.

»Wieso?« Trajano lächelte breit. »Jenny hat doch nur fünf Namen aufgezählt. Sie kann doch Namen nennen! Was ist denn dabei? Sie hat doch nicht gesagt, was mit ihnen los ist.«

Sheriff Brass starrte düster vor sich hin. Dieses kleine, blonde, süße Busenbiest! Sie wußte genau, welche Lokale Allen Brass bei seinen Kontrollfahrten aussparte, obwohl sie keine Nachtkonzession besaßen und trotzdem gerade nachts ihre besten Geschäfte machten. Sheriff Brass war natürlich nur blind, wenn er über beide Augen ein Pflaster trug, und zwar Pflaster, die genauso aussahen wie Dollarnoten... ein eigenwilliges Design! Über solche Dinge sprach man in Las Vegas nicht, solange das System klappte und jeder zufrieden war.

Die Sicherung der öffentlichen Ordnung war höchstes Gebot - *wie* sie gesichert wurde, danach fragte keiner. Nicht die Methode interessierte, sondern das Ergebnis. Peinlich wurde es nur, wenn Außenstehende wie Jenny so genau über die Interna orientiert waren.

»Beweise!« sagte Sheriff Brass dumpf.

»Nichts einfacher als das!« Jenny bleckte die weißen Zähne. »Harbourg will mit mir ins Bett... Du weißt, für Bob tue ich alles!« Sie blies Brass einen Mund voll Qualm ins Gesicht und pochte mit der Faust auf die Matratze. »Wir werden noch ausrechnen, Allen-Baby, wie hoch dein Beitrag sein kann.« Ihr Blick fiel auf Richter de Trajano, der plötzlich unsicher wurde. »Ernesto, wie ist das bei uns?«

Es ist unmöglich, daß sie etwas weiß, durchzuckte es de Trajano. Es ist alles so abgeschottet, daß nichts nach außen dringt. Mein System ist bombenfest. Sie blufft... sie blufft hundsgemein, aber in meinem Fall schlecht und erfolglos. Bei mir beißt sie sich die blitzenden Zähnchen aus!

»Was ich zusammenkratzen kann, steht selbstverständlich für Bob zur Verfügung«, sagte er schnell. »Jede Prise Pfeffer würzt mehr.«

»Eine unkomplizierte Scheidung kostet...«

»Wen interessiert das?« sagte de Trajano schnell. Sie hat's, dachte er mit schwerem Herzen. Das Luder kennt meinen Trick. Sie hat uns alle in der Hand!

»Eine Scheidung vor dem Richter de Trajano ist nie unkompliziert. Komplikationen kosten Geld. Man kann das Verfahren kürzen, indem man die Hälfte der Mehrkosten mit Erlaubnis der Mandanten in bar kassiert und der Gerichtskasse nur die einfachen Gebühren überweist. Dann gibt es sogar Blitzscheidungen...«

»Okay!« sagte Richter de Trajano heiser. »An meiner Hilfe für Bob soll es nicht fehlen! Aber noch ist gar nicht sicher, ob Bob wegen Lösegeld gekidnappt wurde oder ob ganz andere Dinge eine Rolle spielen.«

»Was zum Beispiel?« fragte Jenny spitz.

»Eifersucht.«

»Blödsinn. Er war doch mit seiner neuen Geschäftspartnerin auf Tour.«

»In St. Pauli! Ich habe mich erkundigt, das ist dort wie in Hongkong oder Singapur! Wer weiß, wie sich Bob bei den Weibern benommen hat?«

»Der gute Junge ist so unerfahren!« McDolland wiegte sorgenvoll den Kopf. »Er ist ein Idealist und Ästhet – und gerät in eine Sex-Höhle!«

Sheriff Brass winkte ab. »Man kann jetzt nur abwarten. Entweder taucht Bob auf, dann wissen wir, was da gelaufen ist, oder man findet ihn, dann gibt's ein grandioses Begräbnis, oder aber die Kidnapper melden sich und wir erfahren die Summe. Bis eines von dem passiert, müssen wir uns still verhalten. Keine Panik, Jenny! Wir können ja gar nichts tun.«

»Doch!« Sie schob sich vom Bett und zog ihr Kleid gerade. »Wir können uns einig werden, daß wir ohne Zögern jede Forderung der Erpresser erfüllen!«

»*Jede?*« fragte de Trajano gedehnt. »Und wenn sie eine Million verlangen? Oder noch mehr?'

»So idiotisch werden sie nicht sein. Bob wird ihnen erzählt haben, daß er mit seinem Icesaloon auf Eis sitzt.«

»In der Zeitung steht: Amerikanischer Millionär entführt...«

»Darüber jubelt bereits ganz Las Vegas!« sagte Brass und lachte kurz. »Nur dem Finanzamt wird es in die falsche Kehle kommen... die glauben alles, was mit höheren Zahlen zusammenhängt. Bob wird sich in Kürze eine Steuerprüfung gefallen lassen müssen. Ich wette, schon jetzt sind die Jungs von der Steuer ganz high und legen für Bob eine neue Akte an!«

»Aber Bob wird den Gangstern die Wahrheit sagen.«

»Wenn sie's glauben?!« De Trajano kratzte sich am Haaransatz. »Aber angenommen, sie verlangen tatsächlich zwei oder drei Millionen Dollar! Was dann?«

»Dann muß der Staat Nevada helfen!«

»Der pustet uns einen Ballon auf, mehr nicht! Bob ist nicht Lindbergh!«

»Man kann doch einen Menschen nicht einfach opfern!« schrie Jenny. Ihr Puppengesicht bekam menschliche Züge vor Schrecken und heller Angst. »Man kann doch Bob nicht aufgeben...«

»Es wird eine schwierige Sache werden.« Richter de Trajano

legte den Arm um Jenny und zog sie tröstend an sich, was McDolland unpassend fand. Wenn jemand trösten kann, dann nicht die Justiz, sondern die Kirche! Er hätte zu gern Jenny an sich gezogen, väterlich den Arm um sie gelegt und sie beruhigend gestreichelt. »Das Verbrechen ist in Deutschland passiert, und die USA sollen zahlen!«

»Bob ist amerikanischer Staatsbürger!« rief Sheriff Brass.

»Ich prophezeie Komplikationen!« sagte de Trajano ahnungsvoll. »Wir werden mit Bob noch viel Trouble bekommen...«

Keiner der Anwesenden widersprach ihm.

Die Hamburger Unterwelt - so wenigstens drückte sich eine der größten Zeitungen Deutschlands aus - reagierte schnell. Bei der Redaktion traf ein aus ausgeschnittenen Zeitungsbuchstaben zusammengesetzter Brief ein, der genauso aussah, wie man sich einen perfekten Gangsterbrief vorstellt. Der Inhalt war deprimierend, sowohl für die Zeitung wie für die Zukunftsaussichten des entführten Bob Brook. Die schnell zusammengerufene Redaktionskonferenz beschloß, den Text des Briefes ungekürzt zu veröffentlichen, da man zur Wahrheit und zur umfassenden Berichterstattung verpflichtet sei, ohne Rücksicht auf die eigene Position in diesem Drama. Der Chefredakteur formulierte es so: »Es geht um einen Menschen, Leute! Auch wenn uns die Gangster in die Kniekehlen treten - mit dem vollen Text beweisen wir, daß uns dieser Bob Brook ans Herz gewachsen ist!«

Der Brief lautete:

Ihr Arschlöcher!

Wir haben keinen Millionär geschnappt, sondern einen kleinen miesen Eisverkäufer, dem man durch die Taschen blasen kann. Irrtum, Leute, aber wir holen das Beste aus ihm heraus, was möglich ist. Ihr Tintenpisser von der Presse aber müßt immer gleich die große Fresse haben und alles verdrehen. Hört zu, alle, die es angeht: Wir verlangen für Bob ganze 200 000

Mark! Ist das ein anständiger Preis! Mehr ist bei dem nicht drin, aber diese 200 000 können lockergemacht werden. Okay, wir haben den Falschen erwischt, aber auch den bekommt ihr nur wieder, wenn die Mäuse hüpfen!

Gebt uns Nachricht, indem ihr eine Anzeige ins Blatt setzt: Unser Eis verdirbt nicht. - Dann erhaltet ihr neue Weisungen. Bis dahin kann Bob bei uns Pommes frites und Currywurst essen. Der ist als Ami ja ganz wild drauf! - Ende.

Diese Mitteilung löste eine ungeheure Betriebsamkeit aus. Hatte sich das Polizeipräsidium vorher aufgeregt, daß Juliane Hatzle die gesamte Presse wild gemacht hatte, obwohl noch gar nicht feststand, ob dieser Bob wirklich entführt worden oder nur vor Juliane geflüchtet war, so griff jetzt die Staatsanwaltschaft ein und eine Sonderkommission der Kriminalpolizei wurde gebildet. Ein kleiner Krisenstab im Hamburger Senat beschäftigte sich zunächst mit folgenden Fragen: Die Erpresser verlangen 200 000 Mark. Von wem? Zur Zahlung aufgefordert sind natürlich erst einmal die Anverwandten. Hat Bob Brook Verwandte? Können diese zahlen? Wenn nicht, wer zahlt dann? Der Hamburger Senat aus Steuergeldern? Für einen Ami?! Oder der US-Bundesstaat, aus dem dieser Bob Brook stammt? Also Arizona? Alles sehr verwickelt - da muß man erst die Experten hören. Am besten, man verläßt sich auf eine Expertenkommission. Schließlich geht es eventuell um 200 000 Mark aus Steuergeldern.

Das »Sonderdezernat Bob Brook« der Kripo wurde tätig. Es kämmte noch einmal den Tatort auf St. Pauli durch, verhörte den Geschäftsführer Jonny und die »Artisten« der Sex-Show, aber jetzt waren alle Spuren, falls es überhaupt welche gegeben hatte, längst verwischt, zuletzt von der fleißigen Putzfrau, die einen abgerissenen Anzugknopf im Flur fand, den sie in den Müll geworfen hatte. Aber auch er hätte nichts genützt. Die entscheidende Frage lautete:

»Wer zahlt 200 000 Mark für Bob Brook?«

Die Forderung der Entführer schlug, wie nicht anders zu erwarten war, gewaltige Wellen. Die in dem Brief enthaltenen Angriffe auf die Presse lösten Jubel bei den Linken aus, denn jeder wußte, welche Zeitung damit gemeint war und wer als erster die Schlagzeile fabriziert hatte: »Amerikanischer Millionär entführt!« Daß es nur ein kleiner Eisverkäufer war, der aus irgendeinem Grunde gerade in Hamburg weilte, erzeugte solidarisches Mitgefühl. Aber weder die Parteien noch die Gewerkschaften und schon gar nicht der Staat hielten sich für kompetent, 200 000 Mark Lösegeld auf den Tisch zu legen. Man einigte sich auf einen Protest gegen die Polizei, warf ihr Untätigkeit vor und mangelndes Kooperationsverständnis - ohne dabei zu sagen, mit wem sie kooperieren sollte, und schlug vor, mit den Kidnappern in Verhandlungen einzutreten, schon deshalb, weil ein armer Eisverkäufer keine 200 000 Mark wert sein könne...

Juliane Hatzle war die einzige, die sofort handelte. Als sie die Nachricht in der Zeitung gelesen hatte, stieß sie zunächst einen lauten Schrei aus, trank einen Kognak und war dann immerhin etwas beruhigt, weil Bob überhaupt am Leben war. Mit der Zeitung auf dem Schoß entwickelte sie darauf eine ungeheure Aktivität, die ihr Telefon auf Stunden blockierte.

Zunächst rief sie die Oberpostdirektion an, genauer eben jenen Personalsachbearbeiter, der sich so sehr dafür eingesetzt hatte, daß Juliane Hatzle den ihr zustehenden Pensionsanspruch verrenten ließ. Als der gute Mensch sie jetzt hörte, war es ihm, als blase ein Walroß ins Telefon.

»Frau Hatzle!« rief der Beamte. »Sie haben es sich überlegt? Sie verzichten nicht auf Ihre Pension? Ich wußte es! Man kann doch nicht einfach auf Geld verzichten, das der Staat einem schenkt...«

»Für das man unterbezahlt gearbeitet hat!« berichtigte ihn Juliane Hatzle grob. »Aber Sie haben recht - man soll auf nichts verzichten.«

»Gott sei Dank!«

»Ich möchte mich auszahlen lassen.«

»Das wäre auch eine Möglichkeit.«

»Wieviel käme dabei heraus?«

»Wir haben das ausgerechnet. Einen Augenblick.« Juliane hörte Rascheln, Aktendeckel... Dann sagte die Stimme: »Da kommt ein schöner Batzen zusammen, bei Ihren Dienstjahren.«

Und er nannte eine Zahl.

Juliane Hatzle schwieg. Erschütterung breitete sich in ihr aus.

»Das ist alles?« fragte sie endlich. »Für ein halbes Leben bei der Post?«

»Aber ich bitte Sie, Frau Hatzle! Für die mittlere Laufbahn ist das...«

»Ich brauche 200 000 Mark!«

»Sind Sie der Bundespräsident? Haha! Sie haben Humor!«

»Kann mir die Post ein Darlehen geben? Für ein halbes Jahr. Nur für ein halbes Jahr.«

»200 000 Mark?«

»Ja.«

»So was habe ich noch nie gehört!« Der Personalleiter schien nun wirklich aus der Fassung geraten zu sein. Er hüstelte und putzte sich vernehmbar die Nase. »Sie kommen da mit Sachen, Frau Hatzle...«

»Ich zahle zehn Prozent!«

»Die Post ist kein levantinischer Geldverleiher!«

»Ich biete Sicherheiten! Sobald ich mein Erbe in Amerika bekommen habe, zahle ich alles sofort zurück.«

»Die Post ist keine Bank! Außerdem... bekommen Sie das Erbe sicher?«

»Wenn ich einen Amerikaner heirate... ganz sicher!«

»Und Sie heiraten einen Amerikaner?«

»Ja! Aber ich bekomme ihn nur wieder, wenn ich 200 000 Mark auf den Tisch lege!«

»Sie bekommen ihn...« Der gute Beamte stockte. Erschüttert starrte er vor sich hin, auf einen unbestimmten Punkt zwischen dem Foto seiner Frau auf dem Schreibtisch und dem Foto des Bundespräsidenten an der Wand. Sie ist verrückt geworden, dachte er. Die Post-Inspektorin Juliane Hatzle hat einen Knall! Fängt früh damit an, schon mit einundfünfzig! Total verkalkt! Man hätte es sich denken können; welcher Beamte verzichtet schon auf seine Pension?!

»Lesen Sie keine Zeitung?« rief Juliane Hatzle.

»Hier wird gearbeitet!« sagte der Personalleiter kühl.

»Der entführte Amerikaner -«

»Der Millionär, der keiner ist?«

»Das ist er!«

»Ihr - Bräutigam? Frau Hatzle...«

»Ich schwöre es! Bob Brook heißt er. Wir wollten nächste Woche in der amerikanischen Botschaft heiraten.«

»Das haut ja einen Neger um!« Diese Mitteilung traf den braven Beamten tief. »Das übersteigt bei weitem meine Kompetenzen. Das muß ich dem Präsidenten melden. Nur er kann entscheiden, ob die Post... Das muß sogar zum Ministerium nach Bonn gehen! Das kann nur der Minister persönlich entscheiden!«

»Wenn das so ist«, sagte Juliane laut, »dann bleibt alles beim alten. Ich verzichte auf das läppische Geld. Ich werde versuchen, die Lösegeldsumme woanders zu bekommen! Unterstreichen Sie die Aktennotiz: Ich schenke der Post meine Pension!«

»Aber das geht doch nicht!« rief der Personalleiter. »Frau Hatzle, ich bitte Sie...«

»Nein!« Sie legte auf, blickte auf einen Zettel mit Telefonnummern und wählte. Die Bank, bei der sie ihr Gehaltskonto hatte und ein Sparbuch über genau 63 429,17 DM, meldete sich. Sie wurde sofort mit dem Direktor verbunden.

Dieser war selbstverständlich schon über alles informiert. Die Direktion kannte den Fall der Juliane Hatzle, die in den USA ein Millionenvermögen erben würde, und in Kürze heiraten wollte, genau. Wenn Juliane auch keine Großkundin war, so sind doch auch die kleinen und mittleren Geldbeweger für eine Bank von Nutzen, und zumal wenn man die Verwaltungsgebühren addiert. Der Direktor war deshalb so höflich, wie alle Bankdirektoren, solange das Konto nicht über eine gewisse stille Kreditlinie überzogen ist.

»Ich brauche 200 000 Mark!« sagte Juliane Hatzle direkt. Große Umschweife kosteten nur wertvolle Zeit. »Rund 70 000 habe ich auf dem Konto; es wären dann nur noch 130 000! Sie kennen mich, Sie wissen, daß ich in Amerika erbe. Ich brauche das Geld noch heute!«

Bankdirektoren sind Überraschungen gewöhnt. Wer täglich mit Geld zu tun hat, den wundert gar nichts mehr. Da kommen Wünsche auf einen zu, die geradezu abenteuerlich sind. Julianes Forderung zog daher nicht einmal eine Schrecksekunde nach sich. Der Bankdirektor antwortete freundlich: »Gnädige Frau, darüber sollten wir nicht per Telefon entscheiden. Bitte kommen Sie doch in die Bank, damit wir uns über die Sicherheiten unterhalten können . . .«

»Die Erbschaft! Sie kennen doch das Testament. Sie haben eine Kopie des Schreibens, das mir der amerikanische Rechtsanwalt geschrieben hat. Das muß doch genügen.«

»Das Erbe ist im Augenblick noch fiktiv.«

»Was ist es?« Juliane Hatzle starrte ratlos auf die Zeitung. Die Forderung der Entführer stand fett auf der ersten Seite.

»Nicht real! Verstehen Sie mich richtig, gnädige Frau: Sie haben geerbt. Unter gewissen Bedingungen.«

»Die ich erfülle. Nächste Woche!«

»Die amerikanischen Erbschaftsgerichte sind eine Sache für sich, gnädige Frau. Es kann sein, daß Sie prozessieren müssen, zum Beispiel, wenn andere Berechtigte auftauchen. Eine geschiedene Frau . . .«

»Mein Onkel war ledig!«

»Eine - äh - Bekannte, die Rechte anmeldet. Ein der Ehe entsprechendes Verhältnis gilt in den USA . . .«

»Ich brauche das Geld!« sagte Juliane weinerlich. »Werfen Sie

doch einen Blick in die Zeitungen. Da steht es! Der entführte Amerikaner - das ist mein zukünftiger Mann! An ihm hängt alles. Ich meine, nur mit ihm kann ich an das Erbe heran.«
Einen Augenblick war es still auf der anderen Seite. Die Erkenntnis schicksalhafter Verknüpfungen beeindruckt sogar Bankdirektoren.
»Kommen Sie bitte zu mir!« sagte er mit ruhiger Stimme. »Und keine Aufregung, gnädige Frau. Unternehmen Sie nichts Unbedachtes. Wir werden Ihnen selbstverständlich helfen. Ich setze mich sofort mit der Kriminalpolizei in Verbindung und bespreche, wie wir das mit dem Lösegeld handhaben. Ohne Risiko für Sie und Ihren Herrn Bräutigam. Und ohne Risiko für das Geld. Sie wollen das Geld doch wiederhaben.«
»Ich will Bob wiederhaben!« sagte Juliane Hatzle und weinte plötzlich wider Willen. »Alles andere ist mir egal! Ich komme sofort . . .«

In der Bank warteten schon drei Beamte der Sonderkommission und begrüßten Juliane Hatzle wie eine Witwe. Der Bankdirektor drückte ihr mit ernster Miene die Hand und hielt sie tröstend fest.
»Kopf hoch, gnädige Frau!« sagte er dabei. »Es besteht überhaupt kein Anlaß zur Sorge! Wir haben große Hoffnung, den Fall schnell zu bereinigen.«
»Analysen haben ergeben, daß es sich nicht um Profis handelt!« sagte einer der Beamten. »Der Ton des Schreibens ist mehr als ungewöhnlich. Es muß sich um Jugendliche handeln, die sich sehr stark vorkommen, in Wahrheit aber nicht wissen, wie es jetzt weitergehen soll. Unser Polizeipsychologe schließt daraus, daß . . .«
»Ich will Bob Brook wiederhaben!« sagte Juliane Hatzle laut und setzte sich. »Ob Profis oder nicht, ob Psychologe und Analyse, das ist mir egal. Wenn Bob durch 200 000 Mark freikommt, zahle ich das Geld!«

»So einfach ist das nicht!« warf ein Kripobeamter ein.

»Es *ist* einfach! Geld gegen Mensch. Einfacher geht es nicht!«

»Sie vergessen die Straftat, die wir ahnden müssen! Sie können die Täter nicht reich machen und unerkannt laufenlassen. Wir müssen . . .«

»Ich will Bob befreien!« sagte Juliane Hatzle gepreßt. »Bekomme ich die 200 000 Mark, und kann ich den Kennsatz in die Zeitung setzen?!«

»Ja!« Der Bankdirektor zwinkerte den Kripobeamten zu. Nur keine Komplikationen, meine Herren! Keine Szenen. Was bei der Übergabe des Geldes zu tun ist, und wie wir uns absichern, das ist doch für Frau Hatzle ohne Interesse. Was hat sie davon, wenn sie weiß, daß ein riesiger Polizeiapparat um sie herum auf der Lauer liegt? Sie bekommt ihr Geld - alles andere entzieht sich ihrer Mitwirkung. »Sie können den Gangstern mitteilen, daß das Geld bereitliegt. In gebrauchten Scheinen - das werden sie sicherlich als nächstes fordern. Sie können das schon vorwegnehmen.« Der Bankdirektor legte begütigend seine Hand auf Julianes Schulter. »Wir werden alles unkonventionell und unbürokratisch abwickeln. Die Zusage unserer Zentrale liegt bereits vor.«

»Ich danke Ihnen.« Juliane Hatzle tupfte mit einem Taschentuch über ihre Augen. Es sah sehr jungmädchenhaft aus; die anwesenden Herren blickten in andere Richtungen. »Hoffen wir, daß nicht alles umsonst ist.«

Zur gleichen Stunde hatte man sich in der amerikanischen Botschaft ein Bild von der Lage gemacht. Der erste Bericht des Hamburger Polizeipräsidenten lag auf dem Tisch, daneben die große Tageszeitung, die den Erpresserbrief veröffentlicht hatte. Der Botschafter selbst hatte zu einer Konferenz eingeladen. Neben einem General, drei Abteilungsleitern und dem Sicherheitsoffizier war auch ein Mann vom CIA zugegen. Obgleich es sich nicht um einen Fall von militärischer Spionage handelte, konnte ein Rat vom CIA wertvoll sein. Dort hatte man Erfahrung mit politischem Kidnapping, und vor allem wußte man auch, wie sich zur anderen Seite Kontakte schaffen lassen.

»Er heißt Bob Brook«, sagte der Botschafter und überflog noch einmal den Bericht aus Hamburg. »Geboren in Atlanta, jetzt wohnhaft in Las Vegas. Icesaloon-Besitzer! Vermögen Null! Und so etwas klauen die hier in Deutschland! Manchmal verstehe ich die Deutschen wirklich nicht.«

»Ich kenne ihn!« Konsul und Notar Nesswick winkte ab, als sich alle Blicke zu ihm wandten. »Ein harmloser, aber verrückter Junge. Hat bei mir geheiratet, ein süßes Girl, und was tut er? Er läßt sich wieder scheiden. Kommt nach Deutschland zurück und angelt sich eine neue Braut, die sechzehn Jahre älter ist als er. Sie wollten nächste Woche wieder bei mir heiraten. Daraus wird ja nun nichts . . .«

»Es sei denn, wir kaufen ihn frei, Clifford!« Der Botschafter lehnte sich zurück und betrachtete die amerikanische Fahne, die in der Ecke des Zimmers stand. »Auch wenn der Junge unbedeutend ist - er ist US-Bürger und vor allem ein Mensch. Ein Mensch in Not, in Todesgefahr, ein Mensch, der wie eine Ware für 200 000 Mark gehandelt wird. Ich warte auf ein Fernschreiben aus Washington mit Instruktionen.«

»Sie werden einen Experten schicken!« sagte der General trokken. »Einen dieser FBI-Genies, der die deutsche Polizei beraten soll. Außerdem werden sie prüfen, ob dieser Bob nicht aus eigenen Mitteln loszukaufen ist. Ein Icesaloon in Las Vegas - da müßten doch 100 000 Dollar drinstecken!«

»Bis dahin kann er gekillt sein!« Clifford Nesswick schüttelte den Kopf. »Gentlemen, die Kidnapper befinden sich in einer Ausnahmesituation. Sie haben ein Windei geklaut und müssen es wieder loswerden. Für läppische 200 000 Mark. Gelingt das nicht, stoßen sie Bob ab wie eine faule Kartoffel.«

»Bei uns!« sagte der CIA-Mann ernst. »Bei uns, Clifford. Das sind Mafia-Methoden! Aber die deutschen Gangster sind noch verhältnismäßig human. Sie hängen am Geld, und wenn es nur für einen Hot dog reicht! Wäre das ein politischer Fall – dann Alarmstufe eins! Politische Gangster sind Überzeugungstäter, wie überhaupt Politiker ...«

»Danke!« Der Botschafter winkte mit saurer Miene ab. »Ich kenne Ihre Arie! Was machen wir also?«

»Ich schlage vor, wir treten mit den Kidnappern in Verhandlungen ein und gehen zunächst auf ihre Forderung ein. Die deutsche Polizei wird den Vorgang überwachen.« Nesswick stockte. Es klopfte. Ein Sekretär brachte einen Zettel. Der Botschafter überflog ihn und legte ihn auf den Bericht der Hamburger Polizei.

»Die Antwort aus Washington!« sagte er. »Wie erwartet – sie schicken einen Burschen vom FBI. Den hätten sie sich wirklich sparen können!«

Am nächsten Morgen stand in der großen Zeitung an unscheinbarer Stelle der dämliche Satz: »Unser Eis verdirbt nicht.« Und darunter eine Telefonnummer. Es war der Anschluß von Juliane Hatzle.

Techniker der Post und der Kripo hatten ihr Telefon umgebaut. Da beim automatischen Selbstwähldienst Fangschaltungen sehr schwierig sind, lief nun ein Tonband mit Verstärker mit. Außerdem warteten zwei Kriminalbeamte in Julianes Wohnung, konferierte die Sonderkommission und stand ein Einsatzkommando fahrbereit im Hof des Präsidiums. In der Bank hatte man die Seriennummern der Geldscheine notiert – eine irrwitzige Arbeit bei 200 000 Mark in 50- und 100-Mark-Scheinen. Dann rasselten die Fernschreiber und gaben die Nummern an die Zentralen aller Banken und Sparkassen weiter.

Ein zunächst noch grobmaschiges Netz zog sich über den Entführern zusammen. Erst gegen Mittag klingelte das Telefon bei Juliane Hatzle. Eine tiefe Stimme fragte: »Wer ist da?!«

Juliane zitterte am ganzen Körper. Der Kripobeamte neben ihr machte wilde Handzeichen, die bedeuten sollten: Antworten Sie! Ganz ruhig! Denken Sie daran, was wir besprochen haben!

»Hier Hatzle . . .«, sagte sie mit mühsam fester Stimme. »Juliane.«

»Sind Sie die Braut?«

»Ja!« Juliane umklammerte die Tischkante. Sie hatte das Gefühl, vom Stuhl zu rutschen. »Sie wissen das?«

»Bob hat es uns erzählt. Er hat gesagt: Wenn einer für mich bezahlt, dann ist es Juliane. Aber da hatten wir den Brief schon abgeschickt. Wir hätten uns sonst unter Ausschluß der Öffentlichkeit direkt an Sie gewandt. Wie ist das nun? Haben Sie das Geld?«

»Ja . . .«

»Komplett?«

»Alle 200 000 Mark!

»Woher denn?« Das klang mißtrauisch. »Als Post-Inspektorin . . .«

»Meine Bank hat es mir geliehen.«

»Geliehen ist gut! Glauben die, wir zahlen das zurück?!« Die dunkle Stimme gluckste vor Freude. »Wir rufen wieder an! Dann erfahren Sie Einzelheiten. Ende.«

»Halt!« schrie Juliane. »Noch ein Wort! Bitte . . .«

»Was denn noch?«

»Wie geht es Bob?«

»Gut. Wollen Sie ihn sprechen?«

Das war mehr, als Juliane erwartet hatte. Sie schwankte im Sitzen, der Kripomann mußte sie festhalten und raunte ihr ins Ohr.

»Haltung! Haltung! Verdammt, das ist wichtig! Sprechen Sie!«

»Sagen Sie dem Idioten von der Kripo, er soll die Schnauze halten!« sagte die tiefe Stimme. »Hier ist Bobbylein . . .«

Der Kriminalbeamte knirschte mit den Zähnen und gab Julianes Ohr frei. Sie atmete tief durch und rief dann heiser:

»Bob? Bob? O Bob - du bist wirklich da?!«

»Hier bin ich!« Bobs Stimme war unverkennbar. Sein breites Amerikanisch war von einem Deutschen nicht nachzuahmen. »Juliane, ich wußte, daß du mich nicht im Stich läßt.«

»Bob! Wie geht es dir?!«

»Gut! Heute mittag gab es Erbsensuppe mit Speck! Phantastisch! Billy sagte, nach deutscher Soldatenart! Aber gekocht hat es Sissi. Sieht gar nicht so aus, als ob sie kochen könnte. Gestern abend haben sie mir Hamburgers serviert. Stell dir das vor! Richtige Hamburgers! Und dazu zwei Bier! Ich kann nicht klagen.«

»Bob!« rief Juliane und lehnte sich gegen die Brust des Kriminalbeamten. »Bob! Hab keine Angst. Ich kaufe dich frei! Das Geld ist schon da!«

»Schluß!« Die tiefe Stimme unterbrach den Dialog. »Um 20 Uhr sagen wir, wo, wie und wann! Alles klar? Tschau!«

Das Gespräch brach ab. Juliane hielt den Hörer aber immer noch fest, als sei es Bobs Hand. Der Kripomann griff zu einem zweiten, neu installierten Apparat.

»Habt ihr alles mitgeschnitten?«

»Glasklar!« Der Leiter der Sonderkommission schien sehr zufrieden zu sein. »Gar kein dummer Mensch, dieser Brook. Im Gegensatz zu seinen Entführern, das müssen Dösköppe sein! Er hat uns allerhand erzählt, was uns weiterbringt? Wir wissen jetzt: Mindestens zwei bewachen ihn. Ein Mann und eine Frau. Er lebt in einem Versteck, wo man Erbsensuppe nach Kommißart kochen kann! Die Bouletten haben sie sicherlich gekauft . . . das bringt nichts. In Hamburg gibt es Hunderte von Frittenbuden! Das wird ein spannendes Gespräch um 20 Uhr! Eines ist jedenfalls für mich klar: Das sind keine Profis, das sind Dilettanten. Das hatten wir ja gleich geahnt . . .«

Pünktlich um 20 Uhr klingelte bei Juliane Hatzle wieder das Telefon. Sie saß bereit, mehrere Tonbänder liefen, im Zimmer befanden sich sieben Herren, die alle mithörten.

Im Laufe des Tages hatte sich die Situation verändert. Die amerikanische Botschaft hatte eingegriffen, die Ankunft eines FBI-Mannes angekündigt und sich bereit erklärt, die rund 100000 Dollar zur Verfügung zu stellen. Ein Sekretär der Botschaft war mit dem Flugzeug nach Hamburg unterwegs und brachte das Geld mit. Es mußte jetzt also entschieden werden, welches Geld man nahm - das deutsche oder das amerikanische.

»*Ich* kaufe Bob frei!« hatte Juliane gesagt. »Ich brauche kein Geld von Amerika! Bob gehört mir!«

Das war es, was die ganze Aktion für Bob Brook so gefährlich machte, sie war für Juliane eine wahre Herzensangelegenheit. Bob würde Juliane sein Leben verdanken, nur ihr . . . Von einem selbstlosen Lebensretter läßt man sich nicht scheiden. Ihm ist man dankbar bis an sein Lebensende, ihn liebt man im Bewußtsein der Wiedergeburt. Was sind da Verträge und Absprachen, Scheinheirat und garantierte Enthaltsamkeit?! Bob war ein anständiger Mensch, ein Ehrenmann durch und durch; er würde gar nicht anders können, als die Ehe mit Juliane Hatzle anzuerkennen - für immer.

Wenn das keine 200000 Mark wert war!

Die tiefe Stimme war wieder am Apparat.

»Bob hat gerade gegessen«, sagte sie. »Ein netter Junge! Hält viel von Essen und Trinken, darum erwähne ich es. Er ißt mit Genuß. Heute abend Nudeln mit Gulasch.«

»Das ist schön . . .«, stotterte Juliane ergriffen. »Das ist wunderschön. Wann kann ich ihn wiederhaben?«

»In zwei Tagen.«

»Erst?!«

»Das Geld muß her.«

»Ich habe es ja vor mir liegen! In kleinen Scheinen - richtig?«

»Das haben die Arschlöcher von der Kripo gesagt, was?« Die dunkle Stimme lachte. »Natürlich haben sie alle Nummern notiert. Macht nichts . . . die Welt ist groß. In Bangkok oder Manila kennt sie doch keiner!«

Der Chef der Sonderkommission, der schräg gegenüber von Juliane Hatzle in einem Sessel saß, verzog sein Gesicht. Es tut weh, sich beleidigen zu lassen, ohne zurückschlagen zu dürfen.

»Sie fahren heute nacht noch mit dem Intercity nach Hannover. Zwischen Soltau und Hodenhagen - wie gefällt Ihnen der Name?«

»Sie Ferkel!« sagte Juliane gepreßt.

»Also auf dieser Strecke stehen Sie am Fenster, in Fahrtrichtung auf der rechten Seite, und warten darauf, daß Ihnen ein Lichtsignal gegeben wird. Mit einem Handscheinwerfer. Dann werfen Sie die Tasche mit dem Geld sofort aus dem Fenster. Versuchen Sie keine Tricks! So gern wir Bob haben, wenn's um Geld geht, verstehen wir keinen Spaß. Haben Sie alles verstanden?«

Juliane blickte zu den Kriminalbeamten. Der Chef der Einsatztruppe nickte ihr zu.

»Ja!« sagte sie laut.

»Noch eins. Für die Idioten von der Kripo, die mithören: Es hat keinen Sinn, uns aufzulauern. Der Junge, der das Geld holt, hat nichts mit uns zu tun. Ist nur 'n Kurier! Und wenn wir das Geld nicht bekommen, schicken wir euch den lieben Bob scheibchenweise, als Gulasch sozusagen. Das ist kein Witz!«

Im Telefon knackte es. Juliane begann wieder zu zittern. Der Chef des Einsatzkommandos blickte sie mißbilligend an. Man hatte einer im Schalterdienst kampferprobten Post-Inspektorin mehr Nervenkraft zugetraut.

»Telefonzelle!« sagte der Hauptkommissar. »Das typische Knacken des Automaten. Aber nun sehen wir klar: Jetzt können wir losschlagen. Von Soltau bis Hodenhagen. Das ist eine einsame Gegend. Jenseits der Autobahn liegt das militärische Sperrgebiet von Fallingbostel. Das ist große Scheiße wegen der vielen Versteckmöglichkeiten, aber andererseits auch ganz gut. Wir können dort drei Hubschrauber unter Dampf halten und sie sofort aufsteigen lassen. Die kämmen mit starken Scheinwerfern alles ab. Alle Straßen dieses Gebietes werden kontrolliert. Vor allem das Autobahndreieck Walsrode werden wir im Auge behalten! Das wird zwar einen riesigen Stau geben, aber diese Burschen kriegen wir! Die laufen in eine offene Falle!«

»Und Bob?« Juliane saß kerzengerade auf ihrem Stuhl. »An Bob denkt niemand? Er ist in höchster Gefahr.«

»In eine zu heiße Suppe bläst man hinein, ehe man sie ißt!« sagte der Hauptkommissar lehrerhaft. »Wir sind gerade dabei, sie abzukühlen. Überlassen Sie nur alles uns, liebe Frau Hatzle.«

Juliane nickte, aber sie behielt ein gesundes Mißtrauen.

Die Übergabe des Geldes bereitete keine Schwierigkeiten. Als Juliane den Intercity nach Hannover bestieg, war bereits der Großeinsatz der Polizei angelaufen. Einige Hundertschaften standen bereit, um gegebenenfalls ganze Gebiete abzusperren und durchzukämmen, im Sperrgebiet südöstlich von Fallingbostel warteten drei Hubschrauber, eine Hundestaffel versteckte sich bei Allerhop, weil Experten behaupteten, eine der besten Stellen für eine solche Wurfaktion sei die Brücke, auf der die Eisenbahn das Flüßchen Böhme überquert. An dieser Brücke wurde gearbeitet, der Zug mußte daher die Geschwindigkeit verringern, die Gegend war einsam genug ... ein idealer Platz.

Mittlerweile war auch der Sekretär der amerikanischen Botschaft mit einem Handkoffer voller Geld eingetroffen. Der Spezialist vom FBI begleitete ihn. Man hatte ihn sofort nach seiner Landung in Köln nach Hamburg weitergeschickt.

Wie nicht anders zu erwarten, vertrat der FBI-Mann völlig konträre Ansichten. Wozu der Riesenaufwand, wenn man das alles mit drei Mann erledigen konnte?! Sobald die Lichtzeichen aufflammten, sollte man den Lokführer per Funk anweisen, die Geschwindigkeit zu drosseln. Dann würden drei Mann, die im nächsten Wagen bereitstanden, aus dem Zug springen und die Jagd aufnehmen.

Der Vorschlag wurde angehört und stillschweigend ad acta
gelegt. Man war doch nicht Kojak oder Colombo! Typisch
amerikanisch: vom Zug abspringen und dann los! Als ob jeder deutsche Kriminalbeamte ein Stuntman wäre! Der Kollege vom FBI würde heute deutsche Präzision kennenlernen.
Die deutsche Polizei dreht schließlich keine Abenteuerfilme.
Um 22 Uhr passierte der Zug die Stadt Soltau. Juliane Hatzle
stand auf der rechten Seite des Waggons am Fenster und
starrte in die Nacht. In drei Abteilen saßen Kriminalbeamte
mit Funkgeräten, zwei Hunden und starken Handscheinwer-
fern. Der Kontakt zu den Hubschraubern und zu den warten-
den Hundertschaften war störungsfrei. Mißmutig hockte der
FBI-Mann herum, rauchte, besuchte zweimal Juliane und
sagte zu ihr:
»Well. Die wollen es nicht anders! Von dem Geld sehen die
nichts wieder. Die behindern sich nur selbst.«
Die Brücke von Allerhop.
Nichts. Der Zug ratterte über den Fluß. Die Experten hatten
sich getäuscht.
Dorfmark. Kein Lichtzeichen.
Der Streckenabschnitt Fallingbostel–Walsrode.
Nichts rührte sich draußen in der Nacht.
Die Hannoverschen Berge. Die Ahrens-Heide.
Juliane zuckte hoch. Hinter Beetenbrück, dort, wo kein Haus
mehr steht, in Heide, Wald und Einsamkeit, da flammte drei-
mal kurz ein Scheinwerfer auf.
»Los!« schrie der Kripobeamte, der hinter Juliane stand. Er riß
das Fenster herunter und warf die Tasche mit dem Geld hin-
aus. Gleichzeitig wurden vom Nebenabteil die Hubschrauber
und die Einsatztruppen alarmiert: Landstraßen nach Hoden-
hagen und Autobahn-Dreieck Walsrode: Gruppe eins,
Gruppe zwei: Sperre Hannoversche Berge.
»Jetzt haben wir ihn!« rief der Einsatzleiter. Er kam zu Juliane
Hatzle, die bleich im Gang stand, am noch immer offenen
Fenster. Der Fahrtwind zerzauste ihre Haare. Der Kommissar

schloß das Fenster und klopfte ihr auf die Schulter. »Das haben Sie gut gemacht. Da gibt es kein Entkommen mehr. Wer jetzt mit dem Auto in dem Gebiet unterwegs ist, läuft in die Kontrolle.«

»Und wenn er ein Fahrrad hat?« fragte der FBI-Mann.

»Auch dann! Wir halten jeden Fußgänger an! Wer nachts in der Ahrens-Heide herumläuft, ist uns eine Erklärung schuldig.«

»Er könnte irgendwo im Wald bleiben und übernachten.«

»Ausgeschlossen. Unsere Hundestaffel ist bereits unterwegs!« Der Kommissar blickte den Kollegen aus Washington fast mitleidig an. »Das läuft jetzt wie ein Uhrwerk.«

Irgendwie aber schien in das Uhrwerk Sand geraten zu sein. Das zeichnete sich schon ab, als der Intercity ausnahmsweise in Hodenhagen hielt und die Kriminaltruppe aussteigen ließ. Über Funk teilten die Hubschrauber mit, daß das Gelände auch mit Scheinwerfern nicht auszuleuchten sei, man fliege zwar niedrig, aber ein Mann könne sich sehr gut in dem Kusselgelände verstecken, indem er sich einfach platt auf die Erde legt, zum Beispiel hinter einen Busch.

Die Hundestaffel raste in drei Einsatzwagen, mit heulenden Sirenen, von Allerhop heran, aber sie würde erst in einer halben Stunde am Ort sein. Man habe sie völlig falsch plaziert.

Die Experten!

Dafür klappte die Straßensperrung reibungslos. Das war eine Spezialität der deutschen Polizei, vieltausendfach geübt im Terroreinsatz: Autos anhalten, das konnte man. Die erste Erfolgsmeldung traf schon nach zehn Minuten ein: An der Autobahnabfahrt Walsrode-Süd kassierte man einen Türken auf dem Weg nach Bremen. Man fand bei ihm fünfzig Gramm reines Heroin. Das hatte zwar nichts mit Bob Brook zu tun, doch der Einsatzleiter rieb sich die Hände. Solche Nebenprodukte sind Balsam für eine wunde Kriminalistenseele. Für zehn Stunden wurde der kleine Heideort Hodenhagen zum Mittelpunkt einer großen Polizeiaktion. In der Wirtschaft »Zur Schnucke« hatte die Kripo ihr Hauptquartier aufgeschlagen. Hier liefen alle Fäden zusammen, und hier schlief in einem schön bemalten Bauernbett in Zimmer 2 Juliane Hatzle, nachdem ihr der Polizeiarzt eine Beruhigungsspritze gegeben hatte. Der FBI-Mann langweilte sich, trank die einzige Whisky-Flasche der Wirtschaft leer und wartete, bis der deutsche Einsatzleiter endlich zu ihm kam und beichtete: »Alles ist Scheiße! Der Kerl ist durch die Lappen . . .«

Was ein solches Eingeständnis für einen deutschen Beamten bedeutet, kann nur der ermessen, der weiß, daß sich ein Beamter nie irrt. Nach zehn Stunden stand endgültig fest, daß die große Polizeiaktion abgeblasen werden mußte, wollte man nicht noch mehr Steuergelder vergeuden.

»Fassen wir zusammen«, sagte der Hauptkommissar bei der abschließenden Lagebesprechung. »Der Geldbote ist entwischt. Die Luftüberwachung hat nichts ergeben, die Hundestaffel blieb ergebnislos, es ist möglich, daß der Täter durch einen Bach gewatet ist und deshalb keine riechbare Spur hinterlassen hat. Die Straßenkontrollen ergaben: Ein Türke mit Heroin, neun Fahrer ohne Führerschein, sechs über 1,5 Promille Alkohol, drei mit fehlerhafter Beleuchtung und einer mit abgefahrenen Reifen! Ein Wagen mit neunundzwanzig Tonbandgeräten - wahrscheinlich Diebesgut. Der Fahrer leugnet.«

»Und die 200 000 Mark?« fragte der FBI-Mann. Er war ein ausgesprochen unangenehmer Kollege.

»Der Fall geht ja weiter!« sagte der Hauptkommissar spitz. »Auch in Amerika hat man den Entführer des Lindbergh-Babys nicht sofort geschnappt.«

Das stimmte. Der FBI-Kollege zuckte wortlos mit den Schultern und verzichtete darauf, den Unterschied zwischen den beiden Fällen zu erläutern.

Am Abend, gegen 22 Uhr - die Polizei hofft jetzt auf den lieben Kommissar Zufall -, läutete bei Juliane Hatzle wieder das

Telefon. Die tiefe Stimme meldete sich. Juliane seufzte und begann kalt zu schwitzen. Der Polizist, der bei ihr Wache hielt, schaltete sofort das Tonband an.

»Das hat ja gut geklappt!« sagte die tiefe Stimme. Stimm-Experten hatten inzwischen herausgefunden, daß sie verstellt war. »Die Summe stimmt, wir haben nachgezählt. Keine einzige Blüte dabei! Wir bedanken uns!«

»Wo . . . wo ist Bob?« stammelte Juliane. »Sie haben versprochen -«

»Wir sind Ehrenmänner! Sie können Bob abholen. Er liegt auf einer Bank hinter dem Bismarckdenkmal. Und er schläft so selig . . .«

Die ersten, die am Bismarckdenkmal auftauchten, waren die Männer von der Davidswache. Dann wimmelte es von Polizeiwagen, wieder wurde alles abgesperrt, Spurensucher gingen ans Werk. Es stimmte: Bob Brook lag auf einer Bank und schlief fest. Er wachte auch nicht auf, als man ihn anrief oder rüttelte. Man hatte ihn betäubt, aber er atmete kräftig. Ein Krankenwagen brachte ihn sofort ins nächste Krankenhaus, es war das Tropenkrankenhaus am Hafen. Dort stellte man fest, daß zwei Komponenten am Werk waren: Ein injiziertes Schlafmittel und ein grandioser Vollrausch.

»Wir wollen ihn nicht gewaltsam wecken«, sagte der untersuchende Oberarzt. Die Prominenz war aufmarschiert: Ein Senator der Stadt, der Chef der Kripo, ein Sekretär der amerikanischen Botschaft, ein FBI-Beamter, der Leiter des Sonderdezernates »Bob Brook« und ganz im Hintergrund, kaum beachtet, Juliane Hatzle.

Bob schlief eisern und roch, als habe man ihn in Alkohol gebadet. Er hatte ein besonders großes Zimmer bekommen, denn bei seinem Erwachen würde er von einem Haufen Neugieriger umgeben sein, die alle wissen wollten, wo er und wie er die letzten Tage verbracht hatte.

Es gab keine Sensationen.

Bob erwachte, er blickte zunächst in das glückliche Gesicht

von Juliane Hatzle, spürte einen Kuß auf seinen trockenen Lippen und schloß erschrocken sofort wieder die Augen.

»Wo bin ich?« fragte er. Seine Zunge war noch alkoholschwer.

»Im Tropenkrankenhaus, Liebling.«

»Du meine Güte!« Bob rührte sich nicht. Liebling . . . das war neu an Juliane Hatzle. Das konnte gefährlicher werden als die ganze Kidnapperei. »Warum denn das?«

»Du warst betäubt . . .«

»Gütiger Himmel, haben wir gesoffen! Fred, und Charly, und die Eule. Und das Weib - eine Type, sag' ich dir, Brüste wie zwei Rugbybälle - Fred schlug ihr ein blaues Auge, weil sie an mich ranwollte! Dann haben sie sie ausgezogen und ihren Körper mit den Geldscheinen beklebt. Mit Spucke! O Gott, ist mir übel . . .«

Erst nach einer Stunde war Bob so klar, daß er die Fragen der Polizei beantworten konnte. Er saß im Bett, trank starken schwarzen Kaffee und aß dazu ein Brot mit gekochtem Schinken. Juliane, ganz glückliche Braut, ganz siegreiche Befreierin, ganz Besitzende, hockte neben ihm auf der Bettkante. Sie streichelte immer wieder Bobs Haar und Nacken, als wäre er ein knurrender Hund, den man beruhigen muß. Was Bob erzählen konnte, war ausgesprochen mager.

Er war von fünf Personen bewacht worden, vier Männern und einer Frau. Er hatte in einem Keller gelebt, bekam gut zu essen, alles zu trinken, hatte auf einer Art Chaiselongue geschlafen, konnte Radio hören, hatte sogar einen Vierstunden-Skat gedroschen und dabei immer verloren. Der Lokus bestand aus einem Eimer in einem Nebenkeller. Nur als er mit Juliane telefonierte, hatte man ihn mit verbundenen Augen irgendwohin gebracht. Wohin, das konnte er nicht erklären. Nach oben, das war alles, was er wußte.

Bob blieb noch einen ganzen Tag im Tropenkrankenhaus zur Beobachtung. Nach der Polizei kamen der Bankdirektor und der Sekretär der amerikanischen Botschaft, um zu gratulieren. Der Bankdirektor zeigte Haltung ... Der Verlust der 200 000 Mark traf ihn nicht persönlich, er war durch Julianes Erbe abgedeckt, es war eine begrenzte Kreditaktion. Um sicherzugehen, fragte er nach der Hochzeit und war froh, als Bob antwortete: »Es ändert sich nichts! So schnell wie möglich!«

Der Botschaftssekretär übermittelte die Grüße des Botschafters und erwähnte dabei, daß auch er das Lösegeld hätte zahlen können, aber so sei es vorteilhafter gewesen, 100 000 Dollar waren gerettet.

Kaum hatte er das Zimmer verlassen, da platzte auch schon der FBI-Mann herein. Er klopfte Bob auf die Schulter und schrie: »Hallo, Bob, du siehst gut aus! Nun schieß mal los. Erzähl mal, wie das war! Das müssen doch Anfänger gewesen sein, die dich gekidnappt haben ...«

Am Nachmittag, gerade rechtzeitig vor Redaktionsschluß, ließ man die Presse an Bobs Bett. Blitzlichter zuckten auf, Juliane umarmte und küßte ihren Liebling unter dem Beifallsgemurmel der Fotografen und übersah dabei völlig Bobs Leidensmiene. Er konnte sich nicht wehren, er mußte den zärtlichen, befreiten Bräutigam mitspielen. Es gab keine Möglichkeit, Julianes überschwenglichen Liebesbekundungen zu entgehen. Sie erzählte von der dramatischen Geldübergabe, von den Lichtzeichen in der dunklen Nacht - ganz im Gegensatz zu Bob, der wiederum nur sagen konnte: »Sie haben mich gut behandelt. Ich habe selten so gesoffen wie in diesen Stunden ...«

Die Reporter hatten glühende Augen. Am nächsten Morgen überschlugen sich die Schlagzeilen:

Die wunderbare Rettung des Millionärs Bob Brook. Gangster betäubten Bob Brook mit Alkohol. Gefangen in einem Keller voller Ratten. Bob Brook fast vergiftet durch Methylalkohol. Die unbekannte Bestie mit dem Schluckauf. (Das war neu, Bob hatte nur berichtet, daß Fred sich beim Whiskysaufen einmal verschluckt hatte und Mildred dabei anspuckte). *Das Brautpaar des Jahres, Bob und Juliane ... Romeo und Julia von heute. (Die Schlagzeile stammte vom Kulturredakteur, der auch mal auf die erste Seite wollte.)*

»Wir fahren morgen nach Bad Godesberg«, sagte Bob am zweiten Tag nach seiner Befreiung zu Juliane Hatzle. »Wie können die nur so blöd sein und schreiben, daß zweimal 200 000 Mark bereitstanden?! Die kriegen es fertig und klauen mich noch einmal! Ab an den Rhein, geheiratet und weg in die Staaten.«
Juliane nickte. Sie blickte Bob mit Augen an, wie sie nur ganz glückliche Frauen haben. Das war ein Strahlen, als sei die Seele ein neuer Stern.
»Ich bin bereit«, sagte sie. Und dann aus tiefer Brust: »Zu allem bereit ...«
Es klang wie ein Bekenntnis und ließ alle Möglichkeiten offen.

Die Zeitverschiebung kann manchmal ganz nützlich sein, als Ausrede bei wichtigen Terminen zum Beispiel. In Bob Brooks Fall verursachte sie heillose Verwirrung, denn in Las Vegas erfuhr man von dem Angebot der Kidnapper erst, als in Hamburg schon alles gelaufen war und Bob wohlbehalten, wenngleich noch etwas wacklig auf den Beinen, bei Juliane Hatzle auf dem Sofa saß und starken Kaffee trank.
Jenny jedenfalls schrie theatralisch auf, fiel ihrem Vetter, dem Cowboy-Harry, um den Hals, weinte ein paar Minuten und führte daraufhin zahlreiche Telefongespräche. Natürlich hatten Pfarrer McDolland, Richter de Trajano und Sheriff Brass längst die Zeitungen gelesen und ahnten, was auf sie zukam.
200 000 Deutsche Mark! Das sind - bei dem Kurs von 1,78 Mark pro Dollar genau 112 359,55 Dollar. Soviel war Bob Brook selbstverständlich wert, aber trotzdem ...

McDolland ließ sich erst siebenmal verleugnen, womit er den Jünger Petrus weit übertraf, ehe es Jenny mit einem Trick gelang, ihn doch zu erwischen. Sie meldete sich als Ehewillige, die eine größere Spende machen wollte, und siehe da: Pfarrer McDolland war sofort sprechbereit.

»Du Saukerl!« sagte Jenny ohne Respekt vor McDollands Weihe. »Du hast's gelesen! Also: Spuck die Dollars aus! Wieviel?!«

McDolland schluckte mehrmals und sandte einen hilflosen Blick an die Zimmerdecke. »Ich rechne noch -«, sagte er. »Hier ist der Satan im Spiel.«

»Wieso?«

»Mußte sich Bob kidnappen lassen, wo gerade der Dollar so niedrig steht?! Wäre der Kurs über zwei DM, sähe das ganze anders aus!«

»Wieviel?« schrie Jenny ins Telefon.

»Ich komme rüber«, stöhnte McDolland und legte auf.

Allen Brass und de Trajano waren schon da, als der Pfarrer mit Leidensmiene in den Icesaloon kam. Jenny hatte ihn fürs Publikum geschlossen; es wäre auch gar kein Platz im Gastraum gewesen, denn hier saßen oder hockten viele Reporter und Fotografen herum und genossen die Sensation - Ein Bürger aus Las Vegas in Deutschland geklaut! Wenn das nichts Außergewöhnliches ist! Jenny wurde interviewt, fotografiert, angeblitzt, nannte ihre Körpermaße, wobei die Oberweite beifälliges Gemurmel auslöste, zeigte für die Fotografen ihre schlanken Beine und bewies durch Auf-der-Stelle-Hüpfen, daß sie wirklich keinen BH trug; man tat also wirklich alles, um das Problem Bob Brook dem Volke nahezubringen. Außerdem gab es Milch, Milchmixgetränke, Eis und Torten umsonst, auch Whisky und Brandy, und es zeigte sich, daß die Presseleute von der gesunden Milch nicht allzuviel hielten, vom Alkohol dagegen um so mehr.

In der Mitte des großen Gastraumes war eine hohe gläserne Schüssel postiert. Hinter ihr stand Jenny in einem raffinierten engen, tief ausgeschnittenen schwarzen Kleid, mit dem ihr Blondhaar sonnenhell kontrastierte. Sie schien nur noch auf McDolland gewartet zu haben.

»Jetzt sind wir komplett!« sagte sie laut. Die Stille wurde nur durch das Klicken der Kameras und das Zischen der Blitze unterbrochen. »Bobs Leben ist 112 000 Dollar wert. Es liegt hier in der Glasschüssel. Jeder von euch kann es retten. Jeder Dollar befreit ihn ein Stückchen mehr. Ich habe sofort in Deutschland angerufen und das Kennwort aufgegeben. Die 112 000 Dollar *müssen* zusammenkommen! Wir wollen doch zeigen, daß wir alle eine große Familie sind!«

Die Reporter waren begeistert. Jenny hatte das nicht schlecht gemacht. Eine große Familie - und das ausgerechnet in Las Vegas! Süß, dieses blonde Baby.

Die Kollekte für Bob Brook war schnell beendet. Brass, de Trajano und McDolland legten keine Dollarnoten, sondern Schecks in die gläserne Schüssel, ein paar Fotografen und Reporter steuerten einige Dollar bei, der Chefreporter der »Las Vegas News«, ein kleines Blatt, das noch Publicity braucht, opferte 1000 Dollar - im Namen der Humanität, wie er sofort ins Mikrofon hauchte. Alles in allem war es ein Erfolg, der nach der Auszählung 94 373,21 Dollar brachte.

Alle klatschten begeistert, aber Jenny sagte nüchtern: »Zu wenig! Ich brauche 112 000 Dollar! Du lieber Gott, kann man in einer Stadt wie Las Vegas, wo täglich Millionen über die Tische und durch die Automaten wandern, keine dreckigen 112 000 Dollar zusammenbringen?! Boys, schreibt das wörtlich: Las Vegas, die Stadt, in der das meiste Geld zusammenkommt, opfert einen seiner Bürger!«

Da geschah etwas, was man sonst nur in Märchenspielen auf der Bühne sieht. Dort schweben in kritischen Situationen Engel vom Himmel, die böse Hexe wird verbrannt, der wilde Wolf ertrinkt, aus den Wolken regnen Dukaten oder Gott selbst greift väterlich ein. Hier spielte jemand anderer Deus ex machina. Es kopfte hart an der Tür, Brass öffnete und herein kam, elegant wie immer, seinen weißen Hut schwenkend, von den Ahs und Ohs der Reporter empfangen, der aus der Verbannung heimgekehrte Luigi Galezzano.

»Wozu die Aufregung, Gentlemen?« fragte er, ging zu Jenny, küßte sie auf die Stirn und kippte die Glasschüssel um, der Inhalt lag auf dem Boden. »Die Sache mit Bob wird von uns geregelt. Unsere europäischen Freunde haben den Auftrag, ihn herauszuholen. Schließlich ist Bob unser Freund. Wir lassen keinen im Stich!«

Jenny fiel Luigi um den Hals, McDolland bückte sich schnell und suchte seinen Scheck aus dem Spendenhaufen, Brass klopfte Luigi auf die Schulter, und de Trajano, der seine sizilianische Abstammung nie verleugnet hatte, kamen Tränen der Rührung. Die Fotografen knipsten wie wild.

»Notfalls«, sagte Luigi mit glänzenden Augen, »hätten für Bobs Freilassung auch Sinatra, Dean Martin und Sammy Davis jr. gesungen. So sind wir eben!«

Es war ein Publicity-Erfolg, der mit nichts zu bezahlen war! Wer sprach da noch von Mafia? Ein guter Mensch darf viele Namen haben . . .

Was man nicht wußte in Las Vegas: Als in Hamburg zum zweitenmal die Lockanzeige erschien: »Unser Eis verdirbt nicht«, und Bob schon längst entlassen war, kam es in der Hamburger Unterwelt zu einem großen Streit. Die Eule nannte Fred einen dämlichen Wichser, worauf eine Schlägerei ausbrach. Als man sich bei der angegebenen Telefonnummer erkundigte und dort von einem Mann mit italienischem Akzent erfuhr, daß Ungenannte für Bob Brook sogar 150 000 Dollar auf den Tisch legen wollten, sagte Fred heiser: »200 000!« Und Charly im Hintergrund nickte eifrig.

»Gut! Auch 200 000!« sagte die italienische Stimme. »Aber wehe, wenn ihr Bob ein Haar krümmt!«

»Er bekommt von uns alles, was ein Mann braucht!« sagte Fred stolz. »Gutes Essen, genug zu saufen, sogar bumsen kann er, wenn er will! Ist doch eine Klassebehandlung, was?«

Damit war das erste und letzte Gespräch beendet, denn Bob war ja bereits entlassen. »200 000 Dollar!« sagte Charly, und trat dann Fred, den Wikinger, in den Hintern. »Wir haben uns selbst auf die Hand geschissen. Und alles nur, weil du's immer so eilig hast . . .«

Sie ahnten nicht, welches Glück sie gehabt hatten. Zwar standen die 200 000 Dollar bereit, aber mit ihnen auch ein bestens ausgebildetes Fangkommando sizilianischer Spezialisten, gegen die Fred und Charly chancenlos gewesen wären.

Während der Sammlung in Las Vegas war dies alles noch unbekannt. Luigi Galezzano konnte deshalb Ovationen entgegennehmen. Er legte seine Hand auf Jennys Busen, als er sie von hinten umfaßte. Ein gutes Titelbild für die nächste Ausgabe. Las Vegas hatte seine Tagessensation.

Nachdem der Icesaloon geräumt und Jenny wieder mit den Freunden allein war, inmitten eines Chaos aus Gläsern, Flaschen, Papier, Eishüllen und Kaugummipäckchen, sagte sie:

»Da habt ihr aber Glück gehabt, ihr Miststücke! Man braucht euer Geld gar nicht!«

Und McDolland faltete die Hände, blickte nach oben, lächelte selig und antwortete pastoral:

»Man kommt an der Erkenntnis nicht vorbei: Heiße Gebete werden noch immer erhört.«

Einen Hotelier vom Format eines Hans-Jakob Müllegan kann nichts aus der Fassung bringen. Wer ein Hotel »Bellevue« besitzt, unter dessen Kaffeeterrasse der Rhein dahinströmt und blasenschwache Gäste zu häufigem Besuch der Toilette anregt, ist daran gewöhnt, daß Prominenz aus aller Welt auf den Matratzen des Hauses nächtigt. Trotzdem war Müllegan überrascht, als er telefonischen Bescheid erhielt, daß Bob Brook übermorgen im »Bellevue« zwei Einzelzimmer brauchte.

In der amerikanischen Botschaft auf der anderen Rheinseite hatte Konsul und Notar Clifford Nesswick alles für die Trauung vorbereitet. War Bobs erste Ehe mit der fröhlichen, hübschen Erika Blume noch etwas ganz Normales gewesen, so veranlaßte diese Zeremonie mehrere Personen dazu, auf Bob und Juliane zu warten. Selbst der Botschafter sagte: »Den muß ich sehen! Schließlich waren wir bereit, für ihn 100 000 Dollar zu zahlen. Wie hat er es denn überlebt?«

»Unser Mann vom FBI hat behauptet: Sehr gut! Muß ein Luxusgefängnis gewesen sein. Essen und Trinken, soviel er wollte. Sogar eine kurvenreiche Puppe stand bereit. Aber Bob wollte nicht.«

»Hemmungen?« fragte ein Mann vom CIA.

»Ich kenne ihn!« Nesswick winkte ab. »Durchaus kein Duckmäuser. Aber so etwas wie ein Idealist!«

»Du meine Güte!« rief der General. »Und dann aus Las Vegas?!«

»Ein netter Junge. Es ist seine zweite Ehe. Die erste lief ihm davon.«

»Wenn er nie will . . .«

Der CIA-Mann grinste breit. »Und jetzt?«

»Die neue Frau ist sechzehn Jahre älter als er.«

»Und das nennen sie Idealismus?« Der General verzog das Gesicht. »Na ja, ich bin gespannt auf ihn! Man sagt ja immer: Die größten Toren haben das meiste Glück! Unser Bob scheint die Reihe fortzusetzen.«

»Wann ist die Hochzeit?« fragte der Botschafter freundlich.

»Übermorgen um elf Uhr.« Konsul Nesswick strich sich mit dem Zeigefinger über die Nasenwurzel. »Wollen wir eine kleine Überraschung vorbereiten? Schließlich ist er ein befreites Kidnapper-Opfer.«

Gegen Abend trafen Bob und Juliane in Rhöndorf ein. Sie kamen mit Julianes kleinem Wagen über die Autobahn, verließen sie über die Ausfahrt Siebengebirge, fuhren die Straße hinab Richtung Königswinter und dann durch eine der schönsten Landschaften Deutschlands, das Siebengebirge, sahen rechts voraus den Petersberg mit dem berühmten Hotel und links den sagenhaften Drachenfels mit der Burgruine. Sie fuhren noch ein Stückchen die Rheinstraße entlang und erreichten dann das Hotel »Bellevue«. Bob hupte fröhlich, wie ein lieber Freund, der zu Besuch kommt, kurvte auf dem Parkplatz vor dem Neubautrakt des Hotels und sah, wie Hans-Jakob Müllegan beschwingten Schrittes von den Rheinterrassen herüberkam. Das dicke Schlüsselbund schwang an seinem Gürtel hin und her. Müllegan trug es wie andere Menschen eine Warze am Kinn oder einen dicken Brillantring am kleinen Finger.

»Ich freue mich!« sagte Hans-Jakob Müllegan und drückte Bob herzlich beide Hände. Sein jungenhaftes Gesicht strahlte rheinische Fröhlichkeit aus. Dann warf er einen diskreten Blick auf Juliane Hatzle und fand sie attraktiv und trotz ihres Alters durchaus heiratenswert. Man konnte darüber diskutieren, ob gerade Bob Brook der Richtige war, aber ein Hotelier darf über so etwas nur nachdenken, niemals sprechen. Er begrüßte Juliane mit formvollendeter Höflichkeit, schnupperte dabei ihr herbsüßes Parfüm und fand den Duft anregend.

»Ich kann Ihnen gar nicht sagen, wie ich mich freue!« sagte Müllegan. »Das muß ja furchtbar gewesen sein. Ich habe in den Zeitungen alles verfolgt. Erlauben Sie, daß ich nachher ein Foto von Ihnen mache?«

»Warum?« Bob sah ihn etwas irritiert an.

»Im ›Bellevue‹ haben schon viele berühmte Persönlichkeiten gewohnt, aber noch niemals ein Entführungsopfer. Wenn es Sie interessiert, zeige ich Ihnen nachher mein Album. Fotografieren ist mein Hobby. Ich mache alles selbst: Aufnahme, Entwicklung, Vergrößerung.« Man sah es Müllegan an, daß ihm sein Hobby Spaß machte. Seine Sammlung von Prominentenfotos konnte sich sehen lassen. Bob Brooks Bild würde einen besonderen Platz einnehmen. »Erlauben Sie?« fragte Müllegan mit einem Charme, der eine Ablehnung von vornherein ausschloß.

»Von mir aus!« Bob faßte Juliane unter und ließ sich ins Hotel geleiten. Er erhielt, wie damals mit Erika Blume, zwei schöne Zimmer auf der Rheinseite, die ihre Wirkung nicht verfehlten. Juliane stand am offenen Fenster, atmete tief durch, breitete die Arme weit aus und blickte hinüber zum Rolandsbogen, an dem die Schiffe lautlos vorbeizogen. In der Sonne schimmerte der Rhein silbrig, mit einem Stich ins Blaue, fürwahr ein seltener Anblick, denn normalerweise war die Brühe bräunlich-grau.

»Himmlisch!« rief sie aus. Hans-Jakob Müllegan zuckte verhalten zusammen. Julianes Stimme hatte wieder ihren trompetenhaften Klang, vor dem auch Bob anfangs erschrocken war. Ein Seitenblick Müllegans traf Bob. Für einen Hotelier ist der Gast immer über jede Kritik erhaben, solange er sich nicht an der Gardine die Schuhe und an der Tischdecke die Nase abputzt. Auch so etwas kommt vor. »Der Rhein! Diese Romantik! Hier möchte man bleiben können . . .«

»Amerika wartet!« sagte Bob und strich Juliane übers Haar. Bei dieser Berührung schloß sie selig die Augen. »Bis nachher. Ich hole dich zum Essen ab . . .«

Draußen, im Flur, wollte sich Müllegan verabschieden, aber Bob zog ihn mit in sein Zimmer. »Unter uns«, sagte er leise, als fürchtete er, Juliane könne mithören, »haben Sie sich nicht gewundert?«

»Worüber?« fragte Müllegan vorsichtig. Solche Fragen haben es immer in sich. Man weiß nie, was der andere meint.

»Daß ich wieder heirate . . .«

»Das habe ich in der Zeitung gelesen«, antwortete Müllegan noch vorsichtiger. Gespräche, die in die Intimsphäre abrutschen, sind besonders gefährlich.

»Meine Braut ist wesentlich älter als ich . . .«

»Auch das stand in der Zeitung. Da stand eine ganze Menge über Sie drin. Millionär und so . . .«

»Das ist Quatsch, Mr. Mümmelgan.«

»Müllegan.«

»Sie wundern sich nicht?«

»Ich wundere mich über nichts mehr.« Müllegan lächelte entwaffnend. Das war eine Spezialität von ihm, sein freundliches Gesicht, sein seelenvoller Blick wirkten wie Balsam auf seine Gäste. »Aber ich habe mir gedacht, so wie damals, Mr. Brook . . . Nach der Hochzeit. Das Zimmer zum Rhein, das große Doppelzimmer, wenn es recht ist . . . Es ist für Sie reserviert.«

Bob Brook antwortete nicht. Was sollte er reklamieren? Hans-Jakob Müllegan dachte nur logisch. Ein junger Ehemann gehört in der Hochzeitsnacht ins Doppelbett. Wozu heiratet man sonst? Unmöglich, ihm zu erklären, daß Heirat nur ein Geschäft ist, daß dieser notarielle Akt keinen anderen, wie auch immer gearteten Akt nach sich zieht, daß diese Ehe lediglich ein Vertrag ist, eine gut bezahlte Namensübertragung, ohne jede biologische Konsequenz. Dem guten, korrekten Müllegan wollte Bob einen Blick in solche Abgründe ersparen.

»Gut!« sagte er nach einer langen Pause, weil Müllegan auf eine Äußerung wartete. »Sie sind ein wahrer Freund.«

»Soll ich wieder mit roten Rosen dekorieren lassen?«

»Aber ja.«

»Und eine Flasche Champagner im Kühler?«

»Wie immer.«

»Sie sollen sich im ›Bellevue‹ wohl fühlen.«

»Das tue ich! Ich werde auch immer wieder zu Ihnen kommen.« Das war mehr als doppelsinnig, aber Müllegan kannte ja nicht die Hintergründe. Er hatte seinen Gast ins Herz geschlossen. Beschwingt klapperte er mit seinem Schlüsselbund und sagte:

»Für heute abend empfehle ich Ihnen unsere Spezialität: Ein ›Filet Gonzales‹ und zum Nachtisch ›Erdbeeren Ebbi‹. Die gnädige Frau wird begeistert sein . . .«

Juliane Hatzle war begeistert! Schon vor dem Essen, als Bob sie von ihrem Zimmer abholte. Sie trug ein eng anliegendes, blaßviolettes dünnes Seidenkleid, das ihre gute, reife Figur so deutlich betonte, daß Bob ein unangenehmes Gefühl beschlich. Wie damals bei Erika Blume sah er Komplikationen auf sich zukommen.

»Bob!« sagte Juliane Hatzle. Ihre Stimme klang so zärtlich und schutzbedürftig, daß Bobs Haut zu kribbeln begann. »Bob - du hast mich vorhin gestreichelt. Zum erstenmal . . .«

»Habe ich das? Das war unbewußt . . .«

Ich habe das tatsächlich, dachte er. Ich Rindvieh. Man kann nicht vorsichtig genug sein. Ich habe es doch nur wegen Hans-Jakob Müllegan getan, gewissermaßen als Alibi. Ein Bräutigam, der morgen heiratet, muß etwas Zärtlichkeit an den Tag legen. Das gehört nach landläufiger Meinung nun einmal zum Benehmen eines Hochzeiters.

»Tu es noch einmal, Bob . . .«, sagte Juliane mit jungmädchenhaftem Augenaufschlag.

»Was?«

»Mich streicheln.«

»Jetzt? Und hier?«

»Wo sonst? Hier sind wir allein.«

»Wir werden unten erwartet.«

»Nur einmal, Bob . . .«

»Juliane - unser Vertrag . . .«

»Es hat sich so vieles geändert. Wer hätte gedacht, daß ich dein Leben retten würde? So etwas verbindet doch . . .«

»Und wie!« sagte Bob heiser. »Reden wir später darüber.«

»Wann später?«

»Nach dem Essen.« Er riß die Tür auf, als sei sie ein Notausgang. Sie bekommt die 200 000 Mark wieder, dachte er. Du lieber Himmel, das wird ein Minusgeschäft! 240 000 Mark erhalte ich laut Vertrag, davon geht ab die Geiselsumme, die Spesen, wie Flug, Hotel, Anzeigen, bleiben. Der Rest reicht gerade für ein Dinner mit Jenny im Desert Inn von Las Vegas. Bob Brook, du bist ein Scheißunternehmer! Du solltest wirklich wieder in der Kirche Orgel spielen und in deinem Zimmer das Trompetenkonzert von Purcell. Im Konzertsaal will dich ja keiner hören. Du bist schon eine traurige Figur, Bob Brook! »Gehen wir?«

Juliane nickte, hängte sich bei ihm ein und legte den Kopf gegen seine Schulter. Sie duftete betörend nach einem schweren französischen Parfüm, reif wie sie selbst.

»Ich bin glücklich!« sagte sie leise.

Bei lauem Wind über dem rauschenden Strom auf den Rheinterrassen zu sitzen, satt und fröhlich, einen sonnengoldenen Wein vor sich - was bedarf es da langer Worte? Juliane genoß die Stimmung sichtbar, strahlte Bob an und setzte sich in Positur, als Hans-Jakob Müllegan mit dem Fotoapparat erschien, um die Bilder für sein Prominentenalbum zu schießen. Er arbeitete wie ein Profi mit konzentrierter Freude, wechselte die Blickwinkel, blitzte nach oben, um ein weicheres Licht zu bekommen, und strahlte vor Begeisterung, als Juliane plötzlich Bobs Hand ergriff und an ihren Busen drückte. Welch ein Motiv! Der dem Tode Entronnene und seine Retterin. Am Vorabend der Hochzeit.

Schweigen wir auch von der Nacht, in der Juliane wartete und wartete, ein Taschentuch zerbiß, sich mit den Gedanken quälte, ob sie vielleicht zu Bob hinüberschleichen sollte, dann zu weinen begann, am Fenster saß, über den nächtlichen Rhein zum mondbeschienenen Rolandsbogen blickte, um drei Uhr morgens Bob einen Schuft nannte und sich nackt vor den Spiegel stellte, der ihr eine makellose Figur zeigte - es war eine schreckliche Nacht zwischen Hoffnung und Verzweiflung, zwischen Liebe und Haß, die damit endete, daß Juliane sich schwor, als Mrs. Brook in Amerika andere Seiten aufzuziehen. Dann schlief sie schluchzend ein, bis das Telefon sie weckte.

»Aufstehen, Juliane!« Es war Bobs fröhliche Stimme. »Um elf Uhr wird geheiratet! Dann steht dir Amerika offen . . . und dein Erbe!«

Beim Frühstücksbüfett zeigte Hans-Jakob Müllegan bereits

die fertigen Vergrößerungen. Rastlos hatte er in der Nacht noch entwickelt, gefiltert, vergrößert und gewässert. Die Bilder waren gestochen scharf und sehr kontrastreich. »Hervorragend!« sagte Bob ehrlich. Der Glanz in Müllegans treuen Augen verriet Stolz. Unter das beste Foto schrieb Bob den Satz: »Wer dem Leben wiedergegeben ist, genießt es doppelt, am Rhein bei Müllegan zu sein.«

Müllegan war so gerührt, daß ihm die Dankesworte fehlten. Und das will etwas heißen.

In der amerikanischen Botschaft, bei Konsul Nesswick, wurde Bob Brook erwartet wie ein berühmter Baseball-Spieler. Das Trauungszimmer war voller Gäste; die Sekretärinnen, an denen er vorbeikam, kicherten oder blinzelten ihn an, Clifford Nesswick begrüßte ihn wie einen Bruder und stellte ihn dem Botschafter, dem General und dem CIA-Mann vor. Natürlich kümmerte man sich auch um Juliane, aber sie blieb im Hintergrund. Eine Ordonnanz servierte Sekt mit Orangensaft, aus dem Club brachte man Sandwiches und Salate.

Fast eine Stunde lang erzählte Bob von seiner Entführung, kam durch den Sekt in Stimmung und war geradezu in Hochform, als Nesswick sagte:

»Nun wollen wir mal daran denken, warum wir hier sind. Es soll eine Ehe geschlossen werden. Ein Band soll geknüpft werden, so hart wie Stahl, durch nichts zu zerbrechen . . .«

Es war eine feierliche, ergreifende Rede. Bob und Juliane unterschrieben die Trauungsurkunde, gaben sich den obligatorischen Kuß, und dann wurde Bourbon serviert, um nach Männerart kräftig anzustoßen. Der Botschafter und die anderen Herren gratulierten, fanden Juliane Brook, wie sie jetzt hieß, entzückend, erschraken aber doch, als im Laufe der kleinen Feier und bei steigendem Alkoholkonsum ihre Trompetenstimme erschallte, vor allem, wenn sie über Witze lachte, die der General ihr mit listigen Äuglein erzählte.

Nesswick schien so etwas vorausgeahnt zu haben. Weder Juliane noch Bob waren in der Lage, das Auto zurückzufahren. Ein großer Cadillac der Botschaft brachte sie mit der Fähre über den Rhein zum Hotel »Bellevue«, während ein Botschaftsangestellter Julianes Kleinwagen hinterherfuhr.

Hotelier Müllegan, dem das vorbereitete Hochzeitsessen bereits verdorben war, denn es war jetzt fast vier Uhr nachmittags, bewies rheinische Toleranz, ließ Bob und Juliane in ihr Doppelzimmer bringen und strich auch das Abendessen aus seinem Plan. Unruhig wurde er erst, als ihm das Zimmermädchen meldete: »Im Hochzeitszimmer ist ein toller Lärm!«

Sofort fuhr er mit dem Lift nach oben. Schon auf dem Flur hörte er Poltern und Lachen. Es klang alles sehr übermütig, ein bißchen zu laut, zugegeben, aber bei jedem Brautpaar sind die Gepflogenheiten eben anders. Hans- Jakob Müllegan wies dem Zimmermädchen Arbeit in einem anderen Flur zu. Das Personal mußte nicht unbedingt an ausgelassenen Hochzeitsnächten teilhaben.

Um jedem Irrtum vorzubeugen: Natürlich war alles ganz anders. Julianes Lachen war nicht das Aufjubeln einer beglückten Ehefrau, sondern eher Ausdruck tiefen Hohns. Bob hatte sich in seiner Trunkenheit so eng in sein Bettuch gerollt, daß es unmöglich war, ihn davon wieder zu befreien. Ein eingerollter Mann aber ist ein uninteressanter Mann, und so sehr sich Juliane, die ebenfalls am Rande aller Klarheit wankte, auch bemühte, Bob auszuwickeln – es gelang ihr nicht, 173 Pfund zu bewegen; das war in ihrem Zustand unmöglich. So blieb ihr nur höhnisches Lachen übrig, die Flucht in die Hysterie, was Hans-Jakob Müllegan aus verständlichen Gründen falsch deutete.

Gegen Abend wurde es dann still im Zimmer. Juliane schlief wie betäubt. Nun aber wachte Bob auf, tappte ins Badezimmer, hielt den Kopf unter den kalten Wasserstrahl, ordnete seine Kleidung und schlich hinunter ins Restaurant. Hans-Jakob Müllegan, der gerade eine koreanische Delegation begrüßte, die ihm das Landwirtschaftsministerium ins Hotel geschickt hatte, starrte ihn entgeistert an.

»Na, so was!« sagte er. »Ich denke . . .«

»Was denken Sie?« Bobs Kopf brummte wie ein Motor. »Wie heißen Sie?«

»Hans-Jakob Müllegan«, antwortete Müllegan geduldig. Man darf über Gäste nie erstaunt sein.

»Hans-Jakob! Ich bin Bob!« Er lehnte sich gegen die Wand. »Hab' ich einen Durst! Was hältst du davon, wenn ich den Rhein aussaufe?! Sag Bob zu mir . . .«

»Bob«, sagte Müllegan vorsichtig, »sauberes Wasser wäre wohl empfehlenswerter. Was macht Ihre - deine Frau?«

»Sie schläft. Und sie schnarcht! Hans-Jakob, sie schnarcht! Rrrr - schtsch . . . rrrr - pfff - Aber laut! Ich sage dir, das Bett wackelt! Weißt du, wie Jenny schnarcht? Sie schnarcht auch, natürlich, alle Menschen schnarchen, auch wenn sie behaupten: *Ich* nicht! Sie tun's! Nur die Töne unterscheiden sich. Bei einem kracht's, beim anderen säuselt's. Jenny säuselt. Sie liegt da, inmitten ihrer blonden Haare, spitzt die Lippen und macht: Ssss - sss- piff - ganz süß! - Piff! - Ist das nicht süß?!«

Müllegan nickte. Hotelgäste und Verrückte haben eins gemeinsam: Sie haben immer recht. Verweigert man ihnen diese Anerkennung, werden sie ungemütlich. Wer aber, zum Teufel, war Jenny?!

»Und nun?« fragte Müllegan. »Willst du etwas essen?«

»Mir wird schlecht, wenn ich ans Essen denke!« rief Bob. »Ich muß was Kaltes trinken, sonst spucke ich Feuer! Wo kann ich mich hinsetzen?«

»Wir setzen uns zu mir!« sagte Müllegan diplomatisch. Nur so konnte er den anderen Gästen auf der Rheinterrasse den angeschlagenen Bob ersparen. »Komm mit!«

Sie gingen um die große Theke herum in einen Nebenraum und nahmen an einem viereckigen Tisch Platz, wo Müllegan sich aufzuhalten pflegte, wenn er nicht im Lokal herumging und die Gäste an den Tischen begrüßte. Hier war er schnell erreichbar, wenn ein Prominenter die Rheinterrassen betrat, der Oberkellner gab dann stummen Alarm, und Müllegan eilte forschen Schrittes herbei, um sein sonniges Lächeln an den Mann zu bringen. Das hatte ihn so beliebt gemacht; jeder fühlte sich im Hotel »Bellevue« wie zu Hause.

»Es ist alles so traurig!« sagte Bob, nachdem er ein Glas Wasser hinuntergestürzt hatte. »Hans-Jakob, ich bin ein mutiger Mensch, aber ich habe vor Juliane Angst . . .«

Bei aller Freundschaft hütete sich Müllegan, dem beizupflichten. Wenn Bob sich im nüchternen Zustand daran erinnerte, hätte er ihm das übelnehmen können. »Du hast sie geheiratet!« sagte er bloß.

»Ich mußte es!«

»Wegen der 200 000 Mark?«

»Das ist der zweite Akt!« Bob seufzte ergreifend und trank ein zweites Glas Mineralwasser. »Hans-Jakob, wenn du wüßtest . . . Die Geschäfte gehen schlecht. Keiner kann die Risiken berechnen. Irgendwie bin ich ein Pechvogel. Viele tausend Frauen wollen von ihren Männern weg – bei mir kleben sie, als sei ich Honig. Warum bloß?!«

»Du bist ein netter Kerl. Wirklich, das bist du.«

Müllegan wartete, bis der Kellner das bestellte Eis serviert hatte. Diät-Eis, mit Süßstoff, wegen der schlanken Linie. Hans-Jakob Müllegan wollte agil bleiben.

»Wie soll das denn weitergehen?«

»Das fragst du mich?« Bob starrte ihn traurig an. »In fünf Tagen fliegen wir nach Amerika, Juliane hat dann ihren Haushalt aufgelöst.«

»Und dann?«

»Wohnen wir in Las Vegas. Da lasse ich mich scheiden.«

»Du bist verrückt, Bob. Verzeihung, aber das bist du! Man heiratet doch nicht, um sich gleich wieder scheiden zu lassen!«

»Das tätest du nie, was?«

»Nein! Nie!«

»Dann kannst du das auch nicht verstehen!« Bob winkte ab.

»Es gibt Berufe, die gibt's gar nicht.«

»Was hat das mit deiner Ehe zu tun?!«

»Ich habe so einen Beruf, Hans-Jakob.«

»Millionär . . .«

»Oh, wäre das schön! Aber Juliane ist Millionärin. In ein paar Wochen. Da erbt sie!«

»Gratuliere.« Müllegan verstand gar nichts mehr. Heirat - Scheidung. Kein Millionär - doch Millionär. Er war zu nüchtern, um mit den Gedanken eines Betrunkenen Schritt halten zu können. »Und da bist du traurig?«

»Maßlos, Hans-Jakob, maßlos! Ich baue wieder ein Minusgeschäft. Aber das verstehst du nicht.«

»Nein.«

»Dann gute Nacht.«

Müllegan tat noch etwas für seinen neuen Freund. Er führte ihn in ein Einzelzimmer und wartete, bis Bob im Bett lag. Dann ging er zufrieden zu seinen Rheinterrassen und begrüßte neue Gäste.

Gute Taten werden grundsätzlich schlecht belohnt, solange sie nicht als solche erkannt werden. Keiner kann es Juliane übelnehmen, daß sie die Zuweisung eines Einzelzimmers in der Hochzeitsnacht als brutalen Eingriff in ihre Intimsphäre betrachtete. Hans-Jakob Müllegan bekam ihren Zorn zu spüren, Juliane tauchte mit verquollenen Augen in seinem Büro auf und warf die Tür hinter sich zu.

»Einen schönen guten Morgen, gnädige Frau!« rief er mutig mit sonnenheller rheinischer Fröhlichkeit. »Was kann ich für Sie tun?!«

»Wo ist mein Mann?!« fragte Juliane. Rachegedanken verzerrten ihre Stimme. »Sagen Sie nicht, Sie hätten keine Ahnung! Ich habe die Zimmermädchen verhört!« Sie sagte tatsächlich: Verhört! »Eine hat Sie gestern abend mit meinem Mann gesehen, als Sie ihn ins Hotel gebracht haben. Von hier, vom Restaurant! Mein Mann soll irre gelacht haben. Irre! Wo ist er?! Ich warne Sie, Herr Müllegan! Mein Mann hat durch seine Entführung einen Schock erlitten! Seine Nerven sind kaputt! Ich mache Sie verantwortlich für alles, was . . .«

Kein Hotelier übernimmt gern Haftungen für etwas, was sich vermeiden läßt. Andererseits ist man einem neuen Freund gegenüber verpflichtet. Hans-Jakob Müllegan sah keinen anderen Ausweg aus der Bedrängnis, als kühn und mit treuem Blick zu behaupten:

»Herr Brook ist abgereist . . .«

» *Was* ist er?« Juliane ließ sich in einen Sessel fallen, umklammerte die Lehnen und starrte Müllegan fassungslos an. »Abgereist?«

»Ja. In der Nacht noch . . .«

»Mein Gott, wohin denn?«

»Es ist nicht üblich, gnädige Frau, daß man seine Gäste fragt, wohin sie weiterreisen«, sagte Müllegan sehr stolz und korrekt mit abweisender Miene.

»Aber das ist doch unmöglich! In der Nacht fährt doch hier kein Zug!«

»Herr Brook ist mit einer Taxe nach Bonn. Über weitere Pläne bin ich nicht unterrichtet.«

»Und sein Koffer ist noch auf unserem Zimmer!«

»Über die Gepflogenheiten meiner Gäste steht mir keine Kritik zu«, sagte Müllegan formvollendet. Juliane lehnte sich zurück und begann still zu weinen. Müllegan zog es vor, sich diskret zu entfernen. Kaum außer Sichtweite, wurde er sehr flott, eilte zum Nebenhaus des Hotels und begab sich zu Bob Brook, der gerade mit rotgeränderten Augen und ziemlich verwirrt in seinem Zimmer herumlief.

»Guten Morgen!« sagte Müllegan. Er vermied eine direkte Anrede, man wußte nie, ob sich Duzfreunde am Morgen nach einer Sauferei noch an das Du erinnern.

»Wo bin ich, Hans-Jakob?« sagte Bob hilflos. »Wie komme ich in dieses Zimmer?«

Müllegan atmete auf. Es blieb beim vertrauten Du, und das erleichterte vieles. »Ich habe dich hierhin geschleppt«, sagte er und lächelte breit. »Gewissermaßen gerettet. Du bist aus dem Hochzeitsbett geflüchtet.«

»Du lieber Himmel!« Bob umfaßte mit beiden Händen seinen Kopf. »Und Juliane?«

»Die sucht dich jetzt.« Müllegan setzte sich auf einen Stuhl und klimperte mit seinem voluminösen Schlüsselbund. »Aber nicht mehr lange, Bob . . . du bist nämlich abgereist.«

»Was bin ich?« Bob starrte Hans-Jakob Müllegan dumm an.

»Ich glaube, in deinem Sinne gehandelt zu haben, indem ich dich noch in der Nacht habe abreisen lassen. Per Taxi nach Bonn und dann mit unbekanntem Ziel.«

»Halleluja!« sagte Bob und setzte sich schwer aufs Bett. »Das hast du ihr gesagt?!«

Müllegan spürte ein Kribbeln unter der Hirnschale. »War das falsch?« fragte er stockend. Seine treuen Augen bekamen einen entsetzten Ausdruck. »Ich dachte, nach Lage der Dinge, so wie ich sie kenne . . . wie du sie mir geschildert hast . . . Ich dachte wirklich, daß ich dir damit helfe . . .« Müllegan klimperte nervös mit den Schlüsseln. »Ich kann aber immer noch sagen, daß ich mich geirrt habe . . .«

»Ich bin also offiziell weg?« fragte Bob.

»Ja.«

»Für immer weg?«

»*Das* habe ich nicht gesagt. Für immer – das ist deine Entscheidung. Du bist im Augenblick weg!« Zweifellos entwickelte Müllegan diplomatisches Talent. Wer soviel mit Diplomaten zu tun hat, wächst selbst in solche Rollen hinein. »Alles andere ist noch offen.«

»Fabelhaft! Hans-Jakob, fabelhaft! Du bist ein wahrer Freund!«

Bob klatschte in die Hände, blickte aus dem Fenster auf den im Morgenlicht wieder dreckigen Rhein. »Vielleicht ist das die beste Lösung. Juliane hat, was sie wollte . . . eine amerikanische Aufenthaltsgenehmigung. Und ich bin im Augenblick gerettet. Nur das Geschäft ist geplatzt. Verstehst du das?«

»Nein!« sagte Müllegan ehrlich.

»Nur eine Frage noch, Hans-Jakob: Muß ich mich schämen?«

»Worüber?«

»Sie hat für mich 200 000 Mark bezahlt . . . und ich danke es ihr, indem ich einfach verschwinde. Das ist doch schofel . . .«

Müllegan schwieg. Er hat natürlich recht, dachte er. So benimmt man sich nicht einer Frau gegenüber, die so viel für einen getan hat. Sie meinte es ehrlich . . . aber, zum Teufel, warum hat Bob sie überhaupt geheiratet? Man heiratet doch nicht, um gleich wieder wegzulaufen! Irgend etwas war an der Sache unlogisch.

Müllegan, ein Mann, der an die Gesetze der Logik glaubte, blickte Bob Brook nachdenklich an. »Die Sache ist verfahren, was?« fragte er ahnungsvoll.

»Irgendwie - ja!« Bob beobachtete ein kleines Ausflugsschiff, das mit fröhlich flatternden Fähnchen rheinaufwärts stampfte. »Ich bin kein Jurist, aber ich glaube, es gibt da Probleme. Kann man sich scheiden lassen, ohne daß der Ehepartner dabei ist? Gibt es das überhaupt, wenn ich sage: Meine Frau ist verschwunden, irgendwo in Amerika, ich möchte geschieden werden! - Das geht doch gar nicht. Die Scheidungsurkunde muß ihr doch zugestellt werden, sonst lebt sie ja als Ehefrau weiter. Hans-Jakob, das ist vielleicht kompliziert! Zu einer Scheidung gehören immer zwei. Und ich muß geschieden werden, sobald ich wieder in Las Vegas bin. Mein Geschäft bricht sonst zusammen.«

Müllegan verstand gar nichts mehr, rettete sich in imposantes Schweigen, blickte nachdenklich die Wand an und tat so, als denke er angestrengt nach. Dann sagte er endlich: »Also mußt du wieder auftauchen.«

»Was Besseres fällt dir nicht ein?«

»Nein. Geh runter in die Halle . . . da sitzt deine Frau im Sessel und weint . . .«

»Das ist unmöglich.«

»Daß sie weint?!«

»Nein, daß ich runtergehe. Weinende Frauen zwingen mich in die Knie. Ich kann Tränen nicht widerstehen. Ich sage dir, wenn Jenny weint, dann könnte ich winseln wie ein Hund. Ich bin ein sensibler Mensch, Hans-Jakob.« Bob löste sich vom Fenster und vom Anblick des Rheins. »Ich fliege heute noch nach Frankfurt und morgen weiter nach New York und Las Vegas.«

»Also doch!« Müllegan erhob sich. Er liebte klare Entscheidungen und fühlte sich befreit. »Ich lasse dir das Frühstück aufs Zimmer bringen und bestelle ein Taxi. Von Bonn nach Frankfurt fahren ständig Züge.«

Bob nickte. »Ich werde Juliane einen Brief schreiben«, sagte er plötzlich. »Du bringst ihn ihr . . .«

Müllegan zuckte zusammen. Instinktiv spürte er die Gefahr, die ein Zusammenstoß mit Juliane Brook bedeuten würde. Das mußte vermieden werden; ein Hotelier ist, bei aller Freundschaft, nicht dazu da, anderer Leute Familienkräche zu bestehen. Der tägliche Umgang mit exzentrischen Gästen kostete schon Nerven genug.

»Wo soll der Brief denn herkommen?«

»Du hast ihn in der Rezeption gefunden . . . jetzt erst gefunden . . . Ich habe ihn dort gestern nacht hinterlegt.«

»Das glaubt deine Frau nie!«

»Sie weint. Also glaubt sie alles!« Bob lächelte unsicher. »Hans-Jakob, wenn du ein echter Freund bist . . .«

Natürlich war Müllegan ein echter Freund . . . welcher Mann konnte eine solche Frage verneinen?! Bob schrieb während des Frühstücks einen sehr lieben Brief, in dem er Juliane alles Gute wünschte und offiziell seinen Vertrag entschädigungslos kündigte. Die Geschäftsverbindung war beendet. Außer-

dem bat er darum, eine Erklärung nach Las Vegas zu schik-
ken, aus der hervorging, daß sie mit der Scheidung einverstanden sei. Vielleicht konnte Richter de Trajano damit etwas anfangen. Zum Schluß aber schrieb Bob:

*»Scheiden wir ohne Groll, Juliane. Du hast einen amerikani-
schen Namen, Du hast Deinen Paß, Du wirst Dein Millio-
nenerbe antreten und ein schönes Leben führen können. Das
war doch der Sinn unserer Verbindung. Nur ein Geschäft!
Werde in Amerika glücklich. Und Danke! Bob Brook.«*

Müllegan wartete mit der Übergabe des Briefes, bis Bob mit
dem Taxi abgefahren war. Er kam sich vor wie in der Oper
»Der Rosenkavalier«, bei Überreichung der silbernen Rose.
Nur fehlte die herrliche Musik. Juliane hockte verstört im
Hochzeitszimmer hinter dem Strauß roter Rosen. Sie wirkte
zerbrechlich und hilflos wie ein Kind.

Eine Stunde später stieg sie in ihren kleinen Wagen und fuhr
davon. Hans-Jakob Müllegan atmete auf, befeuchtete seine
trockene Kehle wieder mit einem Diät-Eis und klebte dann
Bobs Foto in das Prominentenalbum des Hotels »Bellevue«. Er
war sicher, Bob Brook nie wiederzusehen.

Aber hier irrte Hans-Jakob Müllegan!

Niemand holte Bob in New York ab, was ihn sehr verwun-
derte. Er rief deshalb auch nicht bei Jenny an, der er von
Frankfurt aus mitgeteilt hatte, daß er wieder in ihre Arme
fliege. Jenny hatte daraufhin gefragt:

»Was macht deine Frau?«

»Wir sind nicht mehr zusammen.«

»Warum? Sie hat doch 200 000 Mark für dich bezahlt?!«

»Das haben wir mit meiner Provision verrechnet, Schatz.«

»Und was bleibt übrig?«

»Ein dicker Minusbetrag! Jenny, laß dir das erklären.«

»Und die Scheidung?«

»Wird auch geregelt.«

»Wie denn, wenn du weg bist?«

»Es war unmöglich, bei ihr zu bleiben. Juliane ist eine so starke Persönlichkeit . . .«

»Aha!« hatte Jenny darauf geantwortet. Dann brach die Verbindung mit Las Vegas ab. Siebenmal versuchte Bob, noch einmal durchzukommen, aber Jenny ging nicht mehr ans Telefon. Dafür las Bob im Jumbo nach New York in der Zeitung die groß aufgemachte Meldung, daß Luigi Galezzano den Hamburger Kidnappern 250000 Dollar angeboten habe. Zwar sei das Angebot zu spät gekommen, doch - so schrieb man mit Häme - sei es bemerkenswert, welche enge Verbindungen Bob Brook zu den Kreisen um Galezzano habe.

»Auch das noch!« sagte Bob erschüttert. »Das hat mir noch gefehlt! Die Mafia als Retter! Onkel Steve, ich verfluche dich posthum. Dich und deinen Icesaloon!«

Irgendwie war es aber doch durchgesickert, daß Bob Brook, das gerettete Kidnapperkind, in die Heimat zurückkehrte. Zwar hatte die wütende Jenny allen verboten, darüber etwas verlauten zu lassen, mit der Begründung: »Wenn keiner weiß, daß er kommt, fällt auch nicht auf, daß ich ihn umgebracht habe!« Aber Sheriff Brass brachte es einfach nicht übers Herz, Bob so ahnungslos ins Verderben laufen zu lassen. Den gleichen Gedanken hatte Pfarrer McDolland, den schon die christliche Nächstenliebe verpflichtete, Bob in schwerer Stunde beizuspringen, und Richter de Trajano wiederum wollte keine Komplikationen in seinem Gerichtsbezirk haben, er hatte genug mit dem täglichen Kleinkram zu tun, vom Automatenknacker bis zum versuchten Totschlag. Eine Amok laufende Megäre vom Stile Jennys fehlte ihm gerade noch!

So erhielten drei Zeitungen in Las Vegas diskrete Hinweise, daß Bob Brook am Abend, von New York kommend, inkognito landen würde, ohne Rummel, weil er nervlich noch zu sehr mitgenommen sei, um große Worte zu machen. Das reichte völlig. Alle Medien in Las Vegas machten sich mobil. Vier Fernsehgesellschaften schickten ihre Kameramänner,

die Zeitungen ihre Bildreporter, Sheriff Brass ließ Polizei auf-
marschieren, als besuche der Präsident der USA das »Golden
Nugget«, ein weißer, offener Cadillac stand bereit, um Bob
im Triumphzug zurück zu seinem Icesaloon zu bringen. Nur
eine Konfettiparade wie in New York war nicht möglich; sie
scheiterte daran, daß die Hauptstraße nur aus Hotels und
Spielcasinos bestand und zu breit zum Papierschnitzelwerfen
war.

Bob Brook schämte sich, als er den Aufwand sah, der ihn auf
dem Airport von Las Vegas empfing. Er grinste dümmlich in
die Kameras, beantwortete Fragen der Fernsehreporter nur
mit Ja oder Nein und sagte dann in den Wald der hingehalte-
nen Mikrofone: »Ich bin glücklich, wieder hier zu sein. Boys,
macht daraus doch keinen Taifun! Die deutschen Gangster
sind mitfühlende Gentlemen im Vergleich zu unseren Burschen.«

Das war ein Tritt gegen das Schienbein von Luigi Galezzano.
Aber die wenigsten erkannten das. Die meisten sahen in Bob
nur einen netten, bescheidenen Mann, der die schweren
Tage in Germany gut überstanden hatte. Brass umarmte ihn
bei vorteilhafter Kameraeinstellung. McDolland segnete ihn
mit einer kleinen Handbibel und gab bekannt, daß er von der
Kirche »Der flammende Rosenkranz« sei, und Richter de Trajano drückte ihm männlich-herb die Hand und sprach einige
markige Worte über den Sieg der Gerechtigkeit in die Mikrofone. Das hörte sich schön an und ging ans Herz. Vor allem
vergaß man dabei für einen Moment, daß das alles 200 000
Mark gekostet hatte.

Unter dem Beifall von etlichen hundert Menschen bestieg
Bob den weißen Cadillac, nahm noch einige Blumensträuße
begeisterter Mädchen entgegen, verteilte einige Küsse und
hob wie ein siegreicher Boxer beide Arme über den Kopf. Dabei fragte er aus dem Mundwinkel Brass, der neben ihm
stand:

»Wo ist Jenny?«

»Zu Hause. Sie poliert die Nudelrolle, die du an den Kopf bekommst!«

»Du lieber Himmel, warum denn? Was habe ich ihr getan?«

»Sie glaubt, daß du deine Frau behalten willst.«

»Ist sie verrückt geworden?«

»Nein – aber du vermutlich. Ernesto sagt: Wenn diese Juliane nicht greifbar ist, kann deine Ehe nicht geschieden werden.«

»So etwas habe ich geahnt!«

»Jenny hält das für einen ganz üblen Trick, um sie zu überfahren. Du willst somit vollendete Tatsachen schaffen und später zu Juliane ziehen, von der du genau weißt, wo sie sich versteckt hält.«

»Aber das ist doch idiotisch! Wenn ihr Juliane kennen würdet . . .«

»Sie erbt Millionen, Bob!« Brass grinste breit in die klatschende Menge. »Jenny hält dich nicht für so einen Schwachkopf, einfach wegzulaufen und die Schwierigkeiten damit erst zu provozieren.«

»Ich tauge eben für dieses Geschäft nicht!« sagte Bob und hielt sich an Brass' stämmigen Schultern fest, als der Cadillac anfuhr und der Triumphzug durch Las Vegas begann. Frank Sinatra, der sich mit Las Vegas verbunden fühlte, als habe die Stadt ihm die Muttermilch geliefert, hatte sogar ein Telegramm geschickt: »Gratuliere, Junge! Warst ein tapferer Bursche. Dein Frankie.« Bob Brook wurde es schwindlig vor soviel Ehrungen. »Allen, ich schwöre dir – ich bin Hals über Kopf weg aus Germany. Hatte nur einen Gedanken: Heim in mein ruhiges Bett hinterm Icesaloon.«

»Wo Jenny auf dich wartet. Du bist ein Spinner!« Brass winkte nach allen Seiten, die Fahrt ging zur Main Street. Autos, die ihnen auf der anderen Fahrbahnseite entgegenkamen, hupten begeistert. Jeder schien Bob Brook zu kennen, Amerika, zumindest Arizona, lag ihm zu Füßen. »Du weißt, daß Juliane, wenn sie jetzt herüberkommt, alle Rechte einer Ehefrau hat. Was soll geschehen, wenn sie die gegen dich ausspielt?! Sie wird hier aufkreuzen, sich in den Saloon setzen, eine gewaltige Szene machen, Jenny hinauswerfen und dir vorrechnen, daß du sie 200 000 Deutsche Mark gekostet hast.«

»Ich habe 240 000 Mark zu beanspruchen, laut Vertrag!« Bob lächelte nach allen Seiten und winkte. Die riesigen Neonreklamen, die Leuchtbänder und Lichtgirlanden an den Casinos begrüßten ihn. »Wir sind quitt! Hat denn das niemand Jenny erklärt?«

»Der kann man nichts erklären«, sagte Brass düster und grinste die Leute an, die am Straßenrand stehenblieben und klatschten, als sie den weißen Cadillac sahen. Ab und zu umarmte er Bob, worauf Fotoblitze aufleuchteten. Mit einer solchen Publicity war ein Sheriff in Arizona so gut wie unstürzbar. »Sie will dich schlicht umbringen.«

Je näher Bob dem Icesaloon kam, um so weniger wurde er gefeiert.

Die Begeisterung ließ nicht etwa nach, weil die Menschen in den Außenbezirken weniger Temperament besaßen, sondern weil es hier eben stiller war, ländlicher, geruhsamer. Der große Trubel fand nur in der City statt, im Licht der Neonlampen. Die riesige, leuchtende, kitschige Waffel auf Bobs Icesaloon war die letzte große Reklame. Dahinter standen am Rande der Wüste noch ein paar schlafende Häuser in wohltuender Dunkelheit. Der trostlose Anblick überzeugte Bob von neuem davon, daß Onkel Steve ein Sadist gewesen sein mußte, als er ihm dieses Erbe übertrug, statt in seinem letzten Willen zu verfügen: Nimm zwei Kilo Dynamit und jage das verdammte Haus in die reine Nevadaluft!

Auf den letzten Kilometern der Fahrt winkten Brass und Bob nur ein paar Huren zu. Ein kleiner hübscher Trupp, der von einem großen Parkplatz aus zur Arbeit marschierte. Gott ja, es war ja schon Samstag in Las Vegas. Das große Wochenendgeschäft begann. Da flogen ganze Kompanien dollarhungriger Mädchen in die Wüstenstadt ein, von Denver, Phoenix,

Salt Lake City und Reno, sogar aus Los Angeles und San Francisco. Leichter und schneller als an den Wochenenden konnte man kein Geld verdienen. Ein kurzes Röckchen, ein heißes Höschen, eine knappe Bluse, für den großen Auftritt ein tief dekolletiertes Koffer-Abendkleid mit Goldschuhen - das genügte. Die Geldsäcke bissen an wie blutgierige Baracudas.

Der Icesaloon war geschlossen. Ein Schild im Fenster verkündete es. »Wegen Familienfeier« stand da. Brass verzog sein Gesicht. »Sie hat Humor«, sagte er, als die Wagenkolonne hielt. »So kann man einen Totschlag auch bezeichnen.«

Harry Sandler, Jennys Cowboy-Vetter, erwartete Bob vor dem Haus. Er sah zerknirscht aus, umarmte Bob und sagte mit entwaffnender Ehrlichkeit: »Du bist wirklich nicht totzukriegen!« Dann zuckte er, wie alle Umstehenden, zusammen, als plötzlich die riesige Eiswaffel auf dem Dach erlosch. Fahle Dunkelheit hüllte sie ein.

»Die Schlacht beginnt!« sagte Sheriff Brass. »Bob, wir bleiben an deiner Seite!«

Jenny stand im Gastraum. Sie trug ein Kleid, das jeden Mönch aus dem Kloster getrieben hätte. Ihr langes Blondhaar wallte über die nackten Schultern, der Busen war nur durch ein paar bunte Bänder gebändigt. Überhaupt hatte das Kleid mehr Löcher als Stoff, vor allem an den Hüften, wodurch man ahnen konnte, daß Jenny unter diesem Wunder von Kleid nichts mehr trug.

Bob starrte sie an, breitete die Arme aus und sagte rauh: »Da bin ich wieder, Jenny! Hilf mir!«

Das war wohl der raffinierteste Aufschrei, den Bob in dieser Situation von sich geben konnte. Welche Frau wird nicht weich, wenn man sie so verzweifelt um Hilfe bittet? In welchem weiblichen Herz explodiert nicht in solchem Moment die Mütterlichkeit? Hilf mir . . . Das reißt Wolken vom Himmel, mit denen der verwundete Mann zugedeckt werden kann.

Jenny schluchzte hell auf, warf den blonden Kopf zurück und stürzte in Bobs Arme. Sheriff Brass starrte sie an, als habe sie Bob schon niedergestochen, Pfarrer McDolland lächelte weise - die Kirche versteht ja alles wahrhaft Menschliche -, de Trajano rieb sich die Hände, nur Vetter Harry war betrübt, kaute an der Unterlippe und ging in die Küche, um die Steaks auf den Grill zu legen. Er sagte sich, wie schon so oft, seitdem er mit Jenny zusammenleben mußte, daß er mit Rindern besser zurechtkam als mit Weibern. In solchen Augenblicken sehnte er sich zurück in die Prärie nach seinem Pferd Bonny, nach den Lagerfeuern und den Cowboy-Kollegen, die nach Schweiß und Leder rochen und nicht nach dem widerlich süßen französischen Parfüm, das sich Jenny zwischen die Brüste träufelte.

»Bob!« sagte Jenny und heulte los. »O Bob! Ich helfe dir doch! Das weißt du doch! Ich bin immer für dich da! Sei ganz ruhig, mein Liebling. Du bist ja zu Hause! Du bist bei mir! Hier kann dir keiner mehr etwas antun!«

So kam es doch noch zu einer schönen Familienfeier.

Spät in der Nacht, nach einer nochmaligen Begrüßung auf Jennys spezielle Art, lagen sie noch lange wach, rauchten, tranken mit Gin vermischte Fruchtsäfte und überlegten, was geschehen sollte, wenn Juliane wirklich in Las Vegas auftauchen würde. Auf die Mittel der Freunde, die bei Erika Blume erst in hoher Dosierung gewirkt hatten, wollte Bob verzichten. »Juliane ist damit nicht zu erschrecken!« sagte er. »Sie ist eine deutsche Beamtin. Eine Schlange im Bett erschlägt sie mit der Bratpfanne. Knallkörper im Kofferraum machen sie erst richtig munter. Alles würde sie nur darin bestärken, ihre Standhaftigkeit unter Beweis zu stellen.«

»Dann überlaß sie mir, mein Liebling«, sagte Jenny. »Aber unter einer Bedingung: Misch dich nicht ein!«

Bob versprach es unter Vorbehalt. »Keine Gewalt!« betonte er. »Sie hat mich schließlich freigekauft. Eigentlich sollte es uns leid tun, daß sie sich in mich verliebt hat.«

»Da hast du recht!« Jenny kuschelte sich an Bob und überzeugte ihn, daß ihre Haut noch immer vibrierte. »Dich zu lieben ist etwas Furchtbares. Es kommt dem Wahnsinn nahe . . .«

Drei Tage später - Bob hatte schon die freudige Hoffnung, seine Ehefrau habe das Rennen verlorengegeben - landete Mrs. Juliane Brook in Las Vegas. Ein Taxi brachte sie zum Icesaloon. Die sensationelle Rückkehr des Kidnapperopfers Bob war bereits vergessen. Es gab wichtigere Tagesereignisse, die man ebenso schnell wieder vergaß. Das Leben ist ja so vielfältig und hat von Stunde zu Stunde etwas Neues zu bieten.
Kaum jemand erinnerte sich noch an den Mann im weißen Cadillac, den deutsche Gangster gegen eine lächerliche Summe freigelassen hatten. Nur Bobs Freunde profitierten noch davon: Brass gab noch Interviews für Provinzblätter, McDolland hatte ein Foto im Schaukasten seiner Kirche ausgehängt, das ihn und Bob mit der Bibel in der Hand zeigte, und Richter de Trajano schrieb in der Juristischen Monatsschrift einen Artikel über die fortschreitende Kriminalisierung Deutschlands.
Juliane blieb zunächst neben ihren Koffern auf der Straße stehen und betrachtete das bonbonrosa angestrichene Haus mit der riesigen Neoneiswaffel auf dem Dach. Sie fand das alles abgrundtief scheußlich, war aber bereit, es als Ausdruck amerikanischen Charakters zu tolerieren. Jenny, die gerade die Eistorten, welche am Morgen geliefert worden waren, auspackte und in die Glastheke stellte, warf zufällig einen Blick auf die Straße und sah dort Juliane stehen. Sofort war ihr klar: Das ist sie! In einen Icesaloon kommt man nicht mit vier großen Koffern!
Welch ein Glück, daß Bob nicht mehr im Hause war. Er saß bei Sheriff Brass, um mit ihm zu besprechen, was geschehen solle, wenn Juliane sich nicht meldete. Als das Telefon klin-

gelte, dachte keiner von beiden, daß diese Sorge unbegründet war. »Sie ist da!« sagte Jenny hastig. »Steht vor der Tür mit 'nem Haufen Koffer! Bob soll bloß bei dir bleiben. Ich regle das schon! Sie kommt näher! Bis nachher!«

Brass legte auf, wischte sich über die Augen und setzte sich seufzend an den Tisch. Bob sah ihn mitfühlend an.

»Autounfall?«

»Viel schlimmer.«

»Mord?!«

»Noch nicht. Aber vielleicht . . . Deine Frau betritt soeben den Icesaloon . . .«

Bob senkte den Kopf, faltete die Hände zusammen und sagte unsicher: »Allen, kann ich bei dir wohnen?«

»Solange du willst. Aber das nutzt dir gar nichts.«

»Ich verlange Polizeischutz! Juliane hat - rechtlich gesehen - die bessere Position. Sie ist meine Frau - ob mit oder ohne Vertrag -, das ist vor dem Gesetz völlig unerheblich! Ernesto hat gesagt: Meine Verträge sind sittenwidrig! Juliane ist bereit, die Ehe zu vollziehen, so wie wir es vor Konsul Nesswick bezeugt haben. Keiner kann sie daran hindern. Und wenn sie in die Scheidung nicht einwilligt, kann das Jahre dauern, bis man uns wegen seelischer Grausamkeit trennt. Und das muß erst nachgewiesen werden! Juliane wird mir gegenüber nie seelisch grausam sein! Allen, du mußt mich bei dir verstekken!«

»Und was soll daraus werden?«

»Ein Aufschub! Wir müssen es diesmal Jenny überlassen, das Problem zu lösen.«

»Soll ich den Polizeiarzt anrufen?«

»Jenny hat mir versprochen, keine Gewalt anzuwenden.« Bob starrte auf das Telefon. »Allen, ruf noch mal an, was los ist bei mir . . .«

Jenny war sofort am Apparat. Ihre Stimme klang forsch und durchaus nicht aufgeregt. Sie wäre sonst hell und schrill gewesen und hätte an eine Stahlsäge erinnert.

»Was ist los?« fragte Brass.

»Sie sitzt im Wohnzimmer und hat sich die Schuhe ausgezogen - beim langen Sitzen bekommt sie immer geschwollene Füße, sagt sie - und trinkt Kaffee mit Sahne.«

»Du lieber Gott!« sagte Brass.

Bob zuckte hoch. »Was sagt sie?« schrie er aus dem Hintergrund.

»Sie hat geschwollene Füße . . .«

»Jenny?!« Bob wurde bleich. »Hat sie Juliane etwa getreten?!«

»Vom langen Sitzen bekommt sie dicke Beine!« schrie Brass zurück. »Und Jenny hat ihr Kaffee serviert. Mit Sahne. Daran nuckelt sie . . .«

»Sie ist sehr nett!« vervollständigte Jenny ihren Bericht. »Ganz anders, als ich gedacht habe. Richtig sanft - ein mütterliches Wesen . . .«

Brass schüttelte den Hörer, als gebe dieser quietschende Töne von sich, und sah dann entsetzt zu Bob hinüber. »Juliane ist nett und sanft . . .«

»*Was* ist sie?« stotterte Bob verwirrt.

»Ein mütterliches Wesen . . .«

»Du meine Güte! Das kann Jenny nicht gesagt haben!«

»Sie hat es!«

»Es muß sich um Geistesverwirrung handeln! Juliane sanft und nett! - Allen, ruf noch mal an!«

»Nein!« Brass setzte sich an den Tisch wie ein trotziges Kind. »Hängen wir uns da nicht hinein! Lassen wir uns überraschen! Aber eins sehe ich jetzt ein: Du mußt bei mir bleiben! Du kannst unmöglich nach Hause gehen.«

Was unterdessen zwischen Jenny und Juliane geschah, gehört zu den ewigen Rätseln weiblicher Psyche. Sie tranken miteinander Kaffee, aßen jeder zwei Stück Eissplittertorte mit Schokoladenstreuseln, entschlossen sich in schöner Eintracht, die gemütliche Stunde mit einem Kognak zu beschließen, und sprachen über Bob.

Leidenschaftslos, im Plauderton, so, als bespreche man die

neueste Herbstmode und die veränderte Rocklänge, sagte Juliane liebenswürdig:

»Bob ist ein so großer Junge, man muß ihn einfach liebhaben. Er benötigt eine feste Hand. In seinem ganzen Leben hat er nie die richtige Führung gehabt, sonst wäre er nicht auf den verrückten Gedanken gekommen, mit Heiraten Geld zu verdienen. Das wird jetzt alles ganz anders. Ich werde genug erben, um Bob ein schönes Leben zu bereiten.«

Jenny ergänzte mit gebremstem Charme:

»Bob ist wirklich ein lieber Junge. O Gott, wie lieben wir uns! Wenn wir uns einen Tag nicht sehen . . . das ist, als ob man im Knast sitzt. Als Bobbymaus in Deutschland war, habe ich auf seinem Foto geschlafen! So schlimm ist das mit uns. Und Pläne haben wir! Pläne! Das hier wird alles umgebaut. Was in Las Vegas fehlt, ist ein gemütliches Café. So im Wiener Stil, mit Ober im Frack, zehn Sorten Kaffee, heißem Apfel- und Mohnstrudel mit Vanillesoße, Rammelmusik . . .«

»Schrammelmusik«, berichtigte Juliane gütig.

»Vierzig Zeitungen zu lesen, zu jedem Kaffee ein Glas kaltes Wasser, stellen Sie sich das vor, so etwas in Las Vegas! Wasser trinken! Das haut rein wie Cassius Clays Rechte! Ich werde im Dirndl als herziges Wiener Madel hinter der Theke stehen.«

»Ich sehe Sie vor mir, Jenny«, sagte Juliane ohne Flachs. »Es wird ein voller Erfolg werden. Nur habe ich andere Pläne. Bob wird den ganzen Laden hier aufgeben, und wir ziehen dorthin, wo Amerika am schönsten ist. Ich kaufe Bob eine Heimorgel, und dann kann er Orgel spielen, so oft und so lang er will, er kann komponieren, Trompete blasen, dirigieren, alles, was sein Herz begehrt . . . Wir werden rundum glücklich sein.«

»Wie schön, wie wunderschön!« sagte Jenny und klatschte in die Hände, als spiele sie ›Eins-zwei-drei, wer hat den Ball?‹

»Und Bob wird zur Schrammelmusik singen, er hat einen schönen Bariton, wissen Sie das, und wenn alles gutgeht,

nehmen wir noch Wein dazu, bauen Weinlauben mit Wein-
ranken, so einen richtigen Feurigen . . .«

». . . Heurigen -«, sagte Juliane milde.

». . . und dann werden wir Kinder haben, süße Kinderchen,
das ist ja kein Problem für mich, ich bin ja erst dreiundzwanzig . . . oh, Bob liebt Kinder so sehr, er sagt immer, meine
Frau muß gebärfreudig sein, ohne Kinder hat das ganze Arbeiten ja keinen Sinn, für wen denn . . . und wenn ich dann
einundfünfzig bin, ist das erste Kind schon siebenundzwanzig, älter, als ich jetzt bin . . . haha . . . Bob freut sich schon
darauf . . .«

Die Schläge blieben nicht ohne Wirkung. Jennys Pläne trafen
Juliane tief. Natürlich konnte sie Jennys Mutter sein, mit
Leichtigkeit, natürlich bekam sie keine Kinder mehr - aber
war das das einzige Kriterium für eine glückliche Zukunft?!
Sie sah Jenny nachdenklich, aber sehr freundlich an und
sagte liebenswürdig:

»Ein Wolf frißt Gänse, aber er füttert sie nicht!«

Und Jenny antwortete mit fröhlich blitzenden Augen: »Und
alte Knochen spuckt er aus . . .«

Das Telefon schellte und unterbrach die angeregte Unterhaltung. Brass war wieder dran und fragte mit heiserer Stimme
nach dem Stand der Dinge.

»Laß mich in Ruhe, Allen!« zischte Jenny. »Juliane ist eine
reizende Dame. Wir verstehen uns blendend. Bei mir spielen
die Schrammeln, bei ihr soll er orgeln . . . Darüber diskutieren wir noch!«

Brass legte sofort wieder auf. Bob, vor dem ein großer
Whisky stand, sah ihn mit trüben Augen an. »Na?« fragte er
zögernd.

»Man kann's nicht wiedergeben«, sagte Sheriff Brass. »Jenny
ist ein ordinäres Luder! Warum flüchtest du nicht aus Las Vegas?«

»Wohin denn?«

»Zurück nach Atlanta.«

»Unmöglich. Dort glaubt man, ich sei durch Onkel Steves Erbe Millionär geworden! Wie stehe ich da, wenn ich mit einem Koffer zurückkomme und mich um eine Organistenstelle bewerbe?!«

»Amerika ist riesengroß. Geh nach Alaska, da kennt dich keiner!«

»Das wäre die Kapitulation, Allen! So schnell gebe ich nicht auf!«

»Mit den Frauen, die an dir hängenbleiben, schaffst du es nie! Mir ist das ein Rätsel. Jeder vernünftige Mann wird mit seiner Frau fertig, nur deine wollen immer die ganze Welt umkrempeln! Jenny inbegriffen.«

Das Telefon klingelte. Brass hob ab und hörte Jennys jubelnde Stimme.

»Allen! Juliane und ich unterhalten uns bestens. Sie hat jetzt die halbe Eissplittertorte im Haar, nachdem sie mir den Kaffee über die Brust gekippt hat! Es steht eins zu eins! Sie hockt hinter dem Sessel in Deckung . . . ich liege hier am Telefon. Wenn sie hochkommt, feuere ich ihr einen Eisbecher ans Hirn . . .«

Die Verbindung brach ab. Brass starrte Bob mit zerfurchtem Gesicht an. »Die Schlacht hat begonnen«, sagte er dumpf. »Jenny ist voll in Aktion! Aber deine Juliane ist auch kampferprobt, alle Achtung! Ich verständige prophylaktisch schon die Sanitäter. Gott sei Dank, jetzt ist die Luft wieder klar . . .«

Man sagt, daß Gott immer dann zugegen ist, wenn der Menschen Not am größten ist. Meistens merkt man das nicht, denn es ist ja eine Glaubenssache. Aber in diesem Fall platzte Pfarrer McDolland mitten in einen heroischen Zweikampf und gab ein leuchtendes Beispiel christlicher Nächstenliebe.

Jenny und Juliane standen sich gegenüber, in stummer Verbissenheit, keine wankte oder wich, und hieben klatschend aufeinander ein, als vollführten sie einen bayerischen Watschentanz. McDolland breitete beide Arme aus, rief mit Donnerstimme: »Auseinander! Meine lieben Töchter, mäßigt euch!«, und zerrte Jenny aus Julianes Griffbereich.

»Wo ist Bob?« schrie Juliane. Ihre bekannte Trompetenstimme fuhr sogar McDolland ins Gebein, er fuchtelte mit der rechten Hand und drängte Jenny, die ihm dabei in die linke Hand biß, in die Küche ab. »Das blonde Flittchen sagt es mir nicht! Soll ich die Polizei alarmieren?«

»Er ist weg!« schrie Jenny aus der Küche. »Weiß ich, wohin? Er hat nie Dörrobst gemocht. Nie!«

»Diese verfluchte kleine Hure!« schrie Juliane und ballte die Fäuste. »Dieses Nichts aus Wackelhintern und Schwabbelbrust!«

Jenny flitzte aus der Küche und prallte gegen McDolland, der wie Petrus, der Fels, unüberwindbar im Weg stand. »Sie wäre froh, wenn sie so etwas rumschaukeln könnte. Umfang zweiundneunzig! Knackfrisch! *Das* will Bob!«

»Aus dem Weg!« Juliane kam auf McDolland zu. »Wer sind Sie überhaupt? Was geht Sie das alles an? Der Icesaloon ist geschlossen. Draußen steht es groß geschrieben! Sie mischen sich hier in eine Familiendiskussion ein!«

»Beruhigt euch!« rief McDolland. »Ihr alle seid Kinder Gottes!«

»Ist das nicht ein blöder Hund?« Jenny zerrte nervös an ihrem verrutschten Rock. »Mir guckt er in die Bluse und redet dabei vom großen Fischfang im See Genezareth! Mach, daß du rauskommst, William, wir werden ohne Bibel fertig!«

Es zeugte von der Nervenkraft und dem eisernen Willen McDollands, daß es ihm in verhältnismäßig kurzer Zeit gelang, den wilden Damen klarzumachen, daß man Probleme nicht mit ausgerissenen Haaren löst. Juliane war die erste, die nachgab, sich auf einen Stuhl fallen ließ und McDolland kläglich anblickte.

»Herr Pfarrer«, sagte sie kleinlaut, »ich bin noch neu in Amerika, aber ich nehme an, daß auch hier ein Geistlicher zur Wahrheit verpflichtet ist?«

McDolland nickte würdevoll, aber ihm wurde bei dieser Ein-
leitung etwas unwohl. Vorsicht, sagte er sich. Die will dich
aufs Glatteis führen. Rutsch nicht aus, William!

»Wo ist Bob?« fragte Juliane. »Sie wissen es!«

»Nein, ich weiß es nicht!« McDolland atmete auf. Das war
die Wahrheit. Gott war sein Zeuge. Er war völlig ahnungslos
in diesen wilden Kampf hier geraten. Er wußte nicht einmal,
daß Juliane Brook eingetroffen war. Er hatte Bob besuchen
wollen, und natürlich Jenny. Ihr Anblick gehörte zu den
Freuden seines Lebens, er mochte ihn keinen Tag missen.
Der eine braucht am Morgen ein Gläschen Sekt, der andere
kippt einen Korn . . . McDolland brauchte einen Blick auf
Jennys Oberweite. Dann war der Alltag in Ordnung. Er
wußte sofort, daß die zweite, ihm fremde Dame nur Juliane
sein konnte. Bob hatte sie hervorragend beschrieben. Sie war
wirklich eine reife, hübsche Person, bestens erhalten, und
paßte mit ihren 51 Jahren besser zu ihm, dem Sechzigjähri-
gen, als zu Bob, dem Unfertigen. Vor allem erbte sie über 2
Millionen, was sie mit einem ungeheuer verführerischen
Glanz umgab. McDolland beschloß, sich mit der ganzen
Kraft seiner Persönlichkeit auf Juliane zu konzentrieren. Er
sah ihre Erregung, ihren schönen, wogenden Busen, die Sah-
neflecken im Haar, Überreste der Torte, das beschmutzte Kostüm, die schlanken Beine, die unruhig über den Boden
scharrten. McDollands Herz öffnete sich.

»Ich suche Bob selbst!« sagte er ehrlich. »Mrs. Brook . . .«

»Das bin ich!« antwortete Juliane verbissen. »Ich lasse mir das
nicht streitig machen.«

Wieder klingelte das Telefon. Jenny hob ab und schrie:
»Ruhe!«

»Was ist los?« fragte Sheriff Brass. »Lebt sie noch?«

»Und wie! Der Pfarrer ist gekommen und wird gleich einen
Choral mit uns singen. Hau ab!«

Brass legte tatsächlich sofort wieder auf. McDolland schielte
zu Jenny.

»Wer war das?«

»Der Sheriff.«

McDolland nickte und dachte jetzt logisch – er wußte jetzt, wo Bob sich befand. Wenn Juliane noch einmal die gleiche Frage stellen würde, käme er in Konflikt mit der Lüge. Aber er rettete sich mit der Feststellung, daß er ja nicht wußte, wo Bob war, sondern es nur ahnte. Nach seiner Ahnung fragte niemand.

»Mrs. Brook«, sagte er nun und setzte sich neben Juliane. Sie beeindruckte ihn sehr, nicht als Millionärin, sondern als Frau. »Ich kenne die ganze Problematik Ihres Falles. Bobs Beruf, durch Heirat Staatsbürgerschaften zu vermitteln, ist zwar vom christlichen Sinne her verwerflich, aber andererseits auch eine humanitäre Tat! Nehmen wir Sie selbst: Hätten Sie jemals die Möglichkeit, Ihr Erbe anzutreten, ohne sich mit einem Amerikaner zu verheiraten? Nein! Da hilft Ihnen Bob selbstlos zu einem neuen Leben! Man muß alle Dinge so betrachten, daß sie in einen ethischen Rahmen passen. Sie haben einen Vertrag unterschrieben, und wie ich Bob kenne, hält er sehr auf Vertragstreue. Hat er jemals gegen einen der Paragraphen verstoßen?«

»Nein! Nie!«

»Kunststück!« rief Jenny gemein. McDolland sah sie strafend an.

»Beachten Sie Jenny nicht, Mrs. Brook«, sagte er milde. »In einem Teich schwimmen Seerosen und Wasserlinsen! Beide ernährt das Wasser.« Juliane starrte McDolland irritiert an. »Ich will sagen: Sie sind bald eine vollgültige Amerikanerin. Bob hat seine Pflicht erfüllt.«

»Und ich liebe ihn!« Juliane straffte sich. »Nachdem ich diese Schlampe dort gesehen habe, liebe ich ihn heiß, noch inbrünstiger als zuvor. Er braucht mich, sonst geht er hier unter!«

»Aus dem Weg, Pfarrer!« schrie Jenny. »Ich schlitze sie auf!«

McDolland brauchte weitere drei Stunden, um wenigstens für diesen Tag die Kampfahndlungen zu neutralisieren. Allen Brass rief noch viermal an und berichtete beim vierten-mal, Bob sei vom Whisky jetzt so betrunken, daß man um sein Leben fürchten muß. Er schleppe ihn jetzt ins Bett.

Juliane richtete sich im Wohnzimmer ein. Sie packte die Koffer aus, hängte alles in die Schränke und nahm das Haus in Besitz. Mit dieser Rivalin schlief Jenny jedoch nicht in einem Bett. Sie setzte sich in ihren Kleinwagen, den sie mit 5 Dollar wöchentlich abzahlte, und fuhr zu Sheriff Brass. Dort saßen schon McDolland und de Trajano herum und verräucherten das Zimmer.

»Er schläft!« sagte Brass. »Ein atmendes Whiskyfaß! Wir haben beschlossen, daß Bob hier bleibt und abwartet, bis seine Frau die Geduld verliert. Und wenn's ein Jahr dauert . . .«

»Von mir aus!« sagte Jenny und blickte die drei mitleidig an. »Du lieber Himmel, seid ihr eine feige Bande! Ob ich hier schlafe oder drüben, das ist mir egal!«

»*Bob* schläft hier bei mir!« sagte Brass dumpf. »Er braucht unbedingt Ruhe. Er ist mit den Nerven fertig.«

»Das sag' ich ja!« Jenny stieg die Treppe nach oben hinauf. »Ich muß ihn beruhigen. Ohne mich übersteht er das nicht . . .«

Das ganze Zimmer roch nach Whisky, als Jenny eintrat. Bob lag angezogen auf dem Rücken, als habe man ihn einfach dort hingeworfen. »Männer!« sagte Jenny geringschätzig, begann mit flinken, geübten Fingern, Bob auszuziehen, streifte die Decke über ihn, zog sich selbst aus und kroch dann an ihn heran. Sie kuschelte sich an seine warme Haut, küßte seine behaarte Brust und sagte zärtlich: »O Bob, hast du dir einen Beruf ausgesucht . . .«

Eines muß man anerkennen: Die deutsche Beamtenausbildung machte sich für Juliane bezahlt. Sie wich und wankte nicht, sie gab nicht nach, sie ignorierte Zeiten und Anfechtungen, sie hielt die Stellung mit eiserner Disziplin!

Sieben Wochen lang!

Bob blieb verschwunden, das heißt, er versteckte sich bei Sheriff Brass. Da er nicht an seine Sachen herankonnte, kaufte ihm Brass Unterwäsche und einen billigen Anzug, Strümpfe und drei bügelfreie Hemden. Abends ging Bob hinter dem Sheriffhaus im Garten spazieren, oder er fuhr im Dienstwagen nach Las Vegas hinein, saß in den Restaurants herum, kaute mißmutig ein Steak oder schlürfte ein Bier, bis Brass ihn wieder abholte. Das einzige, was ihn erfreute, war der nächtliche Besuch von Jenny.

Sie entwickelte dabei große Phantasie, denn ihre Nebenbuhlerin blieb ihr auf den Fersen. Julianes weiblicher Instinkt sagte ihr, daß Jenny genau wußte, wo Bob sich versteckte, und daß sie jede Nacht zu ihm schlich. Juliane kaufte sich einen Gebrauchtwagen und verfolgte Jenny, wenn diese den Dienst im Icesaloon beendet hatte. Aber immer verlor sie die Spur. Jenny fuhr nämlich in die Stadt, parkte entweder vor Hammers Casino oder dem Golden Nugget, ging in das Desert Inn oder das Holyday, zog sich auf den Toiletten um, setzte sich schwarze oder rote Perücken auf, verließ die Gebäude auf der Rückseite und ließ sich mit einem Taxi zum Sheriff bringen. Juliane wartete mehrmals bis zum Morgengrauen, bevor sie merkte, daß man sie ausgetrickst hatte.

Nach sechs Wochen ließ sie sich bei Sheriff Brass melden. Brass gab sofort Alarm in die obere Etage und empfing Mrs. Brook mit ausgesuchter Höflichkeit.

»Mein Mann ist vermißt!« sagte sie. »Kann ich eine Meldung machen?«

»Jederzeit!« Brass suchte ein Formular aus einem Stapel Papiere. »Aber davon kommt er nicht wieder.«

»Sie wissen mehr?«

»Bob hat geäußert, er wolle lieber wie ein Höhlenbär im Grand Canyon leben, als seinen Vertrag brechen. Hat Ihnen Pfarrer McDolland das nicht berichtet?«

»Ja, schon. Aber wenn ich eine Vermißtenanzeige mache, müssen Sie ihn suchen, nicht wahr?«

»Selbstverständlich, Mrs. Brook. Aber wo?« Brass zeigte mit dem Daumen über die Schulter. An der Wand des Dienstzimmers hing eine Landkarte der USA. »Amerika ist groß. Nehmen wir an, Bob sei sogar bis Hawaii geflüchtet - warum nicht? - oder nach Alaska - wo sollen wir da mit dem Suchen beginnen!«

»Nach welcher Zeit kann ich ihn für tot erklären lassen?« fragte Juliane ernst. Brass zuckte heftig zusammen. Damit hatte niemand gerechnet. Er begriff, warum McDolland diese Frau einmal unheimlich genannt hatte.

»Das entscheidet das Gericht«, sagte er heiser. »Das muß man Mr. de Trajano fragen. Aber ich glaube, die Chancen sind in diesem Falle sehr gering. Was hätten Sie auch davon?«

»Ich bliebe für immer Mrs. Brook!« sagte Juliane kalt. »Es gäbe dann keinen Vertrag mehr . . . und ich könnte endlich dieses Luder von Jenny zum Teufel jagen!«

In der achten Woche änderte sich das Klima im Icesaloon. McDolland ging zur Offensive über. Etwas anderes blieb ihm auch kaum übrig, wollte er nicht rettungslos abgedrängt werden. Jennys Vetter Harry Sandler war nämlich zu dem Schluß gekommen, daß Altersunterschiede keine Rolle spielten, wenn man mit Männlichkeit Millionen gewinnen kann. Wann würde ihm, einem Cowboy, je wieder die Gelegenheit geboten werden, ein von neuer Sehnsucht erfülltes Herz zu besänftigen?!

Harry kaufte sich superenge Jeans, die vor allem beim Gehen jeden Augenblick zu platzen drohten, trug das Hemd über der breiten Präriebrust bis zum Gürtel offen und scherzte mit Juliane herum. Abends sang er Lagerfeuerlieder zur Gitarre und schrie jippijeh.

McDolland hatte dem nichts entgegenzusetzen. Kirchenlieder und weise Sprüche Salomons erzeugen nicht annähernd die stimulierende Wirkung von Rinderhirtenromantik. Zwar verfügte McDolland über ein unerschöpfliches Repertoire von Männerwitzen, aber sie halfen ihm bei Juliane nicht weiter. Ihm blieb nichts anderes übrig, als sie am Sonntag zu einem Kirchgang einzuladen, nach dem Gottesdienst mit ihr Kaffee zu trinken und Kuchen zu essen, ihr sein schönes Haus zu zeigen und von der Arche Noah zu erzählen, die er als klassisches Beispiel für die Welterrettung durch Zweisamkeit interpretierte.

Juliane verstand ihn sofort. Sie lächelte geschmeichelt, überdachte ihre verfahrene Situation und gestand sich ein, daß McDolland ein noch starker, wackerer Mann sei, dem man die Sechzig nicht zutraute und der vor allem Lebensart besaß.

»Sehen Sie Bob?« fragte sie.

McDolland machte hm-hm und blickte an die Zimmerdecke. Hm-hm ist keine Lüge.

»Sagen Sie ihm, ich mache dieses lächerliche Theater nicht mehr mit. Er soll endlich auftauchen und sich wie ein Mann benehmen. Ich willige in die Scheidung ein.«

»Gottes Segen über Sie, Mrs. Brook!« sagte McDolland. Ihm war nach einem Halleluja zumute.

»Unter einer Bedingung!« sagte sie streng.

»Und die wäre?«

»Ich schulde ihm aus dem Vertrag noch 40 000 Mark. Zweihunderttausend habe ich für seine Freilassung bezahlt, die buchen wir gleich ab. Die restlichen 40 000 betrachte ich als Schmerzensgeld für erlittene Mißhandlungen und verlange, daß Bob darauf verzichtet!« Sie sah McDolland herausfordernd an. »Das ist doch gerecht, nicht wahr?!«

»Ich weiß nicht«, wich er aus.

»Diese 40 000 Mark stifte ich Ihrer Kirche!«

McDolland fuhr zusammen wie unter einem Schlag und faltete bebend die Hände. »Die Gerechtigkeit hat viele Gesichter!« rief er leidenschaftlich. »Blicken wir in eines und sagen wir, es ist wohlgetan . . .«

Am Abend küßte McDolland Mrs. Juliane Brook unter einer im Wüstenwind gehärteten Tamariske.

Bei Richter de Trajano sahen sich Bob und Juliane wieder. Sie saßen nebeneinander, hörten die Worte des Friedensrichters und sagten ja, als Trajano fragte, ob die Ehe zerrüttet sei. Dann waren sie geschieden, gaben sich die Hand, und Bob zerriß unter Zeugen den Vertrag und damit auch seine 40 000 Mark. Juliane lächelte säuerlich und warf einen Blick auf Jenny, die im Hintergrund wartete. Sie trug ausnahmsweise ein züchtiges, hochgeschlossenes Kostüm. Ihr Blondhaar leuchtete im Sonnenschein, der durch das Fenster flutete. Ihre glänzenden Augen hingen an Bob.

»Ich wünsch' dir recht viel Glück, Bob!« sagte Juliane. »Du kannst es gebrauchen. Willst du Jenny wirklich heiraten?«

»Wir haben nie darüber gesprochen. Aber es geht sowieso nicht. Es wäre ja die Zerstörung meines Geschäftes.«

»Du willst weiter als Heiratsspezialist auftreten?«

»Ich muß. Ich bin nach dieser Ehe total pleite! Du hast mich fertiggemacht - mit deutscher Gründlichkeit.« Bob hob die Schultern. »Das Betriebskapital für die nächste Ehe muß ich mir zusammenpumpen. Mein Geld reicht nicht einmal mehr für den Flug nach Deutschland.«

»Vielleicht kann William dir helfen!« Juliane blickte verliebt zu McDolland, dessen Nase nervös zuckte. Irgendwie schämte er sich, obwohl er dazu gar keinen Grund hatte. »Natürlich mit acht Prozent Zinsen, immer auf die Endsumme berechnet.«

Bob nickte, küßte Juliane fair die Hand und verließ schnell das Gericht. Jenny hängte sich bei ihm ein; ihr standen Tränen in den Augen; sie behauptete, am Fenster sei es zugig gewesen.

Man glaube nun nicht, daß die Sorgen damit ein Ende hatten. Auch wenn Juliane nach der Scheidung sofort zu McDolland zog und bereits am nächsten Sonntag im Gottesdienst den Klingelbeutel herumreichte. Für Bob begannen nun schwere Wochen.

Seine Freunde weigerten sich, ihn nochmals zum Heiraten nach Deutschland fliegen zu lassen.

Es fing damit an, daß McDolland bei Allen Brass anrief und erregt ins Telefon schnaufte. »Es ist ungeheuerlich!« sagte er mit aller Empörung, zu der ein wahrer Christenmensch fähig ist. »Bob war hier und wollte mich allen Ernstes anpumpen! Die Kirche anpumpen! Wollte wie Moses Wasser aus dem Felsen schlagen! Ja, leben wir denn in alttestamentarischen Zeiten?! Natürlich hat Juliane ihm diesen Vorschlag gemacht, aber wer rechnet damit, daß Bob solche harmlosen Scherze ernst nimmt?! Wahrscheinlich kommt er auch zu dir!«

Bob erschien tatsächlich bei Allen Brass, nachdem er zunächst bei de Trajano aufgetaucht war und dort erfahren mußte, daß auch der Richter ihm eine Unterstützung verweigerte. »Für einen neuen Deutschland-Trip? Nie! Wir werden uns überlegen, wie du in Las Vegas auf die Beine kommen kannst. Du investierst zuviel Seele ins Heiratsgeschäft. Dir fehlt die Härte, Bob. Du rufst bei den Frauen Mutterinstinkte hervor, und das ist tödlich für deinen Beruf! Versteh mich recht, Bob - aber ich steck' doch kein Geld in eine Firma, von der ich von vornherein weiß, daß sie Konkurs macht!«

Allen Brass gab Bob erst einmal einen Whisky und fragte dann vorsichtig: »Glaubst du etwa, daß ich anders denke?«

»Du bist der einzige wahre Freund!« sagte Bob.

»Wenn du so kommst, ist die Sache von vornherein faul! Kein Geld für Germany! Du solltest dir lieber überlegen, ob es nicht besser wäre, dich bei einem Psychiater auf die Couch zu legen! Ich habe schon mit Doc Kryszinsky gesprochen. Er ist bereit, dich noch in Behandlung zu nehmen, obwohl er überlaufen ist.«

»Das ist alles, was du mir anzubieten hast?« fragte Bob verhalten.

»Kryszinsky meint, dein Leiden sei ihm bekannt. Es handle

sich um eine Art Freudscher Verklemmung oder so ähnlich.«

»Was ich brauche, ist Geld, sonst nichts!« sagte Bob. »Alles andere ist Quatsch. Der Icesaloon geht mieser als jemals zuvor, das wißt ihr, und wenn Jenny nicht mit ihrer Karre in den Casinos herumziehen würde, könnte ich nicht mal die täglichen Milchlieferungen bezahlen! Der Laden muß umgebaut werden. Da hatte Erika völlig recht. Ein Wiener Café - das ist in Las Vegas eine echte Marktlücke! Aber dazu brauche ich Geld! Von den Banken bekomme ich nichts. Kein Darlehen für Windeier, sagen sie.«

»Aha!« Brass wedelte mit dem Zeigefinger. »Das sollte dir die Augen öffnen, Bob. Das sind Fachleute!«

»Soll ich Nachtwächter auf dem Neonreklame-Friedhof werden?«

Brass verzog das Gesicht. Der Neonreklame-Friedhof war eine Spezialität von Las Vegas. Außerhalb der Stadt, am Rande der Wüste, hatte man ein großes Areal bereitgestellt, wo die ausrangierten Neonreklamen abgeladen wurden und vergammelten. Riesige glitzernde Wände, Fassaden von arabischen Palästen und indischen Tempeln, zwinkernde Cowboys, wiehernde Pferde, rotierende Rouletts und lächelnde Pin-up-Girls ... ein glitzernder Abfallhaufen, das schäbige Ende lockender Pracht, verrottender Verführung! Der Friedhof der Neonreklamen war so ziemlich das Trostloseste, was Las Vegas zu bieten hatte.

»Nicht gleich ins Extreme, Bob!« sagte Brass begütigend. »Alles, was du machen willst, ist gut, bis auf eins: Fährst du wieder nach Deutschland, um zu heiraten, ist mit uns nicht mehr zu rechnen! Ich warne dich! Wir schleifen dich zum Psychiater und dann in eine Anstalt!«

Um so entsetzter waren alle, als Bob eines Morgens aus Las Vegas verschwunden war. Jenny verkündete strahlend: »Er ist schon auf dem Flug nach Frankfurt. Diesmal versucht er es wieder in München.«

»Und woher hat er das Geld?« brüllte Brass.

»Von Luigi Galezzano!«

»Ist der komplett verrückt geworden?! Will er Bob auf diese charmante Art zugrunde richten? Und du, du Rindvieh?! Hast du noch nicht genug?! Begreifst du denn nicht, daß Bob wieder voll auf die Schnauze fällt?! Er ist für den Beruf des gewerbsmäßigen Ehemannes so ungeeignet wie du zum Doktor der Philosophie!«

»Wir brauchen Geld!« sagte Jenny böse, mit umwerfendem Schmollmund. »Wir brauchen dringend die Anzahlung für eine Orgel.«

»Für was?« sagte Brass entgeistert.

»Bob soll eine Orgel bekommen, eine schöne große Orgel. Damit kann er viel Geld verdienen. Orgelkonzerte hat es in Las Vegas auch noch nicht gegeben, Allen.«

Dagegen gab es kein Argument mehr. Brass rief McDolland an und de Trajano und berichtete ihnen von Bobs neuem Versuch, mit Heirat reich zu werden.

»Der Junge ist geistig umnachtet!« sagte McDolland erschüttert. »Ich bete für ihn. Aber der Gedanke mit der Orgel ist nicht schlecht. Ich habe nur ein Harmonium hier. Wenn Bob seine Orgel in meiner Kirche aufstellt, hätte ich nichts dagegen.«

Sheriff Brass legte wütend auf.

Alles normalisierte sich: Vetter Harry zog zu seiner Cousine Jenny und rührte Eis, Jenny zog durch die Spielcasinos und verkaufte es, McDolland wurde mit Juliane noch einmal aktiv wie in seinen besten Jahren und nahm sich mit zwei Anwälten der Erbschaftssache an. Bob Brook mietete sich in München mit Galezzanos Geld in einem Hotel der mittleren Preisklasse ein und gab seine bewährte Anzeige vom soeben eingetroffenen jungen Amerikaner auf.

Er ahnte nicht, daß sich dieses Mal sein Leben gründlich ändern sollte.

Das Echo auf seine Anzeige war erstaunlich gering. Die netten Mädchen bei den Anzeigenaufnahmen der Tageszeitungen überreichten ihm nur ein paar Briefe, die auf seine Chiffre eingetroffen waren. Bob fragte verwirrt: »Ist das alles?«, und als die Mädchen bedauernd die Schultern hoben, ging er etwas bedrückt in sein Hotel zurück.

Die einschlägigen Zuschriften von Privatclubs, Massagesalons, exklusiven Saunas und toleranten Ehepaaren zerriß er sofort, ebenso die wenigen Fotos, die ihm geschäftstüchtige Damen mit eigenem Appartement nebst Beschreibung besonderer Spezialitäten beilegten. Was zurückblieb, waren drei Briefe, von denen wiederum nur ein einziger interessant war: Absender eine Sandra Meyer.

Sandra schrieb in einem einwandfreien Englisch:

»Ihre Anzeige in der ›Abendzeitung‹ war so ziemlich das Blödeste, was ich in letzter Zeit gelesen habe. Ich kann mir darüber ein Urteil erlauben. Ich bin Studentin der Zeitungswissenschaft und beschäftige mich zur Zeit mit einer Arbeit über die Psychologie von Kleinanzeigen.

Es reizt mich - rein wissenschaftlich -, den Mann kennenzulernen, der eine so dumme Anzeige aufgibt. Seien Sie nicht beleidigt; vielleicht haben Sie ein psychisches Problem. Rufen Sie mich an, wenn Sie sich mit mir darüber unterhalten wollen.«

Bob Brook legte diesen ungewöhnlichen Brief auf den Nachttisch neben das Telefon, trank einen Whisky, betrachtete sich im Spiegel an der gegenüberliegenden Wand und war verunsichert. Auf den ersten Blick war zu erkennen, daß diese Sandra Meyer keinerlei Heiratsabsichten hatte und offensichtlich trotz Studiums der Zeitungswissenschaft den tiefen Sinn der Anzeige gar nicht erkannte. Sie schien sich zu fragen: Was soll's?! Das Gefühl einer untergründigen Verlockung - so hatte McDolland es formuliert - versagte bei ihr völlig. So gesehen war seine Anzeige blöd; er mußte ihr recht geben. Andererseits deutete ihr Nichtverstehen auf eine

Naivität, die in jedem Mann aufklärerische Instinkte weckte.

Bob rang mit sich. Er wußte im voraus: Es war verlorene Zeit. Er war nicht mit Galezzanos Geld wieder nach Deutschland geflogen, um sich über Psychologie in der Kleinanzeige zu unterhalten, sondern um endlich einen Gewinn heimzufahren. Dahinter stand die Idee, einer unternehmungslustigen deutschen Frau durch Heirat den umständlichen Behördenweg zur Erlangung von Daueraufenthaltsgenehmigung, Arbeitsbewilligung und US-Staatsangehörigkeit beträchtlich zu verkürzen.

Sandra Meyer kam für einen Vertrag nicht in Frage, aber ihr Brief reizte ihn ungemein. Wer einem Unbekannten so forsch ins Gesicht sagt, er sei ein Trottel, der verdiente schon etwas Aufmerksamkeit.

Bob rief die angegebene Nummer an. Es dauerte eine Weile, bis sich eine tiefe Männerstimme meldete. Bob zuckte unwillkürlich zusammen.

»Hello!« sagte er, »ich möchte Fräulein Meyer sprechen.« Sein Deutsch war immer noch ziemlich holprig.

»Welche?« fragte der Mann. Bob war verwirrt.

»Gibt es mehr?«

»Wir haben drei hier. Eine mit ei, eine mit ey, und eine sogar mit ai. Welche also?«

Bob blickte auf den Brief. »Meyer mit ey! Sandra.«

»Nicht da! Erst gegen 18 Uhr.«

»Und wer sind Sie?«

»Hier ist Pension ›Kraemer‹.«

»Sie sind nicht zufällig bekannt mit Waldemar Bubelatz?«

Nun war offenbar auch der Mann mit der tiefen Stimme verwirrt. »Was soll das? Wer ist Bubelatz?«

»Institut für lautlose Selbstverteidigung . . .«

»Mann! Sie sind ja besoffen!« sagte Herr Kraemer und warf den Hörer auf die Gabel. Bob blieb nachdenklich sitzen, las noch einmal Sandras Brief und beschloß, allen inneren

Warnungen zum Trotz, um 18 Uhr noch einmal anzurufen.

Gegen Mittag rief Brass aus Las Vegas an. Bob ahnte nichts Gutes und fragte deshalb sofort: »Woher weißt du, in welcher Stadt und in welchem Hotel ich wohne?«

»Von Jenny!« schnaufte Brass. Er war so klar zu verstehen, als riefe er vom Nebenzimmer aus an.

»Unmöglich!«

»Ich habe sie unter Druck gesetzt!«

»Und so was nennt man Freundschaft!«

»Es ist zu deinem Besten, Bob. Komm zurück! Mach keinen weiteren Blödsinn. Ernesto hat dich sperren lassen.«

»Was hat er?« fragte Bob entsetzt.

»Die Botschaft ist durch Fernschreiben verständigt und hat wiederum die Konsulate gewarnt. Mit wem du auch ankommst - es gibt kein Visum mehr, weder als Tourist noch langfristig oder unbefristet mit Arbeitserlaubnis. Du kannst dich trauen lassen, wo du willst, auch bei jedem deutschen Standesamt . . . sobald du als Mr. und Mrs. Brook bei unseren Behörden auftauchst, stehen alle Zeiger auf Null! Verstehst du das nun endlich?!«

»Nein!« Bob schluckte und bekam den Kloß in der Kehle nicht los. »Ihr habt doch alle selbst gesagt, daß . . .«

»Denk nicht mehr an das, was einmal war, Bob! Dein Beruf als Heiratsspezialist ist eine Pleite! Unsere Nerven halten das Theater mit deinen Frauen nicht mehr aus! Das habe ich auch Jenny vorgerechnet, und da wurde sie weich.« Brass kam offenbar ein erschreckender Gedanke. »Bob! Steckst du etwa schon wieder mitten in einer neuen Dummheit?!«

»Ja!«

»Du hast wieder eine Frau?!«

»Ja.«

»Man sollte dich einsperren!« sagte Brass resignierend. »Du solltest eine Zeitlang hinter Gitter! Aber diesmal spielt keiner mehr mit! Wir werden sofort die Botschaft verständigen.

Heirate du nur - geschieden wirst du nicht mehr! Du bleibst an der Angel. Das werde ich Jenny sagen . . .«

»Um Gottes willen, nein, Allen!« Bob schlug gegen die Sprechmuschel. »Hörst du mich, Allen?! Ich verspreche es euch, es ist das letztemal. Nur noch dieses Geld - ich muß ja Galezzano das Darlehen zurückzahlen! - und dann ist Schluß!«

»Keine Kompromisse!« Brass blieb hart. »Flieg sofort zurück, Bob! Wirf alles hin und nimm das nächste Flugzeug.«

»Und das geliehene Geld?«

»Mit Luigi werden wir schon fertig! McDolland wird wahrscheinlich deine Juliane heiraten und dann bereit sein, dir einen neuen Start zu finanzieren. Auch Juliane würde das tun; sie hat keine Wut mehr auf dich. Im Gegenteil, sie ist glücklich und sieht ein, daß William schon altersmäßig besser zu ihr paßt als du, Bob. Die Luft ist also rein wie nie . . . komm zurück!«

»Ich werde das heute nach 18 Uhr entscheiden«, sagte Bob. Er drehte Sandras Brief zwischen den Fingern und hob ihn gegen die Nase. Das Papier duftete nicht. Wieso auch - Sandra schien ein total nüchternes Mädchen zu sein. Emanzipiert, gegen Männer stachelig wie ein Igel, sehr intellektuell, bestimmt mit einem Herrenschnitt, Hosenanzug und kühlen Augen. Ein weiblicher Körper mit einer männlichen Seele.

»Du hältst mich wohl für blöd?« fragte Bob.

»Ja!« antwortete Brass sofort. »Unter dem Stichwort blöd sollte man in allen Lexika dein Foto bringen!«

»Dann hat sie recht.«

»Wer?«

»Die Neue.«

»Warum kann man dich nicht einfangen wie einen wilden Ochsen?« schrie Brass. »Mach, was du willst . . . für eine Mrs. Brook wird es nie ein Visum geben, dafür sorgen wir schon!«

Bob ließ den Hörer fallen, als habe Brass' Stimme ihn zum Glühen gebracht. Er ging hinunter in den Speisesaal des Hotels, aß ein Steak mit grünem Pfeffer, trank eine ganze Flasche Bordeaux dazu und kehrte dann mit deutlichen Gleichgewichtsstörungen in sein Zimmer zurück. Zu einem ernüchternden Spaziergang wagte er sich nicht hinaus, weil ja auch noch Jenny anrufen konnte. Brass hatte sie bestimmt sofort von dem Gespräch mit Bob unterrichtet ... jetzt saß sie hinten in der Küche, heulte wie ein Schloßhund, und ihr Vetter Harry mußte sie trösten oder ihre miserablen Launen ertragen, McDolland würde kommen und beruhigende Predigerworte finden, und überhaupt war alles so trostlos wie noch nie.

Visum gesperrt - wenn das zutraf, hatte das Heiraten keinen Sinn mehr. Die gesamte Grundlage fehlte: Das neue Leben in Amerika! Ohne die so begehrte »Allien registration card«, mit der einem die Arbeit in den USA erlaubt wird und die man dann in eine Staatsbürgerschaft umwandeln kann, war eine Mrs. Brook wie ein Wesen im luftleeren Raum.

Das Telefon klingelte. Bob, der auf dem Bett lag und gegen die Decke starrte, fuhr hoch und riß den Apparat an sich. Jenny! O Jenny ... glaube nicht, was Allen dir alles vorsingt! Er übertreibt doch nur! Ich komme zurück zu dir ... und dann heiraten wir! Nur, wovon wir anständig leben sollen, das muß noch geklärt werden. Private Musikschule in Las Vegas? Klavierunterricht, Trompetenkurse, Orgelübungen ... ausgerechnet in Las Vegas? Jeder würde sich an den Kopf fassen.

Es war nicht Jenny, es war ein Fräulein von der Anzeigenstelle der »tz«. »Es sind noch zwei Briefe abgegeben worden«, sagte sie. »Kommen Sie die morgen holen?«

»Nein!« Bob atmete heftig. »Zerreißen Sie sie, verbrennen Sie sie oder lesen Sie sie, damit Sie sehen, was Frauen so alles auf eine Anzeige hin schreiben! Mit mir nicht mehr ...«

Er wartete keine Entgegnung ab, legte auf und schlief ein, nachdem er sich wieder aufs Bett geworfen hatte. Er erwachte in der Dämmerung, sah erschrocken, daß es schon 18 Uhr 30 war, und wählte Sandras Nummer. Wieder war der Mann mit der dunklen Stimme da und sagte, ja, Fräulein Meyer mit ey sei auf ihrem Zimmer.

»Sind Sie jetzt nüchtern?« fragte er sogar.

»Und wie!« Bob hauchte laut ins Telefon. »Riechen Sie etwa noch was!«

Es machte klick-klack, dreimal, dann meldete sich eine sympathische, warme, klar artikulierende Stimme in englischer Sprache. Bob schloß die Augen. Wie sieht sie aus, dachte er. Groß, sportlich, blond. Faszinierender Eisberg . . .

»Sandra Meyer.«

»Der Mann mit der blödesten Anzeige neuerer Zeitrechnung.«

»Sind Sie beleidigt?«

»Hätte ich dann angerufen?«

»Sie könnten mir den Kopf waschen . . .«

»Ich habe viele Talente. Aber keines zum Friseur.«

»Aber Sie haben Humor, das gefällt mir.«

»Wenigstens ein Lichtblick. Wo und wann können wir uns sehen?«

»Wo wohnen Sie?«

Bob nannte sein Hotel. Sandra Meyer schien es zu kennen.

»Ich komme zu Ihnen, ja?« sagte sie.

»Ins Hotel?!«

»Nicht auf Ihr Zimmer.«

»Das hätte mich auch sehr enttäuscht.«

»In Ihrem Hotel gibt es eine gemütliche Bar, da können wir uns unterhalten in irgendeiner Ecke. Ich bin in einer halben Stunde da, ist Ihnen das recht?«

Bob sagte begeistert ja, bestellte sofort einen Tisch, duschte sich, aß zwei Pfefferminzbonbons gegen den Alkoholatem und legte besonderen Wert auf eine solide Kleidung. Er wählte einen dunkelblauen Anzug mit dünnen weißen Streifen, ein weißes Hemd und eine diskrete blau-weiß gepunktete Krawatte. Sein Spiegelbild erinnerte ihn an verschiedene

Kirchenfeste in Atlanta, wo er in solch bürgerlicher Verkleidung immer einen hervorragenden Eindruck gemacht hatte und vor allem die Mütter heiratsfähiger Töchter begeisterte. Diese Euphorie pflegte so lange anzuhalten, bis man erfuhr, daß Mr. Brooks Monatseinkommen vergleichbar war mit dem eines Lagerarbeiters im Supermarkt. Auf Mütter, die nach Schwiegersöhnen Ausschau hielten, wirkte das ziemlich ernüchternd.

Sandra Meyer war schon in der Bar, als Bob erschien. Sie saß an einem Ecktisch, stand auf und nickte ihm zu. Bob blieb an der Tür stehen und bekam einen heillosen Schrecken.

Sie war ganz anders, als er sie sich vorgestellt hatte. Völlig anders! Rötlichblonde Haare hatte sie, die seidig im Licht schimmerten, und ein rundes, waches Gesicht mit klugen blauen Augen. Sie war etwas über mittelgroß, so um 1,70 Meter herum, schlank und mit Beinen gesegnet, denen man als Mann zwangsläufig nachblicken muß. Das alles aber trat angesichts einer Figur, deren Vollkommenheit selbst ein geübtes Auge nicht sofort erfassen konnte, völlig in den Hintergrund. Für Bob war bisher Jenny der Inbegriff weiblichen Formenreichtums gewesen - aber Sandra Meyer übertraf Jenny noch zumindest in einem Punkt: nicht Verführungsbereitschaft, sondern vollendete Schönheit zeichnete sie aus; ihr Anblick war ein ästhetischer Genuß.

»Ich bin wie erschlagen!« sagte Bob, als er den Tisch erreicht hatte und ihr die Hand gegeben hatte. »Verzeihen Sie, wenn ich stottere. Es ist nicht meine Art, so zu sprechen . . . Ich bin wirklich ein selten blödes Exemplar.«

Sandra Meyer lachte. Ihre Stimme klang etwas guttural. »Herr Kraemer sagte, Sie hätten am Telefon einen betrunkenen Eindruck gemacht. Das sind vielleicht Nachwirkungen?«

»Nein, nein - viel eher müßte ich jetzt betrunken sein«, sagte Bob. »Sandra, machen wir es kurz: Ich bestätige Ihre wissenschaftliche Diagnose: Ich bin blöd! Aber nur in einem Beruf, für den ich ganz und gar nicht geeignet bin.«

»Setzen wir uns doch!« sagte Sandra.

Bob nickte, überflog mit einem langen Blick noch einmal ihre Figur, blickte in ihre blauen Augen, genoß das Schimmern ihres Haares und rief sich den Flugplan in Erinnerung. Morgen abend von Frankfurt nach New York. Mit einem Jumbo. Weg! Sofort weg! Bob, du mußt sofort abfliegen! Fahr noch heute nacht nach Frankfurt! Du mußt flüchten vor dieser Sandra Meyer. Die Katastrophe ist nach dem ersten Blick bereits vorgeplant. Sie wird unvermeidlich, wenn du länger in München bleibst.

Er setzte sich, starrte auf ihren mit goldenen Lurexfäden durchwebten Abendpullover und die Nadel, die sie links über der Brust angeheftet hatte. Brillanten und Rubine, zusammengefügt in Form eines Schmetterlings. Es sah umwerfend aus.

»Ich bin ehrlich«, sagte Sandra Meyer und beugte sich im Sitzen zu ihm vor. »Sie enttäuschen mich . . .«

»Ich bitte um Verzeihung . . .«

»Irgend etwas stimmt bei Ihnen nicht. Ich habe Sie nach Ihrer Anzeige analysiert. Sie müßten ganz anders sein. Schon Ihr Äußeres –«

»Dafür gibt es Erklärungen.« Bob lächelte, als bitte er um Vergebung. »Der Anzeigentext ist das Ergebnis einer Teamarbeit zwischen einem Sheriff, einem Richter und einem Pfarrer. Ich habe am wenigsten dazu getan.«

»Also doch!« sagte Sandra und betrachtete Bob mit großem Interesse. Er wurde unter diesem forschenden Blick verlegen und rettete sich hinter die Barkarte, die er durchlas, als sei sie ein spannender Roman.

»Was doch?« fragte er.

»Die Anzeige war eine Lockanzeige.«

»Um das zu merken, braucht man keine Zeitungswissenschaft zu studieren.« Bob entschloß sich, einen verrückten Cocktail zu bestellen, der sich ›Hawaii bei Nacht‹ nannte.

»Ich wollte mit dieser Anzeige ausdrücken . . .«

»Sie bieten sich an!«

»Wie bitte?« Bob ließ die Barkarte fallen. Sandra nickte ihm unbefangen zu.

»So ist es doch! Sie bieten sich den Frauen an! Nur sehen Sie nicht aus wie eine männliche Prostituierte.«

»Erlauben Sie, Sandra.« Bob zog den Schlipsknoten herunter; ihm war, als hätte ihn jemand gewürgt. So hatte das noch niemand gesehen, und McDolland hatte bestimmt auch nicht an diese Möglichkeit gedacht. »Mir so etwas zu unterstellen!«

»Ich unterstelle gar nichts. Ihre Anzeige läßt jedoch diesen Schluß zu! Aber Sie sind gar nicht der Typ für solche Geschäfte.« Sie warf die rotblonden Haare aus dem Gesicht und lehnte sich weit zurück. Ihren Pullover und das, was er verdeckte, brachte diese Bewegung sehr vorteilhaft zur Geltung. Sie schien es genau zu wissen und beobachtete Bob scharf: Er zeigte äußerlich keine Reaktion, aber in ihm brodelte es.

»Nett von Ihnen, daß Sie wenigstens das erkennen«, sagte er und bestellte beim Barkellner zwei ›Hawaii bei Nacht‹. Sandra wartete, bis der Kellner gegangen war, und bemerkte dann:

»Das ist ein sehr süßer Cocktail! Sie haben ein Faible für Süßes?«

»Ist das auch wichtig?«

»Für Ihre Charakterbeurteilung schon. Ich nehme an, Sie lieben vor allem püppchenhafte Frauen, so die typische Amerikanerin à la Hollywood oder Las Vegas . . .«

Bob wunderte sich plötzlich - und konnte nichts dagegen tun . . . Er fand Sandra phänomenal. »Wie kommen Sie gerade auf Las Vegas?«

»Die Stadt ist zu einem Synonym geworden.«

»Aha!«

»Sie wissen nicht, was ein Synonym ist?«

»Nein! Aber wenn Sie es sagen, muß es etwas sehr Schönes sein.«

Sandra lachte, schüttelte wieder den Kopf und sagte mit einem Glucksen in der Stimme: »Sie sind eine Type, Bob! Ehrlich: Was soll diese Anzeige? Frauen anlocken! Wozu aber?«

»Zum Heiraten.«

»Nein!«

»Aber ja! Ich transferiere Frauen nach Amerika und verschaffe ihnen, indem ich sie heirate, den Daueraufenthalt, Arbeitserlaubnis und auch die Staatsbürgerschaft. Heiraten ist mein Geschäft. Ganz reell mit Vertrag und fest umrissenen Verpflichtungen. Sehen Sie, wenn Sie ständig in Amerika leben und arbeiten wollen, können Sie das nur, wenn man Sie nach langen eingehenden Prüfungen für gesundheitlich, charakterlich und politisch einwandfrei hält. Das ist eine Papierschlacht ohne Beispiel. Und Sie brauchen einen Bürgen. Das alles kann man wesentlich abkürzen, indem man einen Amerikaner heiratet, der dann für alles geradestehen muß. Für viele Frauen, die gern in den USA ein zweites Leben beginnen wollen, ist das Spießrutenlaufen durch die Behörden ein Alptraum.«

»Und da greift Bob Brook ein als liebender Ehemann.«

»Als Vertragspartner, Sandra! Von Liebe ist nie die Rede. Sie ist sogar durch einige Paragraphen im Vertrag ausgeklammert.«

»Toll! Kann ich so einen Vertrag mal sehen?«

»Nein!«

»Warum nicht?«

»Er paßt nicht zu Ihnen, Sandra.«

»Und wenn ich jetzt ganz geschäftlich sage: Mr. Brook, mich interessiert Ihr Angebot?!«

»50 000 Mark Grundgebühr.«

»Sie sind total übergeschnappt, Bob!«

»Sehen Sie. Sie sind doch die Falsche!«

»Welche Frau ist so dusselig, 50 000 Mark für eine Arbeitsgenehmigung zu zahlen, die sie auch so bekommen könnte?! Vielleicht müßte Sie länger warten, aber sie spart 50 000

Mark, die sie drüben sehr gut gebrauchen könnte! Bob, ich glaube, Sie sind in Ihrem Beruf zum Scheitern verurteilt!«

»Es gibt Frauen genug, die diesen Weg wählen. Aber bisher habe ich versagt. Es gab immer Komplikationen mit den Frauen.«

»Viele?« Sandra meinte damit die Anzahl der Frauen, Bob bezog die Frage auf die Komplikationen.

»Es reicht!« sagte er. »Sie purzelten nur so dahin . . .«

»Das hätte ich Ihnen nie zugetraut.« Sandra musterte Bob, als sei er ein Pferd, dessen Muskeln man taxiert. »Sie sehen so brav aus! Ich bin übrigens siebenundzwanzig.«

»Ich schon fünfunddreißig. Beruf Pianist und Solo-Trompete. Verrückt, was? Ich glaube an mich und meine Begabung, bin aber leider der einzige, der daran glaubt. Vor sieben Jahren habe ich beim Cleveland-Orchester vorgespielt. Den ersten Satz des Trompetenkonzerts von Purcell. Es war eine Katastrophe. Der Chefdirigent, seinen berühmten Namen will ich nicht nennen, war in der Frage der Tempi anderer Ansicht als ich. Ich war fünf Sekunden vor dem Orchester fertig. Ich spielte Purcell aggressiv, der Dirigent wollte ihn pseudoromantisch. Purcell als Romantiker, ich bitte Sie! An diesen Gegensätzen scheiterte ich. Ich fiel durch. Schlimmer noch: mir eilte der Ruf voraus, alles besser zu wissen als die Dirigenten. Wo immer ich mich sonst noch bewarb, bei allen Sinfonie-Orchestern - überall Absagen. Da wurde ich Organist und Orgellehrer in Atlanta, Kirchenchorleiter und Beichtvater vernachlässigter Frauen. Ein verdammt schwerer Job!«

»Zeitungswissenschaften ist mein drittes Studium.« Sandra Meyer sah dem Kellner zu, der ›Hawaii bei Nacht‹ servierte. Der Cocktail schwappte in einer halben ausgehöhlten Kokosnuß, sehr dekorativ und ausgefallen. »Vorher habe ich es mit Psychologie versucht.«

»Aha! Deshalb!« unterbrach Bob.

». . . dann mit Ägyptologie . . .«

»Du meine Güte! Sie passen überhaupt nicht zu den Mumien!«

». . . und jetzt mit Zeitungswissenschaften. Aber dabei bleibe ich auch nicht. Mich interessiert wahnsinnig Geologie.«

»Und wie wollen Sie einmal Ihr Geld verdienen?«

»Ich weiß noch nicht. Ich habe das große Glück, einen Vater zu besitzen, der alles bezahlt, ohne zu fragen. Wir stellen Schrauben her - von den kleinsten, die nur mit der Lupe zu sehen sind, bis zu Riesendingern an Kränen. Paps beschäftigt 1600 Leute und sagt immer: ›Wenn anderen 'ne Schraube fehlt, tröpfelt es bei mir ins Portemonnaie‹. Paps hat Humor.«

Sie hob die halbe Kokosnuß, prostete Bob zu und nippte an dem Cocktail. »Ich bin ein bißchen exzentrisch, wissen Sie, Bob. Ich verachte Konventionen und bürgerlichen Mief. Für mich ist das Leben ein Land der Freiheit . . .«

»Kunststück, wenn man von lockeren Schrauben lebt . . .« sagte Bob. »Das Leben ist verflucht hart, Sandra. Ich müßte Sie mal durch die New Yorker Slums führen. Die Bronx, Bowery, Harlem . . . Das Leben kann hundsgemein sein!«

»Tun Sie es, Bob. Führen Sie mich herum.« Sie lehnte sich wieder mit ihrem aggressiven Pullover zurück. »Lassen wir die Geologie sausen! Ich habe Vertrauen zu Ihnen.«

»Nach fünfundzwanzig Minuten?!«

»Ich irre mich selten. Wissen Sie, ich treffe schnelle Entscheidungen. Ich bin ein Sekundenmensch. Ganz nüchterne Frage: Was könnte ich in Amerika tun?«

»Die Fotografen der Männer-Magazine würden sich um Sie reißen. Playboy, Penthouse . . . Ganz Amerika würde von Ihnen schwärmen. Dann kommen die Filmbosse, die TV-Götter, die professionellen Mädchenfresser mit Millionenvermögen, die Politiker, die Industriemagnaten . . . Sandra, Sie könnten Amerika im Handumdrehen erobern.«

»Nur aus der Horizontalen heraus?«

»Nur! Etwas anderes erwartet man von Ihnen gar nicht.«

»Und das trauen Sie mir zu?«

»Nein. Es wäre für mich die größte Enttäuschung.«

Sie blickte auf ihre Armbanduhr. »Nach sechsunddreißig Minuten?«

Sie lachten gemeinsam, reichten sich die Hand und hielten sich eine Weile fest. Es war, als hätte man so schon seit langer Zeit zusammengesessen, nicht heute, sondern immer schon.

»Was also könnte ich tun?« fragte Sandra, nachdem sie sich wieder losgelassen hatten.

»Ich besitze einen Icesaloon –«, sagte Bob.

»Toll! Ich könnte also lernen, wie man Eis macht! Wo liegt das Geschäft?«

Bob sah sie traurig an. »In – Las Vegas . . .«

»Das ist doch ein Witz!« Sandras blaue Augen verrieten leichte Irritation. Es war gewiß schwer, sie aus dem Gleichgewicht zu bringen, aber diese Antwort überrumpelte sie doch.

»Sie hatten keinen Onkel Steve . . .«

»Nein!«

»Aber ich. Dieser Sadist vererbte mir seinen Icesaloon samt Inventar. Dazu gehörte auch Jenny . . .«

»Superblond! Superbusen! Supergang! Superhintern! Superbeine! Supersex!«

»Das ist Jennys Steckbrief. Stimmt!«

»Las Vegas in Reinkultur!«

»Man kann es so nennen.«

»Jetzt reizt mich die ganze Sache noch mehr«, sagte Sandra und trank mit einem wahren Männerschluck die halbe Kokosnuß mit Cocktail leer. »Ich habe da auch so ein Problem. Friedhelm heißt es.«

»Ein Germane?« fragte Bob vorsichtig. »Oder ein Mops? Oder ein Pferd? Vielleicht auch eine Schildkröte?«

»Spinnen Sie, Bob?!« fragte Sandra entgeistert.

»Ich hatte schon einmal einen Mops, namens General Wellington; war der Liebling meiner ersten Frau! Warum soll Friedhelm keine Schildkröte sein?«

»Er ist Assistenzarzt im Klinikum rechts der Isar und Landes-
meister im Speerwerfen.«

»Das genügt!« Bob hob beide Hände wie zur Abwehr. »Bubelatz nahm wenigstens noch seine Hände . . . mit einem Speer
möchte ich absolut nichts zu tun haben! Sandra, studieren
Sie Geologie und analysieren Sie Erdschichten! Las Vegas ist
nichts für Sie!«

»Wo eine Jenny leben kann, müßte auch Platz für mich sein,
Bob!«

»Eben nicht!« Er nahm ihren Arm und blickte auf die Arm-
banduhr. »Wir kennen uns jetzt achtundsechzig Minuten!
Und schon reden wir von der Zukunft! Dieses Tempo über-
trifft alles! Sandra, ich bitte Sie: Gucken Sie weiterhin zu, wie
Friedhelm seinen Speer wirft, und vergessen Sie diesen Bob
Brook aus Las Vegas. Vielleicht hilft Ihnen das: Ich bin ein
Spezialist, der mit Heiraten Geld verdient!«

»Das weiß ich doch! Und Sie lieben dieses Superweib
Jenny!«

Bob sah sie nachdenklich an. Ihr Haar glänzte unter der Tif-
fanylampe, ihr Gesicht war wie ein Ausschnitt aus einem
Gainsborough-Gemälde. Sie anzuschauen war ein Erleb-
nis.

»Ich war bisher der Ansicht. Jenny ist wie ein warmes Ku-
scheltierchen.«

»Friedhelm hat eine große Karriere vor sich.«

»Verständlich, wenn er alle Arztkollegen, die ihm im Weg
stehen, mit dem Speer aufspießt.«

»Er ist der friedfertigste Mensch, den ich kenne. Aber ehrgei-
zig. Er will sich mit einer Arbeit über maligne Melanome ha-
bilitieren.«

»Sie lieben den germanischen Speer?«

»Ich mag ihn. Liebe ist das nicht unbedingt. Wenn man liebt,
will man zusammenbleiben. Sehen Sie, Bob - ich könnte
mich von Friedhelm trennen, weil ich an einen Eissalon in
Las Vegas denke. Ist das Liebe?«

»Der Sekundenmensch!« sagte Bob. »Wie er leibt und lebt. Trotzdem, Sandra . . . sehen Sie auf die Uhr!«

»Wir kennen uns jetzt eine Stunde und zweiundzwanzig Minuten!«

Sie wußte genau, was er sagen wollte. »Ich habe Ihnen schon gesagt: Ich bin ein verrücktes Huhn! Ich pfeife auf die sogenannte bürgerliche Vernunft. Ich setze mir jetzt in den Kopf: Las Vegas! Eissalon. Jenny. - Das ist ein volles, verlockendes Programm!«

»McDolland hatte recht«, sagte Bob und blickte in seine leere Kokosnußhälfte.

»Wer ist McDolland?«

»Pfarrer der Kirche ›Der flammende Rosenkranz‹ in Las Vegas.«

»O Gott!«

»Er sagte: ›Bob, wenn man mit Träumen Geld verdienen könnte, wärst du Millionär...«

»Das ist eine Idee!« sagte Sandra trocken. »Bob, das ist phantastisch!«

»Was?«

»Mit Träumen Geld verdienen . . . das kann man!«

»Sandra! Sie drehen durch!«

»Ich habe Psychologie studiert, Bob! Ich kann Bilder aus dem Unterbewußtsein deuten! Ein Traumdeutungs-Studio . . . das gibt es in Las Vegas noch nicht! Das ist eine Marktlücke! Und ihr Amerikaner macht ja jeden absurden Blödsinn mit! Bob, das ist überhaupt *die* Idee: Ein Traumdeutungs-Studio in Las Vegas unter der Leitung der Psychologin Sandra Brook . . .«

»Da mache ich nicht mit, Sandra! Das mache ich auf keinen Fall mit!«

»Wir sollten darüber nachdenken, Bob«, erwiderte Sandra unbeirrt. »Das Geld liegt herum, man braucht sich nur zu bücken. Warum bücken wir uns nicht?«

»Sie haben das doch gar nicht nötig, bei 1600 Schraubendrehern!«

»Die Fabrik erbt mein älterer Bruder, ein trockener Jurist und typischer Unternehmer. Er hat mir schon die Auszahlung angedroht.« Sie beugte sich über den Tisch. Ihre blauen Augen strahlten und brannten jeden Widerstand nieder. »Bob – lassen Sie uns das in aller Ruhe überlegen. Zunächst regle ich das mit Friedhelm.«

»Sandra! Bitte nicht! Ich flehe Sie an!«

Es half nichts. Nach knapp drei Stunden fuhr Sandra Meyer nach Hause. Bob brachte sie vors Hotel, sah ihren schnittigen Sportwagen, küßte ihr die Hand und wußte, daß er wahnsinnig sein mußte, wenn er nicht morgen in aller Frühe nach Frankfurt fahren würde und dann mit dem ersten Jumbo hinüber nach New York.

Aber er blieb.

Er stand oben in seinem Zimmer vor dem Spiegel, glotzte sich an, tippte sich an die Stirn und sagte immer wieder: »Bob! Ich liebe sie! Bob, sie ist dein Schicksal! Bob, davon kommst du nicht mehr los! Bob – das Leben ist doch verdammt schön.«

Aber so schön war es gar nicht. Das wurde Bob klar, als er nach einer Woche seinen Sturmlauf gegen die Behörden begann.

Es war genau das eingetreten, was eigentlich nie eintreten durfte: Bob war vor Liebe kaum ansprechbar. Alles, was er Jenny gegenüber empfunden hatte, erschien ihm jetzt als Sexspielerei, verglichen mit den Gefühlen, die Sandra in ihm auslöste. War Jenny immer sofort bereit, das Wenige, das sie am Körper trug, abzuwerfen, so kam er bei Sandra in dieser Woche über einen einzigen Kuß nicht hinaus. Es drohte ein ganz raffiniertes Spiel zu werden, ein Garkochen im eigenen Saft – aber Bob empfand es nicht so. Er träumte von der Stunde, in der er Sandra, und damit das Schönste, was die Natur an Weiblichkeit geschaffen hatte, in seinen Armen halten und für immer in Besitz nehmen konnte. Für immer? Bei diesem Gedanken kamen ihm Zweifel. War es überhaupt möglich, eine solche Frau zu halten? Er dachte an Las Vegas mit seinen vielfältigen Verlockungen, an die Millionäre und Stars, Filmproduzenten und TV-Bosse, die nur darauf warteten, daß eine Schönheit wie Sandra wie ein Komet am Himmel auftauchte – um sich dann auf sie zu stürzen wie Wölfe auf ein gutgläubiges Lamm.

Wir ziehen weg von Las Vegas, dachte Bob, wenn er sich qualvoll in solchen Zukunftsvisionen verlor. Irgendwohin in den einsamen Mittelwesten, in ein Prärienest, wo man über Meilen hinweg sehen kann, wenn jemand zu Besuch kommt. Aber würde Sandra mit einem solchen Pionierleben zufrieden sein? Würde sie ihm nicht mit dem ersten besten Pferd einfach davongaloppieren?

Sandra sprach mit Friedhelm. Es kam so, wie Bob es geahnt hatte: Friedhelm wollte unbedingt den Amerikaner, der ihm in die Quere gekommen war, kennenlernen. Aussprachen dieser Art mit einem Speerwerfer sind meistens unergiebig. Daher verschwieg Sandra auch Bobs Adresse und versuchte Friedhelm davon zu überzeugen, daß sie nie und nimmer zur Professorenfrau geeignet sei.

Friedhelm widersprach natürlich und nahm sich die Angelegenheit so zu Herzen, daß er sich zwei Tage lang vom Operationsteam beurlauben lassen mußte, weil seine zittrigen Hände für die Patienten eine akute Gefahr bedeuteten. Dann schlug er Sandra vor, sofort zu heiraten. Aber da war schon nichts mehr zu retten.

»Du bist ja blind geworden!« rief Friedhelm.

Sandra erwiderte: »Blinde haben das beste Gefühl.«

Dagegen war nun sogar medizinisch nichts einzuwenden. Friedhelm betrank sich, verfluchte die Amis, rief sogar Sandras Vater an, aber der wußte es bereits und sagte resignierend:

»Lieber Doktor, ich habe es mir abgewöhnt, mir Gedanken über meine Tochter zu machen. Sie will etwas – und sie tut es! Wenn sie die erste Frau auf dem Mond würde - ich würde mich nicht wundern. Vielleicht darf ich Ihnen später einmal gratulieren, daß Sie Sandra nicht geheiratet haben . . .«

Dies war der Stand der Dinge, als Bob bei der amerikanischen Botschaft anrief. Allen Brass hatte nicht zuviel versprochen: Konsul Nesswick war unterrichtet und sagte warnend:

»Unterstehen Sie sich, Bob! Ich lasse Sie im Interesse der Allgemeinheit festnehmen und psychiatrisch untersuchen! Wenn ich damals gewußt hätte, was ich heute weiß . . .«

»Ich liebe meine Braut!« Bobs Stimme bebte. »Clifford, Sie müssen mir helfen!«

»Ich kann sie nicht daran hindern, zu heiraten. Nach einer bestimmten Wartezeit können Sie das ja bei jedem deutschen Standesamt. Aber wir werden alles daran setzen, um zu verhindern, daß eine Mrs. Brook ein Visum bekommt, und sei es nur ein Touristenvisum!«

»Das können Sie nicht tun, Clifford!«

»Das überlassen Sie ruhig mir. Wir können ein Visum ohne Angabe von Gründen verweigern. Aber wenn Sie den Grund wissen wollen: Wir betrachten eine neue Mrs. Brook als unerwünscht!«

»Das ist gegen unsere freiheitlichen Gesetze, Nesswick! Das ist außerhalb der Legalität!«

»Ihr Beruf als Heiratsspezialist ist das auch, Bob! Da sind wir also quitt!«

»Ich komme nach Godesberg.«

»Ich warne Sie, Bob! Sie sind US-Staatsbürger. Bei Betreten der Botschaft befinden Sie sich auf amerikanischem Boden! Das kann Ihr k.o. bedeuten!«

»Mich schüchtern Drohungen nicht ein!« rief Bob. »Ich kenne meine Rechte als US-Bürger genau! Meine Frau wird die allien registration card bekommen, sie ist gesund, politisch unbelastet, charakterlich fest . . .«

»Ausgeschlossen, wenn sie sich mit Ihnen einläßt! Bob, es

gibt keine Lücke, durch die Sie schlüpfen können! Sie sind bei unseren Behörden jetzt bekannt . . .«

Bob legte wütend auf. Am Abend traf er sich mit Sandra, erzählte ihr, er müsse nach Bad Godesberg, um mit der Botschaft alles zu regeln, genoß noch einmal drei Stunden lang ihre Nähe, ihre Worte, ihre Hand, die die seine streichelte, ihre Lippen, die ihn küßten . . .

Mit gewaltiger Wut im Bauch fuhr er am Morgen per Intercity-Zug nach Bonn.

Hans-Jakob Müllegan kam im Eilschritt aus seinen Privaträumen, als sein Assistent ihm meldete: »Der Amerikaner ist gerade ins Hotel gekommen und möchte ein Einzelzimmer ohne Bad. Bergseite. Das billigste, das wir haben . . .«

Müllegan ahnte Böses. Er überdachte schnell die Situation und stand vor einem Rätsel. Wenn Bob von dieser Juliane geschieden war, schon wieder in Deutschland lebte und an den Rhein kam, dann bedeutete das, daß eine dritte Frau zur Mrs. Brook gemacht werden sollte. Müllegan zog seine Jacke an und riß sich von den Vergrößerungen los, die er gerade aus dem Wasserbad genommen und an eine Schnur gehängt hatte.

»Bob!« rief er, als er Brook in der Halle sitzen sah. Sein Freund wirkte traurig und zerknirscht. Er stand auf, umarmte Hans-Jakob Müllegan, klopfte ihm auf den Rücken und sagte:

»Ich habe verdammte Sorgen.«

»Ist dir die Braut schon vor der Hochzeit durchgebrannt?« Es sollte ein kleiner Scherz sein, aber als Müllegan den traurigen Hundeblick Bobs sah, schaltete er um auf tiefes Mitgefühl.

»Du bist allein? Wirklich?«

»Ja.«

»Natürlich bekommst du ein Zimmer zum Rhein mit Bad.«

»Zu teuer, Hans-Jakob. Ich muß sparen.«

»Reden wir nicht darüber, Bob.«

»Du bist ein echter Freund.« Bob setzte sich wieder. »Vielleicht der letzte, den ich habe. Alle anderen haben mich verraten!«

Hans-Jakob Müllegan wurde vorsichtig. Wenn die Freunde in Amerika das Handtuch geworfen hatten, dann mußte etwas Gravierendes vorgefallen sein. Es kam jetzt darauf an, sich nicht in Affären heineinreißen zu lassen, deren Dimensionen man nicht kannte.

»Was ist los?« fragte er.

»Ich will heiraten.«

»Das ist ja nichts Neues!«

»Doch. Dieses Mal schon. Ich liebe Sandra! Hans-Jakob, sie ist ein Wunder von einer Frau! Ohne sie bin ich am Ende! Aber keiner glaubt mir das! Alle sind gegen mich. Ich bin das Opfer einer Treibjagd . . .«

»Wer steht dahinter?«

»Alle! Von der Botschaft angefangen . . .«

Da haben wir's, dachte Müllegan. Irgend etwas muß drüben passiert sein, wenn man Bob Brook sogar hier in Deutschland ins Visier nimmt. Nun sitzt er hier, ein Häufchen Elend, und ich soll ihm helfen. Wie hilft man einem Freund, der verliebt ist?!

Die Situation war neu für Müllegan. Als Hotelier hatte er Erfahrung mit Paaren und solchen, die angaben, es zu sein, aber bisher war es noch nie vorgekommen, daß jemand sich in seine Hotelhalle setzte und klagte, man lasse ihn nicht heiraten. Verliebte balancieren immer am Rande des Wahnsinns, aber bei Bob war es wohl besonders schlimm.

»Raus mit der Sprache!« sagte Müllegan, ließ eine halbe Flasche Sekt kommen und lächelte Bob aufmunternd zu. Aber Hans-Jakobs rheinische Frohnatur blieb heute ohne Wirkung.

»Die Lage ist einfach«, sagte er. »Ich liebe Sandra. Ich heirate sie. Ob hier oder in München oder sonstwo, das spielt keine Rolle. Aber wenn sie dann mit mir, ihrem Ehemann, in die USA will, wird man ihr, der Mrs. Brook, das Visum verweigern! Ich müßte sie dann über Mexiko oder Kanada ins Land schmuggeln. Wir müßten illegal leben, bis die Sache eines Tages auffliegt. Was ist das für eine Ehe?«

»Und das ist alles?« fragte Müllegan erstaunt.

Bob stöhnte. »Was soll denn noch passieren?«

»Das ist doch alles kein Problem.« Hans-Jakob Müllegan nippte an seinem Glas. Eigentlich erteilt man solche Ratschläge nicht, aber ein guter Freund in Not . . . Bob hätte allein darauf kommen können, wenn er seine Nerven unter Kontrolle gehabt hätte. Es war doch alles ganz simpel. »Wer bekommt kein Visum? Mrs. Brook. Das ist auch gar nicht nötig. Wie heißt sie?«

»Sandra Meyer. Mit ey.«

»Als Sandra Meyer wird sie ein Visum bekommen, denn wer weiß denn, daß Sandra Meyer bald Mrs. Brook sein wird?! So kommt sie ohne Schwierigkeiten als Tourist nach Amerika, und dort heiratet ihr. Warum sollte man sie dann ausweisen? Wer weiß schon in Washington, was man in Las Vegas ausgeheckt hat? Wenn alles absolut klar ist, könnt ihr wieder in Las Vegas aufkreuzen. Einfacher geht es doch gar nicht, Bob.«

Brook starrte Hans-Jakob Müllegan entgeistert an. »Du bist ein Genie!« sagte er ergriffen und gab ihm einen Kuß. Hans-Jakob wurde rot wie eine betastete Jungfrau. »Danke! Das nenne ich Freundschaft!«

Am nächsten Morgen fuhr Bob wieder nach München zurück und schlief im Zug einen gewaltigen Rausch aus. Es war ein Abschied für immer gewesen - Bob und Müllegan wußten es. Der Heiratsspezialist würde nie mehr im Hotel »Bellevue« am Rhein einkehren.

Zwölf Tage später flog Sandra Meyer mit einer Reisegesellschaft nach New York. Drei Wochen Weltstadt, hieß das Programm. Beachtlich, was eine Frau für drei Wochen alles mitnehmen muß. Bei Sandra waren es drei schwere Koffer; für das Übergewicht bezahlte sie 600 Mark extra.

Das Visum hatte sie fast automatisch bekommen. Die Reisegesellschaft hatte einfach ihren Paß mit den anderen Pässen eingereicht. Wer kannte Sandra Meyer, wer wollte ihr verwehren, drei Wochen New York zu genießen?

Bob war einen Tag vorher abgeflogen. In Las Vegas wußte man von alledem nichts. Das Hotel, in dem Bob gewohnt hatte, gab Brass, der besorgt anrief, die Auskunft: »Mr. Brook ist schon vor fünf Tagen abgereist.« Bob - ein Mann, der behaupten konnte, es gäbe mehr als sieben Himmel, wohnte in diesen Tagen mit Sandra in einem anderen Hotel.

In Las Vegas breitete sich Panik aus. Bob seit fünf Tagen unauffindbar. Keine Nachricht! Kein Hinweis! Jenny heulte, sobald man sie nur ansprach, und Harry, der Cowboy-Vetter, lief mit der Miene eines Filmbösewichts herum und verkündete: »Wenn Bob jetzt kommt, zerstückle ich ihn!«

»Endlich!« sagte Sandra, als sie nach Paß- und Zollkontrolle Bob umarmte und küßte. »Du siehst blaß aus, Liebling. Noch immer Kummer?«

»Eine Schnellheirat ist nur in Las Vegas oder Reno möglich.« Bob winkte der Reiseleiterin ab, die schon mehrmals fordernd gerufen hatte: »Alle Reisenden von ›Unity Tour‹ bitte zum Bus kommen. Bitte beeilen.« Er faßte Sandra unter und zog sie, verfolgt von den empörten Blicken der Reiseleiterin, zur anderen Seite weg. »Las Vegas ist unmöglich. Also bleibt uns nur Reno. Wir fliegen übermorgen ins Heiratsparadies!«

»Einverstanden, aber wir machen Station in Las Vegas.«

»Warum denn das?«

»Ich will erst Jenny sehen . . .«

»Um Himmels willen!« Bob starrte Sandra entsetzt an.

»Sie stört mich!« sagte Sandra bestimmt. »Wenn ich heirate, möchte ich keinen Schatten neben mir haben . . .«

Obwohl auf den beiden Flughäfen in Las Vegas täglich Tausende von Menschen ankommen und abfliegen, kann es mitunter geschehen, daß Einzelpersonen erkannt werden. Zum Beispiel von dem Kellner Josuah Knox, einem Schwarzen mit

Boxerfigur, der in der Airport-Bar II bediente und damals, als Bob Brook noch der berühmte Heimkehrer aus Kidnapping-Gefangenschaft war, von ihm ein Autogramm bekommen hatte. Es hatte zwar inzwischen keinen Wert mehr, blieb aber in Knox' Autogrammsammlung, in der keine Las-Vegas-Größe fehlte - sogar der menschenscheue Howard Hughes war vertreten.

Josuah Knox erkannte Bob sofort, wunderte sich, daß keiner ihn abholte, er musterte die rotblonde Schönheit an seiner Seite und hielt es für seine Pflicht, Sheriff Brass anzurufen.

Knox hatte keine Ahnung, was er mit diesem Anruf auslöste. Allen Brass gab internen Alarm, rief McDolland und de Trajano in sein Office und ließ dann amtlich bei allen Hotels nachfragen, ob ein Bob Brook oder ein Mann anderen Namens in Begleitung einer auffällig hübschen deutschen Frau mit rotblonden Haaren sich angemeldet habe. Er wußte, daß diese Umfrage sinnlos war und daß auch hier seine Vertrauensleute, die Hotelportiers, versagen würden, weil der Strom der Las-Vegas-Touristen nie abriß und sich in diesen Tagen gewiß mehrere rotblonde deutsche Frauen in der Stadt aufhielten. Es war unmöglich, sie alle einzukassieren und zum Verhör ins Sheriff-Office zu bringen.

Zu Hause im Icesaloon war Bob noch nicht eingetroffen. Ein Anruf bei Jenny bestätigte dies. Sie war bester Laune und hatte gerade alle Hände voll zu tun; Brass hörte Stimmengewirr im Telefon.

Zwei Reisebusse waren ausgerechnet vor Bobs Saloon abgebremst worden, und die Fahrgäste labten sich an Eistorten und Spezialbechern. Cowboy Harry Sandler sang Countrylieder zur Laute, was vor allem den Damen gefiel.

Natürlich war ein Trick dabei. Direkt vor Bobs Icesaloon hatte man ein Stoppschild aufgestellt und einen Umleitungspfeil, was soviel hieß: Straße vorübergehend gesperrt und Umkehr bis zur nächsten Abzweigung. Ehe die Busse, die eine lange, heiße und staubige Wüstenfahrt hinter sich hatten, mühsam wendeten, drang die riesige Eiswaffelreklame auf dem Dach tief ins Gemüt der schlapp in ihren Sitzen hängenden Reisenden. Trotz Aircondition ist so eine Fahrt durch Nevadas Wüste, über einen Highway mit hitzeweichem Asphalt und vorbei an flimmernden Salzseen, immer noch eine Anstrengung, der vor allem ältere Damen kaum gewachsen sind. Und so erscholl an dieser Stelle jedesmal der Fahrgäste-Chor: »Anhalten! Da gibt's Eis!«, und die Busfahrer beugten sich dem Allgemeinwillen. Wie eine Staublawine ergossen sich dann die Menschen in Bobs Icesaloon.

Während Harry seine Cowboylieder schmetterte und zwei Aushilfsmädchen in kurzen Röckchen bedienten, handelte Jenny mit den Busfahrern Verträge aus, in denen diese sich verpflichteten, auch dann bei Bobs Icesaloon zu halten, wenn kein Sperrschild mehr die Weiterfahrt blockierte. Das mit dem STOP war nämlich nur eine kurze, vorübergehende Maßnahme, die Allen Brass angekurbelt hatte. Er kannte den Einsatzleiter des Straßenbaus von Las Vegas, steckte ihm ein verschlossenes Kuvert in die Jackentasche und ließ beiläufig die Bemerkung fallen, man könne doch das Straßenstück vor Bobs Saloon für etwa acht Tage zur Baustelle erklären. Am nächsten Morgen standen die Schilder da, und schon morgens um 9 Uhr hielt der erste Bus, um Eis zu tanken. Es war ein voller Erfolg, der sich langfristig auf Bobs Geschäft auswirken sollte.

Ideen muß man haben in Las Vegas, sonst geht man unter!

»Bob ist eingetroffen!« sagte Allen Brass, als die Freunde zusammensaßen. »Mit einer neuen Frau!«

»Entsetzlich!« stöhnte McDolland. »Wir müssen ihn entmündigen lassen!«

»Wie ist das möglich?« fragte de Trajano. »Eine Mrs. Brook bekommt doch kein Visum!«

»In Deutschland! Aber sie können ja von überall her nach New York fliegen, als Touristen: Von Paris, Zürich, Brüssel, Kopenhagen, Rom, Den Haag, London ... Bob ist weniger

dusselig, als wir angenommen haben. Er ist mit seiner Frau -
sie soll übrigens sehr hübsch und rotblond sein - in Las Vegas
eingetroffen, und mir schwant, daß es jetzt Schwierigkeiten
geben wird, die wir nicht mehr unter Kontrolle halten können.«

»Vor allem droht ihm jetzt ein Verfahren wegen Betruges!«
Richter de Trajano steckte sich nervös eine Zigarette an.
»Wenn er mit der neuen Frau den gleichen Vertrag geschlossen hat, wird er ihn nie erfüllen können. Die neue Mrs.
Brook wird einen heißen Kampf mit den Behörden führen
müssen, wenn sie eine Daueraufenthaltsgenehmigung und
eine Arbeitserlaubnis bekommen will. Wenn Bob als ihr Ehemann bürgt - und das muß er ja laut Vertrag -, dann ist der
Fall bereits abgeschlossen! Das kann zu einer satten Klage
führen . . .«

»Und zu neuer Scheidung!« sagte Brass dunkel.

»Folge: Ausweisung der geschiedenen Mrs. Brook, weil sie
kein Dauervisum bekommt. Dadurch gerät aber auch Bobs
Heiratsjob in die Akten, und was das bedeutet, ist gar nicht
auszudenken.«

»Wir müssen Bob ganz einfach vor sich selbst schützen!«
sagte Pfarrer McDolland. »Ich schlage vor: Wir sprechen mit
der unglücklichen jungen Frau, klären sie auf, verhindern einen Prozeß, indem sie freiwillig auf Schadenersatz verzichtet,
erstatten die Kosten zurück - Jenny hat ja einen Haufen Dollar gespart - und behandeln Bob zunächst wie einen armen
Kranken, der dringend der Ruhe bedarf. Dann muß er Jenny
heiraten, und damit ist er für immer aus dem Verkehr gezogen!«

»Bob ist ein mündiger Bürger von 35 Jahren!« warf de Trajano
ein.

»Wenn er nun auf diese Vorschläge nicht eingeht?«

»Er muß!«

»Wieso!«

»McDolland lächelte verträumt. »Ich habe einen guten

Freund. Dr. Mackenzie, James Donald Mackenzie. Gynäkologe im Memorial-Hospital. Ein guter Mensch, der jeden Sonntag zwanzig Dollar Kollekte gibt. Er wird bescheinigen, daß Jenny im dritten Monat ist . . .«

»Toll!« sagte Brass. »Die Kirche weiß immer einen Ausweg; das macht sie unsterblich.«

»Bob wird es nicht glauben.« De Trajano starrte McDolland plötzlich erschrocken an. »Oder stimmt das etwa, William?«

»Aber nein!«

»Jenny zeigt keinerlei Anzeichen, daß sie . . .«

»Im dritten Monat, Ernesto!« McDolland wiegte den Kopf. »Jenny trägt an allen Stellen, wo sie hingehören, süße Pölsterchen. Da muß man einer ärztlichen Bescheinigung mehr glauben als eigener Anschauung.«

»Und wenn nachher nichts ist!«

»Auch Ärzte können sich irren. Außerdem gibt es - Mackenzie hat mir das erklärt - eine hysterische Schwangerschaft. Mit allen Anzeichen einer echten! Und Jenny ist doch ein hysterisches Aas, wenn's drauf ankommt - oder?! Jeder Arzt kann Bob später erklären, daß Jenny in ihrer großen, verzweifelten Liebe zu Bob sich diese Schwangerschaft suggeriert hat, um ihn endlich für immer an sich zu binden. In der medizinischen Literatur gibt es da eine Menge Fälle, sagt Dr. Mackenzie.«

»Das wäre ein Weg.« Allen Brass hing am Whiskyglas, obwohl er im Dienst war. Aber große seelische Aufregungen mußte er einfach mit Alkohol etwas dämpfen. »Nur, was sagen wir, wenn Bob von der Sache mit Jennys angeblichem Vetter Harry Sandler erfährt?«

»Was ist mit Harry?« fragte McDolland plötzlich steif.

»Allen, was ist da los!?«

»Harry schläft doch in Bobs Bett!«

»Unerhört!« sagte de Trajano laut.

»Das traue ich Jenny nicht zu!« sagte McDolland erschüttert. »Sie liebt doch nur Bob!«

»Natürlich liebt sie Bob! Und sie liebt Harry! Jeden auf eine spezielle Weise. Typisch Jenny!« Brass beruhigte sich wieder mit Whisky. »Man muß ihre besondere Moral kennen. Bob will sie heiraten, und wenn sie ihn hat, wird sie die treueste Ehefrau von Las Vegas sein, das garantiere ich euch! Aber solange Bob nicht mit ihr verheiratet ist und seinerseits Heiraten zum Beruf gemacht hat, fühlt sie sich frei genug, um sich bei hormonellen Hochfluten mit Harry zu beschäftigen. Das ist für Jenny wie eine kosmetische Behandlung.«

»Welche Verwerflichkeit!« sagte McDolland dröhnend. »Und ausgerechnet Harry!«

»Seien wir keine Heuchler, William!« De Trajano drehte die Zigarette zwischen seinen Fingern. »Als der alte gute Steve Hamilton noch lebte, waren wir hinter Jenny her wie Schmetterlingsjäger hinter einem Paradiesfalter. Wir alle! Und als der arme Steve gestorben war und Bob noch nicht das Gesamterbe angetreten hatte, da standen wir bei Jenny herum wie hechelnde Hunde. Nur mit der Rute wedelten wir nicht . . .«

»Muß das sein, Ernesto?« McDolland verzog sein Gesicht, als plage ihn ein Schmerz. »Das ist doch längst Historie! Es gilt, die Gegenwart zu meistern und die Zukunft zu sichern und zu festigen! Du lieber Himmel! Jenny und Harry! Wir haben ja gar keinen Trumpf mehr gegen Bob!«

»Wir müssen Harry loswerden!« sagte Brass. »Für Geld tut er alles, schließlich ist er durch und durch Amerikaner. Wir kaufen ihm Jenny ab und verfrachten ihn dorthin zurück, wo er hergekommen ist - in seine Prärie.«

»Und Jenny macht da mit?«

»Sie hat ja ihren Bob wieder! Bei Jenny genügt Bob - wenn immer vorhanden - allein!« Allen Brass atmete seufzend auf. »Hauptsache: Wir haben Bob und werden mit seiner neuen Frau einig. Wenn ich nur wüßte, wo sich Bob in Las Vegas aufhält!«

Diese Frage war einfach zu beantworten.

Sandra hatte verlauten lassen, sie plage ein heftiges Hunger-
gefühl, und Bob glaubte ihr eine große Freude zu machen, als
er sie in ein von Deutschen gegründetes Restaurant führte:
Black Forest - zu deutsch: Schwarzwald. Das Dach erinnerte
wirklich andeutungsweise an eine Art Schwarzwaldhaus-
Dach und einige Fassadenmalereien und stilisierte Fachwerk-
balken versprachen tatsächlich so etwas wie süddeutsche Ge-
mütlichkeit, aber schon das runde Türmchen am Giebel war
eine Konzession an den amerikanischen Glauben, alles Deutsche müsse irgendwas mit Rittern und Mittelalter zu tun haben. Immerhin war das »Black Forest« ein Bombenerfolg in
Las Vegas, das Lokal war jeden Tag gerammelt voll, und vor
allem die in immer größerer Zahl nach Las Vegas kommen-
den deutschen Touristen atmeten auf, wenn sie endlich mal
wieder duftendes Sauerkraut und Schwarzgeräuchertes auf
den Tisch bekamen.
Sandras Eindrücke von Las Vegas waren durchaus nicht überwältigend. Der Las-Vegas-Strip, diese eine große, von Spielcasinos, Hotels, Nachtbars, Show-Theatern und Restaurants ge-
säumte Hauptstraße, imponierte ihr gar nicht; sie fand ihn
ganz einfach häßlich! Ein Meer von Neonreklamen, durch
das man hindurchschwamm. Ein Wald offener Türen, Fallen,
in die man hineinlaufen sollte, um ausgeraubt zu werden . . .
freundlich beflissen, glitzernd, lockend und höflich, vierund-
zwanzig Stunden lang immer bereit . . . ein riesiger, dollar-
fressender Moloch. Gezwungen wurde niemand, aber alle ge-
rieten in einen rauschartigen Zustand.
»Ich möchte hier nicht für immer wohnen«, sagte Sandra
nach dem Essen, zu dem es sogar badischen Wein gab, »können wir nicht deinen Icesaloon verkaufen?«
»Wer kauft denn so etwas in Las Vegas?«
»Allein das Grundstück und das Haus sind doch eine Menge
wert!«
»Wenn es in der Innenstadt liegen würde, ja! Aber da draußen? Außerdem wäre es gegenüber Onkel Steve eine Nieder-

lage. Voller Hinterlist hat er mir dieses Erbe an die Brust gedrückt und dabei gedacht: Nun zeig mal, was du kannst, Junge! Orgelspielen kannst du, Trompete blasen, komponieren, dirigieren, aber alles eben nur so gut, daß du niemals in die Zeitung kommst, daß niemand jemals über dich sprechen wird. Du bist genau das Mittelmaß, das man vergißt. Aber ich habe einen Icesaloon fünfunddreißig Jahre lang geführt und bin dabei nicht verhungert! Das mach mir mal nach! - Soll ich vor dieser Herausforderung davonlaufen? Soll ich das Handtuch werfen und damit beweisen: Jawohl, ich bin ein Versager?!«

»Du bist ein Genie!« sagte Sandra leise.

»Wiederhole das bitte.« Bob starrte sie entgeistert an. »Du bist der erste Mensch, der mir so etwas sagt!«

»Du bist ein Genie im Tiefstapeln.« Sie lachte dunkel, streichelte seine Hand und sah ihn verliebt an. »Außerdem hast du Angst.«

»Angst? Vor wem?«

»Vor Jenny! Gib es zu.«

»Es wird nicht einfach werden.« Bob schob die Unterlippe vor. Wenn er an Jenny dachte, machten ihm zwei ungelöste Probleme zu schaffen: Der Bruch seines Versprechens, sich nie in eine seiner Ehepartnerinnen zu verlieben, und die Ungewißheit von Jennys Zukunft, für die er laut Testament zu sorgen und wozu er sich verpflichtet hatte. Wie er Jenny kannte, würde es ein Drama mittlerer Größe werden, ja es konnte sogar sein, daß Jenny tatsächlich zu einem Röhrchen Schlaftabletten griff. So etwas war und blieb in Mode, nachdem Marilyn Monroe damit aus dem Leben geschieden war, und eine Reihe anderer Leinwandgrößen in gleicher Art ihre Probleme lösten. Für Bob war der Gedanke unerträglich, eines Morgens die schöne Leiche Jennys identifizieren zu müssen. Bei allem, was Bob ihr sagen wollte, bei allen Vorschlägen, die er sich überlegt hatte - bei Jenny war niemals etwas unmöglich!

»Soll ich mit ihr sprechen?« fragte Sandra.

»Leih dir vorher bei einem Kostümverleiher eine Ritterrüstung.« Bob schüttelte den Kopf. »Juliane erstickte fast an Eistorten, die Jenny ihr ins Gesicht feuerte.«

»Sie wird mich nicht angreifen!« sagte Sandra und lächelte geheimnisvoll. »Wir werden uns freundschaftlich unterhalten.«

»Wie Maria Stuart und Elisabeth.«

»Abwarten.« Sandra erhob sich. »Fahren wir jetzt endlich zu dir!«

»Ich wollte dir noch Las Vegas zeigen . . .«, wich Bob aus.

»So schön ist es nun auch wieder nicht, Bob. Es hat keinen Sinn, einen Sandhaufen zu suchen, in den du deinen Kopf stecken kannst. An Jenny führt kein Weg vorbei - stimmt's?«

»Es stimmt.«

»Dann los! Ich brauche dich übrigens nicht dazu. Du kannst hier sitzen bleiben. Ruf ein Taxi, gib dem Fahrer deine Adresse - und wenn alles erledigt ist, rufe ich dich hier an.«

Sie ging hinaus, winkte ein Taxi heran und riß die Tür auf. Bob lief ihr nach, aber es war schon zu spät. »Welche Adresse?« fragte Sandra.

Der Fahrer sah Bob blinkernd an und grinste breit. Auch die Nachmittage haben ihre Reize in Las Vegas. Schnuckelige Puppe, dieses Rotkäppchen. Bob blickte finster zurück und nannte seine Adresse. Der Fahrer war etwas verwirrt; der Kerl läßt so etwas allein wegfahren?! Er sah noch im Rückspiegel, wie Bob ihnen nachwinkte, und Sandra die Hand hob, Zeige- und Mittelfinger zu einem V ausgestreckt! Victory.

Irgendwie sind sie alle verrückt in Las Vegas, dachte der Fahrer. Aber was soll man sich für zwei Dollar fünfzig noch lange Gedanken machen?!

Bob atmete tief auf, lief wie ein Ausgeplünderter durch die Stadt und landete in »Thompsons Pub«, einem Bierlokal im englischen Stil. Er kannte den Barmann, der außerhalb der Stadt in einer grünen Oase wohnte und auf dem Nachhauseweg manchmal bei Bob vorbeikam, um ein Eis zu essen. Nach zwölfstündigem Biergeruch hatte er Sehnsucht nach süßer Kälte und schaumiger Schlagsahne.

»Heute saufe ich alles!« sagte Bob und klemmte sich auf einen der ledernen Barhocker. »Danny, bring irgend etwas, was scharf ist und mich schnell umwirft . . .«

Jennys Geheimnis war es, sich nie überraschen zu lassen. Da sie den Menschen, vor allem den Männern, zu jeder Sekunde jede Gemeinheit zutraute, gab es nichts, was Jenny erschüttern konnte. Zu Überraschungen war immer nur sie selbst fähig, weil andere ihr grundsätzlich nur erotische Kapriolen zutrauten.

Ahnungslos kam sie jedoch an jenem Tag auf den neuen Gast zu, der gerade Bobs Icesaloon betreten und sich interessiert umgeblickt hatte. Sandras erster Eindruck von dem Lokal war erstaunlich gut; aus diesem Saloon konnte man etwas machen, trotz der Lage so weit draußen. Dagegen war ihr erster Eindruck von Jenny durchaus nicht befriedigend. Als sie sie auf sich zuschweben sah - anders konnte man Jennys Gang mit den wiegenden Hüften nicht nennen -, wußte sie sofort, daß Bob von dieser Frau nicht so einfach zu lösen war. Hinter der langen, chromblitzenden Theke mit den gläsernen Kühlaufsätzen hantierte ein sehr männlicher Typ in Cowboykleidern und stierte Sandra an, als erwarte er, sie müsse bei seinem Anblick sofort in Verzückung fallen.

Das mußte Harry, der Vetter, sein.

Sandra blieb stehen, grüßte Jenny wie einst der Ritter seinen Gegner in offener Feldschlacht und lächelte sie freundlich an.

»Es sind genug Tische frei«, sagte Jenny, der das Benehmen des neuen Gastes merkwürdig vorkam. Die erste Musterung ergab, daß dieses Rotkehlchen nicht zu der Zunft gehörte, die am späten Nachmittag bereits an die Arbeitsplätze pilgert, um die frühen Lustsucher zu ködern. Eine Touristin war sie auch nicht; Touristinnen kommen en bloc, busweise, sind lautstarke Rudel, eine geballte Masse. Sie sah auch nicht so aus, als sei sie gerade nach langer Wüstenfahrt aus einem Wagen gestiegen. Ihr fehlte jener leicht irre, flatternde Blick der Reisenden, die Nevadas Wüste durchquert haben.

»Du bist also Jenny!« sagte die Fremde.

Das war der erste Schlag in Jennys ungeschützte Seele. Die Überraschung war vollkommen, und sie verschlimmerte sich noch, als die Fremde fortfuhr:

»Ich bin Sandra!«

»Aha!« konnte Jenny nur antworten. Sie wußte, das war lahm, aber was sollte man da sagen?«

»Ich werde Bob heiraten. Ich liebe ihn!« sagte Sandra ruhig. »Ich nehme an, du hast nichts dagegen.«

Wenn man Jenny angespuckt hätte, hätte sie sofort zurückgespuckt; wenn man gewagt hätte, sie zu überfallen, hätte sie mit Judo und Karate geantwortet - aber diese schlichte Mitteilung, daß sie nichts dagegen haben könne, wenn jemand Bob heiratet und liebt, entwaffnete sie völlig. So war sie nur in der Lage, zu sagen:

»Du bist verrückt, Sandra!«

»Vielleicht. Wir sind zwei Verrückte, Jenny. Komm, setzt dich.« Sie zeigte auf die nächststehenden Stühle, und Jenny setzte sich tatsächlich, anstatt zum nächsten werfbaren Gegenstand zu greifen.

»Du bist also die Neue?« fragte sie und war verblüfft, daß sie sprechen konnte. Der Schock wirkte nach. »Wie kommst du überhaupt nach Amerika?«

»Mit einem Jumbo, wie sonst?«

»Ohne Paß?«

»Natürlich mit Paß!«

»Als Mrs. Brook?!«

»Als Miß Sandra Meyer.«

»Du bist noch nicht mit Bob verheiratet?«

»Nein. Das werden wir jetzt so schnell wie möglich nachholen.«

»Denkst du . . .« Jennys innere Maschine lief langsam an.

»Weiß ich!« sagte Sandra milde. »Und du weißt das auch. Jenny, du sollst sogar Trauzeugin sein . . .«

Spätestens hier wäre es sinnvoll und wohl auch gerechtfertigt gewesen, wenn Jenny zu großer Form aufgelaufen wäre. Aber sie blieb still, sah Sandra nur mit großen blauen Kulleraugen an und stülpte die Unterlippe vor. Sie sah wie eine Verwandlungspuppe aus, der man durch Druck einen beleidigten Gesichtsausdruck geben kann.

»Du bist beknackt!« sagte sie langsam. »Hat Bob dich aus 'ner Anstalt herausgeholt?«

»Du willst Bob nicht aufgeben?«

»Hab nie daran gedacht.«

»Man soll nie ›nie‹ sagen!« Sandra lehnte sich zurück und warf einen Blick auf Vetter Harry. Der Cowboy äugte mißtrauisch herüber, kam aber hinter seiner Theke nicht hervor. Jenny würde ihn schon rufen, wenn sie ihn brauchte. »Ich weiß, wie sehr Bob an dir hängt.«

»Na also . . .«

»Und wie sehr es ihn treffen würde, wenn er das mit Harry wüßte.«

»Harry?« Jennys Rücken wurde steif.

»Da drüben steht doch Harry, nicht wahr? Der hilfsbereite Vetter. Bob hat mir schon von ihm erzählt, und nur ein so gutgläubiger Mensch, ein so lieber, argloser Junge wie Bob kann glauben, daß Harry nur Eis rührt, Töpfe spült und Limonaden kühlt.«

»Ich hau' dir gleich in die Fresse!« sagte Jenny dumpf. Sie hatte ihre alte Form wiedergefunden, ohne allerdings schon zu Taten überzugehen. Innere Vorsicht mahnte sie zur Zurückhaltung.

»Was würde das ändern, Jenny? Du schläfst mit Harry, wenn Bob weg ist. Willst du das leugnen?!«

»Und ob! Hast du Zeugen?!«

»Ich bin eine Frau und brauche Harry nur anzusehen, um zu wissen, was los ist. Bob sieht so etwas nicht. Er ist ein Mann, und Männer sind in dieser Beziehung dümmer als Regenwürmer.«

»Regenwürmer ist gut!« Jenny grinste verlegen. »Du imponierst mir, Sandra. Ich könnte dir den Hals rumdrehen, aber was soll's?«

»Genau. Alles klar zwischen uns?«

»Nein! Das mit Harry kann keiner beweisen.«

»Warum auch. Wir zwei wissen es, das genügt doch.«

»Ich könnte dir das Ganze mal erklären . . .«

»Wozu? Davon wird das Bett nicht kalt! Wer dich ansieht, versteht ohne weiteren Kommentar, daß du kein Typ bist, der wochenlang nur mit einem Foto auf der Brust ins Bett geht. Das würde mich bei dir enttäuschen. Aber so etwas sieht Bob nicht. Man kann es ihm auch nicht erklären. Versuch es bloß nicht, Jenny, es gäbe eine Katastrophe.«

»Das ist also eine kalte Erpressung, nicht wahr?« sagte Jenny gedehnt. »Du willst Bob, und ich muß die Schnauze halten wegen Harry.«

»Dem allzeit hilfsbereiten Vetter.«

»Wer dreht dir bloß einmal das Genick um?!« Sie beugte sich über den Tisch zu Sandra vor. »Ich kann doch Bob nicht einfach klaglos sausen lassen, Schwester. Das fiele doch auf. Ich muß dir eine kleben! Als Kulisse gewissermaßen. Bisher habe ich Bob mit Krallen und Zähnen verteidigt, und auf einmal soll ich stillsitzen und dir noch frische Luft zuwedeln?! Das glaubt mir doch keiner!«

»Ich will vor allem nicht, daß Bob erfährt, wie du ihn mit Vetter Harry hereingelegt hast. Das war gemein von dir, Jenny, aber du kannst eben nicht anders. Bob würde das sehr treffen. Er hat dich sehr geliebt, und er hat den ganzen Blödsinn mit dem Heiraten nur deinetwegen getan. Und um mit dir später ohne Sorgen leben zu können. Als Dank nimmst du dir eine Cowboywärmflasche. Das würde Bob so schnell nicht überwinden; er hat eine labile Seele.«

»Ich weiß.« Jenny starrte vor sich hin. »Wenn du nicht gekommen wärst, hätte ich Harry weggejagt, glaub mir das! Und Harry hätte keinen Ton gesagt. Bob würde es nie erfahren haben. Ich wäre ihm treu gewesen wie sein Blutkreislauf.«

»Auch der gerät manchmal außer Rand und Band. Jenny . . . die Sache ist gelaufen!« Sandra legte die Hände aneinander und blickte hinüber zu Harry. Der polierte verzweifelt die Zapfhähne für Limonade und hätte sicher gern gewußt, was die beiden Schönen sich da erzählten. »Harry platzt vor Neugier. Sag ihm nachher, daß du bei ihm bleibst, Jenny. Und um Bob nicht mißtrauisch zu machen, spiele ich mit. So bin ich zu dir, Jenny! Ich gehe nachher zu ihm zurück und sage ihm, wir könnten nicht heiraten; du bestündest auf deinem Recht. Du hättest von ihm ein festes Eheversprechen. Dann wird er zu dir kommen, du wirst ihm eine Szene machen, Harry wird dich zurückhalten, Bob nicht anzufallen, und dich wegzerren. Dann werden Harry und du verschwinden . . .«

»Du bist ein wahres Herzchen!« sagte Jenny anerkennend. »Und so etwas kommt aus Deutschland! Aber so geht es nicht, Sandra. Soll ich von Null anfangen? Wofür habe ich all die Zeit geschuftet?«

»Du bekommst ein Startkapital . . . von mir!«

»Ein kleines Motel in Las Vegas?«

»Nein. Irgendwo in Amerika. Mindestens 500 Meilen von Las Vegas entfernt.«

»Sandra –«

»Bob soll dir nie wieder begegnen. Das ist meine einzige Bedingung.«

»Und woher nimmst du das Geld?«

»Ich habe Bob nur die halbe Wahrheit gesagt. Mein Vater gehört zu den großen Industriellen Deutschlands. Die Finanzie-

rung eines Motels für dich ist für ihn eine Kleinigkeit . . .
wenn er am Umsatz beteiligt wird. Darin ist er wieder knall-
hart und clever. Er gibt nichts ohne Gegenleistung.«

»Darin bist du typisch seine Tochter!« Jenny schob ihre Hand
über den runden Tisch. »Einverstanden, Sandra. Für Daddy
10 Prozent vom Umsatz, wenn er das Motel auf die Beine
stellt. Vielleicht kann man eins kaufen. Soll ich mich umhö-
ren?«

»Mach alle Makler wild! Ich stehe zu meinem Wort. Und
du?«

»Bin ich eine blöde Kuh, Schwester?«

»Danach frag mich nicht.« Jennys Augen bekamen einen
Schimmer, der wie Tränen aussah. Aber sie beherrschte sich
bewundernswert. »Es wird eine Weile dauern, bis ich Bob vergessen habe. Nein, vergessen werde ich ihn nie, das kann
man nicht. Aber Harry wird mir über die schlimmste Zeit
hinweghelfen. Heiraten werde ich ihn nicht. Dazu reicht es
nicht. Bei Bob war das was anderes . . .«

»Jenny!« Sandra tätschelte ihre auf dem Tisch liegende Hand.
»Werd nicht rückfällig. Unser Vertrag gilt!«

»Du hast mich in der Hand. Ich weiß ja genau, daß Bob mir
die Sache mit Harry nie verzeihen würde.«

»Du bist also doch eine blöde Kuh, Jenny.«

»Ich weiß.« Sie lächelte gequält. Jetzt rollten die Tränen doch
ungehindert über ihre Wangen. »Aber wochenlang allein . . .
dafür bin ich einfach nicht geschaffen.«

Die Stimmung im Sheriff-Office war wie mit Sprengstoff ge-
laden. Von den Hotelportiers liefen die Meldungen ein: Kein
Bob Brook. Keine Frau mit rotblonden Haaren, die Deutsche
war. Nur im riesigen »Flamingo«-Hilton von Las Vegas war
eine deutsche Dame mit rotblonden Haaren abgestiegen. Sie
hieß Bertha Hilchenbach und war 63 Jahre alt. Aus Olpe im
Sauerland.

»Die Falsche!« bellte Brass ins Telefon.

Brass ließ noch einmal die Flasche kreisen, obgleich Pfarrer McDolland bereits rote Ohren hatte und jeder wußte, daß Juliane Hatzle nichts mehr haßte als angetrunkene Männer, die im Bett fürchterlich schnarchten und sonst nichts.

Es wurde schon dunkel, als Brass wieder zum klingelnden Telefon griff und zusammenzuckte, als habe er einen elektrischen Schlag bekommen.

»Bob!« brüllte er. »Bob! Wo bist du?!« Auch McDolland und de Trajano zuckten zusammen und beugten sich vor. Brass schaltete die Mithöranlage ein. Bobs gequälte Stimme war so nah, als säße er ihnen gegenüber.

»Ich bin in Las Vegas«, sagte er. »Seit Nachmittag . . .«

»Das wissen wir. Ein Kellner im Airport hat dich erkannt und es gemeldet. Wir suchen dich überall!«

»Das habe ich befürchtet. Wo ich hier bin, bin ich sicher. Habt ihr noch keinen Krankenhausbericht bekommen?«

»Mein Gott!« McDollands Stimme dröhnte wie von der Kanzel. »Was ist mit dir passiert, Bob? Ich komme sofort und leiste dir Beistand im Namen des Herrn!«

»Es ist wegen Jenny . . .«

»Jenny!« Brass erbleichte. »Was ist mit Jenny?«

»Habt ihr wieder von ihr gehört? In den letzten beiden Stunden?«

»Bob!« Brass schluckte mehrmals. »Hast - hast du Jenny etwas angetan? Sag es mir, ehe ich amtlich werde! Sag es mir als Freund! Was hast du mit Jenny angestellt?!«

»Nichts, du Idiot! Aber Sandra . . .«

»Wer ist Sandra?«

»Meine zukünftige, richtige und einzige Frau!«

»Er ist nervenkrank!« flüsterte de Trajano. »Wirklich, der Arme verliert seinen Verstand.«

»Sandra ist bei Jenny?« rief Brass und begann, wie immer, wenn ihn die Erregung übermannte, heftig zu schwitzen.

»Sie verhandelt mit ihr über mich. Sie wollte es so. Sie meinte, sie schafft das ohne Skandal. Wenn es wirklich jemand schafft, dann Sandra. Sie ist eine märchenhafte Frau. Sie kann man nicht beschreiben.«

»Sportlich, schlank, rotblond, hübsch . . .«

»Das ist ja nur äußerlich, Allen! Aber sie hat ein Herz, wie der Gral auf dem Monsalvatsch.«

»Wie was?« stammelte Brass, der nun auch glaubte, Bob sei irr.

»Parsifal!« erklärte McDolland. »Der Kelch, aus dem Christus beim Abendmahl Wein trank . . «

»Ich fahre sofort zu Jenny!« rief Brass. »Wenn es ein Drama gegeben hat, liegt deine Sandra jetzt im Sterben! Bob, komm aus deinem Bau! Wir wollen dir doch alle nur helfen! Wir werden mit Sandra - falls es noch möglich ist - sprechen und sie nach Deutschland zurückbringen lassen . . .«

»Und das nennt ihr Hilfe!« schrie Bob. »Ich liebe sie! Ich liebe sie! Wir werden heiraten und dann Amerika beweisen, was Liebe ist! Ich werde gegen die Gesetze anrennen, bis sie zerbrechen!«

»Der moderne Don Quichotte!« sagte de Trajano traurig. »Er braucht wirklich absolute Ruhe!«

»Bob!« sagte Brass eindringlich. »Veranlasse mich nicht dazu, dein Bild in die Zeitungen zu bringen. Wenn diese Sandra ein Opfer von Jenny geworden ist, suche ich auch dich! Mein Wort darauf! Ernesto wird vom Distriktanwalt sofort die Haftbefehle besorgen und vom Richter unterschreiben lassen! Wo bist du?!«

»Ihr seid Freunde!« sagte Bob bitter. »Mich verhaften. So einfach macht ihr euch das! Ruft bei Jenny an! Ich melde mich in zehn Minuten wieder.«

Es machte klick, und Brass warf den Hörer auf.

»Die Tragödie hat begonnen!« sagte McDolland feierlich. »Auf den ersten Akt haben wir keinen Einfluß mehr.«

»Aber auf das Happy-End!« schrie Brass.

»Eine Tragödie hat kein Happy-End. Da liegen die Leichen nur so herum!« erklärte de Trajano. »Ruf Jenny endlich an!«

Bei Bobs Icesaloon meldete sich Harry, der Vetter. Er schien bester Laune und pfiff ins Telefon, ehe er sich ansagte: »Hier ist Las Vegas' bestes Eis, hallihallo! So eine Eistorte haben Sie noch nie gegessen!«

»Wo ist Jenny, Harry?« knurrte Brass. »Hier ist der Sheriff! Was ist bei euch los!«

»Gut besucht, Sheriff. Wieder ein Bus, der vor dem STOP-Schild kapitulierte. Jenny hat jetzt zwölf Verträge unter Dach und Fach. Noch drei Tage, Sheriff, dann haben wir eine solide Grundlage für die Zukunft. Dann laufen uns jeden Tag ein paar Busse an! Wir haben die Sache noch sicherer gemacht. War Jennys Idee. Ist ein kluges und cleveres Mädchen! 'ne halbe Stunde vor Las Vegas schalten die Fahrer die Klimaanlage aus und geben durch, das Ding sei defekt geworden! Sie können sich vorstellen, wie die Leute in Las Vegas ankommen und sich auf das nächste Eis stürzen! Das wird eine wahre Show! Die fressen uns trocken . . .«

»Was ist mit Jenny?« bellte Brass. »Was geht mich dein kriminelles Eis an?! Ich will Jenny sprechen!«

»Sie macht sich schön. Hat gerade gebadet und rennt hinten im Slip herum. Gleich muß Bob kommen. Das wird ein Empfang!«

»War kein Besuch da? Ein Mädchen, rotblond . . .«

»Schon wieder weg, Sheriff.«

»Lebend?«

»Auf eigenen hübschen Beinen!«

Brass legte auf. »Sandra lebt, und Bob kommt gleich zu Jenny! Sie hat schon ihre Kampfuniform an! Irgendwie läuft das etwas anders, als wir uns das vorstellen. Ich sehe keinen Zusammenhang mehr!«

Bob meldete sich tatsächlich nach zehn Minuten. »Nun?« fragte er. »Was ist mit Jenny?«

»Halte uns nicht für Idioten!« schnaubte Brass wütend. »Wir wissen, daß du gleich bei Jenny bist. Was soll das Theater?! Alles ist normal.«

»Normal?!« fragte Bob gedehnt. Dann hängte er ein. Brass sah die anderen Freunde irritiert an.

»Versteht ihr das?« stotterte er.

»Jetzt nicht mehr!« sagte McDolland. »In einem solchen Fall tröstet nur noch das Gebet und die Bitte, Gott möge das Schlimmste verhindern . . .«

Man kann darüber durchaus geteilter Ansicht sein, was das Schlimmste ist. Bob handelte jedenfalls so, wie es keiner von ihm erwartet hatte, und ob das besonders schlimm war, würde sich erst später herausstellen. Jedenfalls lieh er sich nach der Nachricht von Brass, daß Sandra anscheinend ohne Erfolg Jenny verlassen hatte und Jenny wiederum ihn erwartete, einen gut gepflegten Geländewagen, machte an einer steilen Böschung, die der Wagen mit Bravour nahm, eine Probefahrt, kaufte in einem Supermarkt einen Karton voll Büchsenfleisch, Gemüsekonserven, Pakete mit Keksen und Zwieback, Kanister mit Wasser, Seife und Waschlappen, Handtücher und breite Decken, zwei Luftmatratzen mit Luftpumpe, einen zweiflammigen Gaskocher und zehn Ersatzflaschen Propangas, Mehl, Nudeln und Reis, Butter in Tropendosen und Trockenfrüchte, überhaupt alles, was man braucht, um auf eine große, einsame Fahrt zu gehen. Dann fuhr er bei einem Waffenhändler vorbei, legte seinen Waffenschein vor und kaufte zwei Präzisionsgewehre mit Zielfernrohren, zwei Revolver 9 mm, zwei lange Bowiemesser, dazu genügend Munition, einen Spaten, eine Hacke, Drahtseile, Nylonstricke und einen Werkzeugkasten mit allem, was ein Handwerker benötigt.

Zuletzt stoppte er vor einem Juwelier, kaufte zwei breite, gewölbte goldene Eheringe und gab als Maß für den Damenring den Durchmesser seines kleinen Fingers an. Der Juwelier, dem so etwas nicht zum erstenmal geschah, wunderte sich nicht und steckte die Ringe in ein schönes Geschenketui aus Samt.

So ausgerüstet fuhr Bob zurück zum »Black Forest« und setzte sich an das breite Fenster neben dem Eingang. Er bestellte ein Schwarzwälder Kirschwasser, hustete bei dem scharfen Getränk und sah kurz darauf Sandra aus einem Taxi steigen. Sie machte keinen lädierten Eindruck, ging aufrecht, hinkte nicht, zeigte überhaupt keine Spuren von Gewaltanwendung und schien in bester Stimmung zu sein. Das machte Bob sehr mißtrauisch und versetzte ihn in eine Art Panik.

Wenn jemand nach einem solchen Gespräch mit Jenny glücklich zurückkommt, muß irgend etwas faul sein an der Sache. Aber Jenny lebte noch, Brass hatte es selbst gesagt, ja, sie erwartete ihn sogar. In Bob stieg eine eiskalte Angst auf.

Sandra kam herein, erblickte Bob sofort und ging auf ihn zu. Ihr Gesicht war jetzt ernst und verschlossen. Bob sprang auf und wollte sie umarmen, aber sie wehrte ihn stumm ab.

»Sprich es nicht aus!« sagte er stockend. »Sandra, was auch passiert ist - es ändert nichts an unserer Liebe! Ich - ich habe bereits vorgesorgt.«

»Wir müssen uns trennen, Bob!« sagte Sandra.

»Das sagte Jenny, natürlich!«

»Das sage ich! Jenny ist nicht bereit, auf dich zu verzichten.«

»Sie muß! Ich bin doch nicht ihr Eigentum!«

»Doch.«

»Wie bitte?« Bob starrte sie entgeistert an.

»Sie hat dein Heiratsversprechen. Darauf pocht sie.«

»Sie hat nichts!« schrie Bob. »Wir haben nie über Heirat ernsthaft gesprochen.«

»Sie sieht es so, und sie wird dich zur Einhaltung des Versprechens zwingen! Sie läßt dir bestellen, du sollst sofort zu ihr kommen.«

»Und du machst die Botin?! Sandra, was ist denn los mit dir?«

»Ich sage und unternehme nichts mehr, bis du alles mit Jenny geklärt hast.« Sie hob die Schultern und wirkte sehr traurig. »Sie hat mich überzeugt.«

»Jenny hat dich - du lieber Himmel!« Bob schlug die Hände zusammen. »Das gibt es doch nicht! Sandra, ich liebe dich, wie noch kein Mann eine Frau geliebt hat . . .«

»Das hast du auch zu Jenny gesagt.«

»Nie! Und wenn - da kannte ich dich noch nicht. Jetzt weiß ich es besser!«

»Aber Jenny nicht. Erkläre es ihr - das ist deine Aufgabe! Jenny sagt, mit dem Heiratsversprechen könnte sie sogar Sheriff Brass auf dich hetzen.«

Man weiß nie, wann ein Mensch an seiner Grenze angelangt ist. Jenseits dieser Grenzlinie muß man ihm Zugeständnisse machen, muß man versuchen, ihn zu verstehen, ganz gleich, was passiert ist . . . Ein solcher Mensch lebt nicht mehr in unserer geordneten Welt!

Bob nickte. Er faßte Sandra unter, und als sie auswich, ergriff er ihre Hand und zerrte sie ins Freie. Sie stolperte mit ihm bis zum Parkplatz und betrachtete erstaunt den hochbeladenen Geländewagen, der vor dem Kühler sogar eine Seilwinde hatte, mit der er sich selbst aus festgefahrenen Situationen herausziehen konnte.

»Einsteigen!« sagte Bob mit brüchiger Stimme.

»Wieso denn?« Sandra entriß ihm ihre Hand. »Wo hast du den Wagen her?«

»Von einem Freund. Nachschub für den Icesaloon. Wir fahren zu Jenny!«

»Aber ich bleibe im Wagen sitzen!« Sie stieg ein und klemmte sich auf den unbequemen, mit Wachstuch überzogenen Sitz. »Ich habe Jenny nichts mehr zu sagen.«

»Einverstanden! Ich rede mit ihr allein!«

»Warum soll ich dann mitfahren? Ich möchte in ein Hotel. Sofort!« Ihre Stimme wurde fordernd. Armer Kerl, dachte sie dabei. Man muß ihn so quälen - aber diese Qual ist noch erträglicher als das Wissen, daß seine geliebte Jenny ihn mit Vetter Harry betrogen hat. Immer wieder. Bob, verzeih mir - auch wenn du nie erfahren wirst, welch ein Theater wir jetzt

mit dir spielen . . . Es ist gemein, ich weiß, hundsgemein . . .
Aber du sollst nicht auf die Dauer unter der grausamen
Wahrheit leiden.

»Ich will ins ›Stardust‹!« sagte sie hart.

»Ausgerechnet ins ›Stardust‹!«

»Ja. Ich will die Show sehen, ich will tanzen, ich will mich
vergnügen, ich will Las Vegas von seiner schönsten Seite
kennenlernen. Das steht mir jetzt zu, als abgeschobener
Braut!«

Bob nickte stumm, gab Gas und rumpelte mit dem schweren
Geländewagen davon. Er donnerte durch Las Vegas, bog dann
ab und fuhr nach Norden zu der Straße, die nach Indian
Springs führt und von da in eine Wüsten- und Gebirgsge-
gend, wo jede Meile seitwärts in die Einsamkeit gleichbedeu-
tend mit Verschollensein ist. Sandra, die erstaunt um sich
blickte, als die letzten flachen Häuser von Las Vegas an ihnen
vorbeizogen, tippte Bob auf den Arm.

»Wir sind falsch!« sagte sie laut.

»Meinst du?«

»Hier kommen wir doch nicht zu deinem Icesaloon.«

»Auf gar keinen Fall. Der liegt ganz woanders.«

»Bob! Halt sofort an!«

»Nein!«

»Mein Gott, wo willst du denn hin?!«

»In die Sheep-Ranges. Nördlich vom Sheep-Peak. Da findet
uns niemand mehr! Da zerfließen selbst Hubschrauber in der
Sonne . . .«

»Bist du total verrückt geworden?«

»Ja! Ich liebe dich!«

»Kehr sofort um!«

»Nein!«

»Ich schreie!«

»Bitte. Hier hört dich keiner mehr!«

Es war wahr . . . Bob fuhr mit Höchstgeschwindigkeit hinein
in die grenzenlose, wilde, erbarmungslose Wüste von Ne-

vada. Die letzten Häuser lagen hinter ihnen - vor ihnen
unergründliche Weite.

Sandra klammerte sich am Armaturenbrett fest. Ihre Augen
waren weit geöffnet. Jutzt war es Angst.

»Bob!« sagte sie und atmete hastig. »Hör mir zu! Das alles war
nur . . . nur . . . wie soll ich's dir erklären. Bitte, kehr um! Du
kannst doch nicht nachts durch diese Wüste fahren . . .«

»Und ob ich das kann!« Er drehte das Radio an. Flotte Swing-
musik. »Der Morgenwind wird unsere Spuren verwehen. Wir
fahren in ein Paradies, in dem uns niemand mehr stören
kann! Und dort bleiben wir, bis die ganze Welt weiß: Bob
Brook liebt nur Sandra! Nur sie! Immer nur sie! Bis in alle
Ewigkeit!«

Sie nickte, legte plötzlich den Kopf gegen seine Schulter und
starrte hinaus in die nächtliche, vom fahlen Licht des zu-
nehmenden Mondes bleich erhellte Wüste. Noch fuhren sie
auf der Straße, aber bald würden sie abbiegen in die Einsamkeit und mit ihrem Geländewagen spurlos in den Sheep-
Ranges untergehen.

»Bob, es ist ja alles ganz anders«, sagte sie leise und streichelte
sein hart gewordenes Gesicht.

»Das ist mir jetzt gleichgültig!« sagte er. »Ich war immer eine
Maus, jetzt will ich ein Löwe sein. Und mein Brüllen sollen
alle hören. Alle! Endlich bin ich frei!«

Von Freiheit konnte gar keine Rede sein, jedenfalls nicht wie
Bob Brook sie verstand. Jenny wartete zwei Stunden, in einem Kleid, das Felssteine in Butterklumpen hätte verwandeln können, während Vetter Harry im Hinterzimmer unruhig hin und her stiefelte, denn schließlich stand das große
Aufwaschen mit Tränen, Geständnissen und Konsequenzen
unmittelbar bevor. Dann rief sie besorgt Sheriff Brass an, der
schon darauf gefaßt war, mit seinem Jeep lospreschen zu
müssen, um in einem demolierten Icesaloon Ordnung zu
schaffen.

»Er ist noch nicht da!« sagte Jenny kleinlaut. »Dabei hat mir Sandra versprochen, ihn sofort loszuschicken. Er hat im ›Black Forest‹ auf sie gewartet!«

»Vielleicht hat Sandra sich's anders überlegt?« Brass seufzte. Mit weiblichen Intrigen umzugehen, ist ein undankbarer Job. Man gerät zu schnell zwischen zwei Feuer und wird dann plötzlich zum Sündenbock, ohne zu wissen, warum. »Sie liebt doch Bob!«

»Und wie! Soll sie auch . . .«

»Jenny, hast du Fieber?« fragte Brass besorgt.

»Nein, aber ich bekomme welches, wenn Bob nicht bald auftaucht! Auf Sandra kann ich mich verlassen, die ist in Ordnung. Wir verstehen uns blendend . . .«

»Wer ist am Telefon?« fragte Brass entgeistert.

»Ich! Jenny! Allen, bist du betrunken?«

»Jenny Marlow? Unmöglich! So redet doch Jenny nicht . . .«

»Sandra und ich haben uns geeinigt. Sie bekommt Bob, ich behalte Harry.«

»Also doch!« Brass spuckte gegen die Sprechmuschel. »Pfui, Jenny! Das ist geschmacklos! Was ist denn an Harry so Besonderes dran?!«

»Das kannst du am allerwenigsten beurteilen. Soll ich beim ›Black Forest‹ einmal anfragen, ob Bob dort noch sitzt?«

»Ich übernehme das. Rückruf erfolgt sofort.«

Es war ein Versprechen, das Brass nicht einhalten konnte. Im »Black Forest« geriet Brass an einen Kellner, der berichtete, daß ein Mann, auf den Bobs Beschreibung paßte, eine junge Frau mit rotblonden Haaren gewaltsam in einen Geländewagen gezerrt habe und davongebraust sei. Vorher habe es so ausgesehen, als ob die beiden sich einig gewesen wären, aber plötzlich habe der Mann durchgedreht! Der beste Beweis dafür sei, daß er zehn für eine Zeche von 2,45 Dollar hingelegt habe und auf den Rest verzichtete. »Er zischte mit der Miß ab wie 'ne Rakete!« sagte der Kellner.

Sheriff Brass stierte an die Wand, wo eine mit Fähnchen ge-

spickte Karte von Las Vegas hing, auf der alle Örtlichkeiten markiert waren, an denen nachts ein Polizeieinsatz erforderlich werden konnte. Brass war ein gründlicher Beamter und freute sich darüber, daß Las Vegas trotz der täglichen Millionenumsätze eine Stadt war, die in der Kriminalstatistik ganz unten rangierte; trotz der Mafia, die alles kontrollierte, und trotz des Auftretens aller Gangster von Rang und Namen, die wie brave Familienväter in den Shows saßen, an den Bars diskutierten, in den vornehmen Kasinos mit bescheidenen Einsätzen spielten oder sogar bei Wohltätigkeitsveranstaltungen für Krebshilfe und Waisenkinder unter dem Blitzlichtfeuer der Pressefotografen grandiose Spenden verteilten. Von den ganz Großen, die hier residierten und die auch Allen Brass kannten und ihm Grüße bestellen ließen, drohte in Las Vegas keine Gefahr, im Gegenteil, sie waren Garanten der Ruhe, denn sie erholten sich in ihren Hotelsuiten von New York, Chikago, San Francisco oder New Orleans und wollten dabei absoluten Frieden haben. Brass atmete immer auf, wenn ihm gemeldet wurde: »Joe Lacacci ist wieder hier!« oder: »Morgen trifft Anastasia Lampedusa im Hilton ein!« Dann wußte er, daß in Las Vegas ein frischer Wind wehte, der alle Störenfriede für eine Zeitlang außer Gefecht setzte.
Der Alltag der Polizei änderte sich dadurch allerdings nicht. Ihn bestimmten betrunkene Schläger, kleine Diebe, Zechpreller oder solche klugen Verbraucher, die einen Dirnenbesuch nicht mit Vorkasse finanzierten und sich nach vollbrachter Tat nicht mehr an die grünen Dollarlappen erinnern konnten, mit dem sie zuvor gewinkt hatten. In solchen Fällen griff meistens der Beschützer des betrogenen Mädchens ein, und Brass erhielt einen kunstvoll durchgeprügelten Klienten vor die Tür gelegt. Auch Betrügereien gab es mehr als genug, vor allem bei den Buchmachern und Geldverleihern, und ab und zu drehte der Koch eines großen Restaurants durch, stach seine Kollegen am Herd mit einer Fleischgabel in den Hintern und mußte drei Tage isoliert wer-

den. Der Restaurantbesitzer entließ ihn nicht, sondern wartete ungeduldig auf seine Rückkehr. Der Koch war schließlich Spezialist auf dem Gebiet der raffinierten französischen Nouvelle cuisine . . .«

Sheriff Brass hatte in Las Vegas schon alles erlebt, was ein Polizist nur erleben kann, von der zehnjährigen Nymphe, deren Adresse vor allem bei würdigen älteren Herren hoch gehandelt wurde, bis zu dem geheimnisvollen Tod des Starfriseurs Beppo Fillipesco, der in Las Vegas die Haare der Ehefrauen und Freundinnen großer Bosse mit künstlerischer Phantasie behandelte und bekannt war für seine tollkühnen Locken. Beppo Fillipesco erstickte an einer großen schwarzen Locke, die man ihm gewaltsam in den Rachen gedrückt hatte.

Trotz akribischer Nachforschungen bekam Brass nie heraus, wer mit Beppos Frisierkunst so unzufrieden gewesen war, daß er ihn mit einem Haarbüschel aus dem Verkehr zog. Auch wem die Haare gehörten, blieb ein Geheimnis. Es waren Frauenhaare, wie das Labor bestätigte, naturschwarz und bemerkenswert gesund. Man tippte auf mexikanische Abstammung, aber damit erschöpfte sich schon die Spur. In Las Vegas gab es Tausende von südländischen Frauen, auf die man eifersüchtig sein konnte, weil sie exotische Schönheiten waren und sich vermögende Liebhaber hielten. So blieb der Haartod von Beppo Fillipesco ungeklärt. Aber Fälle wie dieser kamen in Las Vegas höchst selten vor.

Brass hatte in Las Vegas also die gesamte Skala der Kriminalität erlebt, nur eins war ihm noch nicht unter die Finger gekommen: Kidnapping!

Das Verbrechen, auf das jeder Amerikaner allergisch reagierte. Das Verbrechen, bei dem auch der sanfteste Pazifist sofort nach Strick, elektrischem Stuhl oder Gaskammer ruft.

Bob Brook blieb es vorbehalten, den ersten Kidnappingfall von Las Vegas zu inszenieren. Sheriff Brass geriet erheblich ins Schwitzen, als ihm das zu Bewußtsein kam. Es gab kein Zurück mehr. Der Kellner hatte offiziell gesagt: »Jawohl, Sheriff, ich bleibe dabei. Der Mann hat die Miß mit Gewalt weggeschleppt! Betrachten Sie das als Anzeige!«

Allen Brass bestellte ihn zum Protokoll ins Office, alarmierte erneut McDolland und Richter de Trajano und legte eine neue Akte an: Bob Brook. Kidnapping. – Seine Hand zitterte, als er das Wort schrieb. Dann fuhr er hinaus zu dem Restaurant »Black Forest«, ließ sich von dem eifrigen Kellner alles erklären, besichtigte den Platz, wo der Geländewagen gestanden hatte, und machte Reifenspuren auf dem Asphalt aus, die bewiesen, daß Bob tatsächlich mit durchdrehenden Rädern abgezischt war. Der Reifengummi hatte radiert.

McDolland war der erste, der eintraf. Juliane Hatzle begleitete ihn. Er brachte für alle Fälle eine Bibel mit, um beruhigende Worte vorlesen zu können, falls es zu heiß hergehen sollte. Juliane hatte rote, verweinte Augen, rang noch mit einem tiefsitzenden Schluchzen, der ihren Busen bemerkenswert zucken ließ, und rief immer wieder: »Wie konnte das nur passieren? Wie konnte das nur passieren? Wie konnte das nur sein? Wie konnte Bob so etwas tun? Schrecklich! Schrecklich! Er muß den Verstand verloren haben! Ein Spätschaden infolge seiner eigenen Entführung . . .«

»Der Gedanke ist gar nicht so abwegig«, sagte de Trajano wenig später, als Juliane ihr Klagelied weitersang. »Bob rettet jetzt nur noch eins: Wenn wir behaupten, er habe aus Deutschland einen Hirnschaden mitgebracht. Das kann man beweisen, ich stelle dazu unseren Gerichtspsychologen zur Verfügung. Für tausend Dollar stellt er ein Gutachten her.«

»Gekauft!« warf McDolland dazwischen. »Juliane läßt sich da nicht lumpen.«

»Bobs Schaden ist nicht traumatisch, sondern psychogen. Ein Schock, der gewisse Zentren des Urteilsvermögens lahmlegt. Er begreift nicht mehr, daß Entführung ein Verbrechen ist!«

»Außerdem hat er seine eigene Braut entführt!« sagte McDolland. »Das ist doch strafmildernd! Man kann es romantisch deuten: Entführung aus Liebe!«

»Es bleibt Kidnapping, wie man's auch dreht und wendet!« Brass trank Kaffee aus einer riesigen Tasse. Seine Hände zitterten nervös. Er sehnte sich nach Whisky, aber er erwartete noch Besuch. »Ich habe pflichtgemäß den Staatsanwalt benachrichtigt.«

»Bist du verrückt?« McDolland starrte seinen Freund entgeistert an. »Das hätten wir doch unter uns ausmachen können!«

»Nicht, wenn eine offizielle Anzeige vorliegt. Ein einziger Wink an die Jungs von der Presse - und ich kann Salat züchten. Bob ist ein Fall geworden! Allerdings haben wir noch einen gewissen Einfluß auf den weiteren Verlauf der Dinge.« Brass strich sich über das breite Gesicht. »Vor allem müssen wir eins: Bob finden! Das ist die Hauptsache. Haben wir ihn, legen wir ihn bei deinem Gerichtspsychologen auf die Couch und lassen ihn verblöden! Das kann ihn retten. Aber verfolgt werden *muß* er - vor allem, weil er ja geisteskrank sein soll. Irre Kriminelle sind nach Ansicht der breiten Öffentlichkeit die schlimmsten ... Bob muß gegriffen und sofort isoliert werden!«

»Es ist schrecklich, schrecklich!« weinte Juliane und lehnte sich an William McDolland. »Er muß wirklich sehr krank sein ...«

Gehen zehn Uhr abends erschien Jenny. Sie hatte bis jetzt gewartet, auf Bob, auf einen erklärenden Anruf vom Sheriff, auf ein Zeichen von Sandra. Dann rannte sie plötzlich mit einem hellen Aufschrei aus dem Saloon, um nun bei Brass aufzutauchen. Das Kleid, das sie für die Unterredung mit Bob ausgewählt hatte, rief bei McDolland Sprachlosigkeit hervor und bei Juliane nervöses Augenzucken. Brass sagte dumpf:

»Das ist geradezu jugendgefährdend! Du lieber Himmel,

Jenny, damit wagst du dich über die Straße?!« Richter de Trajano schwieg verlegen.

»Stimmt es?« schrie Jenny hysterisch. »Ich habe im ›Black Forest‹ angerufen. Bob wird wegen Kidnapping gesucht? Allen, sag doch was, du Stockfisch!«

»Die Fahndung läuft . . .«

»Habt ihr denn alle Jauche im Kopf?! Bob liebt Sandra! Nur sie! Für sie tut er alles!«

»Sie hat sich gewehrt!« Brass sah Jenny traurig an. »Dafür gibt es Zeugen! Er hat sie mit Gewalt in das Auto gezerrt. In Kürze wissen wir mehr . . .«

Nach zwei Stunden hatte man ein Bild von dem, was geschehen war. Brass' Polizisten hatten den Autoverleiher gefunden, hatten den Supermarkt ausfindig gemacht und auch den Waffenhändler verhört. Bei jedem Protokoll, das ins Office kam, wurde Brass zerknirschter und Juliane weinte heftiger, während Jenny in einem fort beteuerte: »Bob ist nicht mehr normal! Ihr müßt ihn schonen! Ihr dürft ihn nicht jagen wie ein wildes Tier. Bob hat vollständig durchgedreht . . .«

Dieser Ansicht war auch der Staatsanwalt, der mittlerweile eingetroffen war und den Jennys Anblick so verwirrte, daß er fast den Grund seines Kommens vergaß. Er war ein noch junger Mann mit verträumten Augen, blonden Haaren und dem seltenen Namen Ambrosius Seckerling, den niemand aussprechen konnte. Er nahm ihn seinen Eltern auch bitter übel und nannte sich in Kurzform Ambro Seck, aber auch das klang noch komisch.

Besonders eines mißfiel allen - auch McDolland, der für Bob inbrünstig gebetet hatte: der Waffenkauf.

»Er hat sich geradezu kriegsmäßig ausgerüstet!« sagte Brass. »Zwei Gewehre, Pistolen, Messer, Munition für ein Jahr . . . wenn man die Liste liest, sieht's so aus, als wolle Bob einen Wüstenfeldzug beginnen. Das alles ist doch der Ausdruck reinen Wahnsinns! Das ist doch ein Beweis dafür, daß sein Gehirn ausläuft!«

»Es beweist aber auch, daß Bob Brook bereit ist, jedem Verfolger einen gnadenlosen Kampf zu liefern! Es beweist seine mörderischen Absichten.« Der junge Staatsanwalt Ambro Seck war stolz auf seine Folgerungen. Von Jenny erhielt er dafür einen Blick, den er bis in seine Socken spürte. »Wer zwei Gewehre und Pistolen mitnimmt, will damit auch schießen! Ist das logisch?«

»Bei Bob ist nichts mehr logisch!« schrie Jenny hysterisch. »Ihr habt ja alle eine Macke! Bob hat die Waffen mitgenommen, um in der Wüste was zu schießen! Soll er verhungern?!«

»Das ist auch eine Überlegung!« sagte de Trajano.

»Was kann man in der Wüste von Nevada schießen?« Ambro Seck lächelte mokant. »Geier! Vielleicht einen Coyoten! Ich habe nie gehört, daß man auf Sandflöhe schießen kann . . .«

»Wir werden es wissen, wenn wir ihn gefunden haben.« Brass wartete auf eine Karte von Nevada, vor allem Las Vegas und Umgebung, die man aus dem Polizeiarchiv holen wollte. »Bis jetzt haben wir noch keinerlei Hinweise, in welche Richtung Bob mit seiner Geisel gefahren ist. Rund um Las Vegas gibt es unzählige Möglichkeiten, in der Wüste zu verschwinden. In allen Himmelsrichtungen zu suchen ist aber unmöglich. Morgen früh setze ich zwei Hubschrauber ein, die zunächst nach Norden und Osten fliegen. Jetzt in der Nacht ist das sinnlos. Mit ihren Scheinwerfern sehen sie nur einen schmalen Streifen und werden selbst meilenweit gesehen. Da kann Bob gemütlich in Deckung gehen. Am Tag aber ist die Wüste für uns wie ein Tisch, auf dem es staubt. Und Bob zieht eine Staubwolke hinter sich her. Rechnen wir mal aus, in welchem Radius sich Bob morgen früh befinden muß, wenn er die ganze Nacht durch die Wüste gerattert ist. Er muß vorsichtig fahren, kann nicht wie auf der Straße Meilen machen, er muß sich also in einem Gebiet befinden, das man noch übersehen und abfliegen kann.«

»Das wird sich Bob auch überlegt haben«, sagte McDolland.
»Was er auch tut, er muß sich der Wüste unterordnen!«
meinte Ambro Seck.

»*Wenn* er in der Wüste ist!« McDolland sah sich im Kreise
um. Alle sahen ihn an, als habe er von der Kanzel seiner Kirche einen schlüpfrigen Witz erzählt. »Er kann auch den
Highway heruntergerast sein, hat jetzt, das heißt morgen
früh, eine schöne Strecke hinter sich und biegt erst dann ins
Hinterland ab!«

»Es ist erstaunlich, welche perfide Phantasie ein Pfarrer besitzen kann!« sagte Brass dumpf und sah dabei Ambro Seck an.
Der nickte stumm. »Also gut . . . ich gebe Alarm für die Jungs
auf dem Highway! Zwischen dem Colorado und dem Walker
Lake gibt es keine Schnecke mehr, die nicht gesehen wird!« Er
griff zum Telefon und warf einen bösen Blick auf McDolland. »Warum bleiben Pfarrer nicht in ihrer Kirche?«

McDolland wurde sehr verlegen. Als auch noch Juliane ihm
zuflüsterte: »Du bist ein seltenes Rindvieh!«, ging er in sich,
sprach kein Wort mehr und sah plötzlich ein, daß er Bob voll
in die Pfanne gehauen hatte. Den Gedanken mit dem
Highway hatte Brass schon längst gehabt, aber sich nicht geäußert. Er wollte Bob eine Chance lassen. McDolland hatte
sie zunichte gemacht.

Doch auch der Highway-Alarm, der alle Patrolcars rebellisch
machte, stellte sich als eine Fehlleistung heraus. Ein Geländewagen mit Bob und einem rotblonden Mädchen wurde nicht
aufgegriffen. Dafür erwischte man den Präsidenten einer bekannten Elektrofirma, der mit Geländewagen und einer Feinmechanikerin seines Betriebes unterwegs war, während er offiziell in Phoenix zu einer Besprechung weilte. Die Miß war
rothaarig, was zunächst zu Komplikationen führte, bis ein
Rückruf per Funk klärte, daß Bob keinen Bauch hatte und
Sandra Meyer keinen Texasdialekt sprach. Immerhin hatte
man den Elektropräsidenten einem Verhör unterzogen, was
peinlich war. Er stiftete in die Waisenkasse der Polizei 500

Dollar, wonach im Gegenzug dann das Protokoll verbrannt wurde.

Von Bob gab es keine Spur.

Jenny heulte wie ein ausgesetztes Wolfsjunges und sprach aus, was alle dachten:

»Mir ist rätselhaft, was da passiert ist! Bob liebt doch Sandra! Er hat doch gar keinen Grund, den wilden Mann zu spielen . . .«

Wer die Wüste von Nevada kennt – nicht als Tourist vom klimatisierten gläsernen Bus aus, sondern als von der gnadenlosen Natur gebeutelter Tramp –, der hat kein Auge mehr für die märchenhaften Himmelsfeuer, mit denen die Sonne den Tag beginnen läßt, die gleiche Sonne, die schon eine halbe Stunde später glutheiß alles Lebendige bekämpft.

Sandra schlief fest, als sich die blutroten Strahlen am Morgen über den Horizont schoben und die gelbrote Wüste für ein paar Minuten wie ein erdfremdes Zauberland aussah. Bob blinzelte in die aufsteigende Sonne, setzte seine starke Brille mit der 75prozentigen Lichtabsorbtion auf, gähnte mit knakkenden Kiefergelenken und klappte den Blendschutz vor die Frontscheibe. Dann legte er den Arm wieder um Sandra und fuhr mit einer Hand weiter.

Er war müde, so müde, daß er am liebsten das Lenkrad und das Gaspedal festgebunden hätte, um auch dann schlafen zu können, während der Wagen weiterrollte, immer geradeaus, immer tiefer in diese verdammte Wüste hinein. Genau vor ihnen lagen die Sheep-Ranges. Eine andere Richtung gab es nicht.

Mit Sandra hatte er sich die halbe Nacht gestritten. Sie verstand ihn plötzlich nicht mehr. Was sie da alles erzählte von Jenny und ihrer Abmachung mit dem blonden Luder, das klang zwar überzeugend, aber es verstärkte nur die Tatsache, daß sich alle Welt auf seine Kosten völlig unnötig Komplikationen leisten wollte.

»Hör mal zu, Sandra!« hatte er endlich gesagt, nachdem sie ihm zum dritten Mal vorgehalten hatte, wie sinnlos diese Fahrt in die Einsamkeit sei. »Greif mal nach hinten, hol eine Dose Cola und knack sie auf. Danke.« Er nahm einen langen Schluck, spülte den feinen Wüstenstaub aus seinem Gaumen und wartete, bis auch Sandra mit Cola gegurgelt hatte. »Und wenn du hundertmal behauptest, Jenny sei einverstanden, und die ganze Sache mit dem Heiratsversprechen sei nur ein Witz, um mich frei zu bekommen - würdest du mich lieben, wenn . . .«

»Ich liebe dich!« unterbrach ihn Sandra laut. »Begreif das doch!«

»Das ändert alles nichts daran, daß man - ich meine die Behörden - uns nicht mehr läßt! Eine Mrs. Brook wird kein unbefristetes Visum erhalten, von einer Einbürgerung ganz zu schweigen! Um die Behörden zu überzeugen, daß du jetzt die letzte und einzige bist, braucht man Jahre. Da braucht nur *ein* Beamter zu sitzen, der in Abständen nein sagt - schon bist du draußen! Überzeuge du einmal einen Beamten vom Gegenteil - ich dressiere dir in der gleichen Zeit zehn wilde sibirische Tiger zu schnurrenden Kätzchen. - Aber ab heute ist das anders.«

»Indem du in die Wüste fährst?!«

»So ist es! Wir sind ein freies Land, Sandra. Und wir sind Menschen, für die die Öffentlichkeit die einzige Tribüne ist, von der aus man überall verstanden wird. Mach auf dich aufmerksam, laß deinen Namen von Millionen nennen, breite dein Schicksal vor der ganzen Welt aus, sammle Anteilnahme in allen Herzen - und Amerika liegt dir zu Füßen! Du bist ein Held der Stunde, und diese Stunde ist deine wirkliche Geburt! Man wird unsere Namen aussprechen, als seien sie Symbole der Liebe!«

»Aber du weißt auch, was in Amerika Entführung bedeutet, Bob!«

»Bist du freiwillig mitgekommen, Sandra?«

»Ich werde es beschwören.«

Bob gab ihr einen Kuß, trank die Cola-Dose leer und warf sie aus dem Fenster. Das war ein Fehler, wie sich später herausstellen sollte. »Allen wird sich unsterblich blamieren«, sagte er fröhlich, »wenn er wirklich gegen mich ermittelt. Amerika wird sich vor Lachen schütteln. Ein Paar auf der Hochzeitsreise wird von der Polizei gejagt! Sandra, das ist ein kassenfüllender Hollywood-Knüller!«

Für Bob war damit das ganze Problem erledigt, bevor es noch richtig begonnen hatte. Sandra beschwor ihn weiterhin, umzukehren und auf dieses Theater zu verzichten, aber er hörte nicht auf sie. Sie ist eine Deutsche, dachte er. Sie denkt vollkommen deutsch. Kann man ihr das übelnehmen? Sie versteht einfach nicht, daß die Sympathie der Massen die eigene kleine Welt öffnen kann. Morgen werden es alle Zeitungen von Las Vegas bringen, die Rundfunkstationen, die Fernsehstationen, Brass und vielleicht auch McDolland werden Interviews geben. Vor allem der Pfarrer wird auf einen großen Auftritt im TV nicht verzichten und eine grandiose Predigt abziehen. Auch Zeitungen außerhalb Nevadas werden die Story aufgreifen, von Kalifornien bis New York: Kidnapping aus Liebe! Ein Mann kämpft darum, heiraten zu dürfen.

Amerikas Frauenvereine werden Frottierhandtücher für Tränen verteilen. Auf Transparenten wird man lesen können: Laßt Bob heiraten! Ein neuer Schlager wird auf den Markt kommen: Bob's Heirats-Rock. Sicherlich wird es auch einen Schriftsteller geben, der über diesen Blödsinn ein dickes Buch schreibt. Endlich wird man von Bob Brook sprechen!

Bob verzieh Sandra, daß sie so etwas nicht begriff. Ihr deutsches Gemüt war darin etwas provinziell. In Deutschland, so dachte Bob, lebt jeder für sich allein. Wir Amerikaner aber sind, wenn es darauf ankommt, eine einzige große Familie. Das wollen wir jetzt mal beweisen!

Dann war Sandra eingeschlafen, und er war die ganze Nacht

durchgefahren, freute sich, als der Morgenwind aufkam und alle Spuren verwehte. Die Ausläufer der Sheep-Ranges waren greifbar nahe, rötlich-graue Felsen, von der Erosion zu bizarren Gebilden gestaltet, zerklüftet, zerrissen und von der Sonne ausgeglüht wie Schlacke. Auf der Spezialkarte, die sich Bob im Waffenladen gekauft hatte, waren in diesem Gebiet keinerlei Wasserstellen eingezeichnet. Erst in der Gegend von Moapa, einer Kleinstadt mit Eisenbahnstation, gab es einige, aber das war genau die Gegend, in die Bob nicht wollte.

Als die Sonne voll am Himmel stand, gab Bob mehr Gas und ratterte in die ersten Felsenschluchten hinein. Der Wagen hüpfte über Steine, kletterte über Geröllhügel und krallte sich in Abhänge fest. Es war ein guter Wagen mit zwölf Gängen und einem bulligen Acht-Zylinder-Motor, er nahm jede Steigung, überwand alle Hindernisse und kroch alle Hänge hinab. Bob konzentrierte sich voll auf den Weg und schrak zusammen, als neben ihm Sandra sagte:

»Du bist wohl total verrückt?!«

»Mag sein!« antwortete er kurz.

»Hier kann doch keiner mehr fahren!«

»Bis auf uns! Einen schönen guten Morgen, mein Liebling!«

»Wir brechen uns den Hals, Bob!« Sie klammerte sich an dem Armaturenbrett fest und stemmte die Beine gegen den Metallboden. Vor ihnen lag ein enges Tal voller Geröll, eingezwängt in zerklüftete, mit Höhlen durchsetzte Felsen. Bob suchte einen halbwegs vernünftigen Abstieg. »Du willst doch wohl nicht da hinunter?!«

»Erraten! Das ist Rastplatz Nummer eins.« Bob hielt kurz und musterte den Abhang. Er war zu schaffen, wenn der Untergrund fest genug war und nicht ins Rutschen kam. »Mach die Augen zu, Sandra!«

Sie nickte, biß die Zähne aufeinander und kniff die Lider zusammen. Es hatte keinen Sinn mehr, auf Bob einzureden. Was sie wunderte, war seine verbissene Entschlossenheit, jener Mut zum Risiko, den sie nie in ihm vermutet hatte. Er kann tatsächlich um sich schlagen, wenn's darauf ankommt, dachte sie. Er sucht keineswegs immer einen Kompromiß, hält sich nicht nur im ruhigen Wasser auf. Er kann auch gegen die Strömung schwimmen und gewinnt dabei. Das ist ein ganz neuer Bob Brook ...

Der Wagen kletterte ganz langsam, ganz vorsichtig, abwärts. Die breiten Reifen krallten sich in den Boden, saugten sich gleichsam an den Felsen fest. Bob begann zu schwitzen, und nicht allein der schon wieder heißen Sonne wegen. Er umklammerte das Lenkrad, hörte Sandra neben sich laut atmen und dachte: Laß es gelingen, du Gott da oben über der Sonne. Laß uns mit heilen Knochen in das Tal kommen! Hilf uns zu unserem Glück, denn die Liebe kommt von dir ...

Es gelang. Sie erreichten das Tal, hoppelten über das Geröll und hielten endlich vor einer großen Höhle, die einige Meter tief in den Berg führte und von der Sonne nie erreicht wurde.

»Du kannst die Augen wieder aufmachen!« sagte Bob. »Wir sind da!«

Er riß die Tür auf, sprang hinaus und reckte sich. Es war eine gute Stelle, das sah er gleich. Sie war geschaffen für einen Daueraufenthalt. In der Höhle war es kühl, die Zivilisation war nicht unerreichbar fern und dennoch war es bereits ungeheuer einsam. Nicht einmal Tierspuren waren in dem feinen Sand zu sehen, den der Wind über das Geröll geblasen hatte.

Sandra kletterte aus dem Wagen und stapfte mit wackligen Beinen in die Höhle. Die Kühle war angenehm, verglichen mit der Hitze in dem sonnendurchbrüteten Tal. Es war, als habe die Natur eine Klimaanlage eingebaut. Die Wände im Inneren der Höhle waren sogar feucht, die Steine glänzten, und als Sandra darüberstrich, bekam sie nasse Hände.

»Im Notfall können wir sogar die Steine ablecken!« sagte sie, als sie wieder ins Tal kam. Bob war schon dabei, auszuladen, und stapelte die Kartons mit Konserven neben der hinteren Wagentür.

»Luftfeuchtigkeit, Baby.«

»In der Wüste? Hier?« Sie setzte sich auf einen schon warmen Stein und starrte in den wolkenlosen, blaßblauen Himmel. Sie wunderte sich, daß er nicht rot war und brannte.

»Es gibt da das Phänomen des Schwitzwassers«, sagte Bob. »Also für einen Chemiker ist das kein Phänomen, aber für mich. Da ist weit und breit kein Wasser, aber dort, wo dauernd Schatten ist, wie in der Höhle, da werden über Nacht die Steine feucht.« Er kam zu Sandra, hob sie von ihrem Stein hoch, schwenkte sie durch die heiße Luft und stieß einen Juchzer aus. »Hier können wir es aushalten, bis die Welt da draußen im Chor ruft: Bob, komm zurück! Du kannst deine Sandra heiraten!«

Nach der durchfahrenen Nacht war es eine harte Arbeit, den Wagen auszuladen und alles in die Höhle zu schaffen. Sie stapelten alles auf eine Seite, ganz hinten, wo es fast schon zu kühl war, rollten die Luftmatratzen aus, stampften mit dem Blasebalg Luft hinein und bauten am Eingang die »Küche« auf - den doppelflammigen Gaskocher. Sandra kochte einen starken Kaffee, schmierte vier Toasts und wartete, bis Bob den Wagen seitwärts in eine Felsspalte gefahren und das Dach mit Steinen belegt hatte, so daß es von oben aussah wie ein Teil des Geröllfeldes. Aus der Luft war nichts mehr zu erkennen.

»Du glaubst, sie suchen uns mit Flugzeugen?« fragte Sandra, als Bob endlich mit allem fertig war. Er saß gegen die Höhlenwand gelehnt, trank Kaffee und aß seine Brotscheiben, als sei er eine Maschine, die besonderen Treibstoff verbrauchte. Sein Gesicht war staubverkrustet und dadurch mehlig bleich. Er war so müde, daß er kaum noch die Augen offenhalten konnte.

»Aber sicher! Allen Brass setzt mit Vorliebe Hubschrauber ein. Die sind für uns auch am gefährlichsten, weil sie tief runter kommen und jeden Zentimeter überprüfen können.«

»Wenn er wirklich dein bester Freund ist, verzichtet er darauf.«

»Falls er das noch kann! Allen ist ein feiner Kerl. Aber er ist auch Sheriff. Wenn die Öffentlichkeit zuschaut, *muß* er alles unternehmen, um Bob Brook zu suchen.« Er gähnte weit, stierte die Luftmatratzen an, rechnete den Weg bis dorthin aus. Es waren ungefähr drei Meter. Das schaffe ich nicht mehr, dachte Bob. Auf dem Weg dorthin schlafe ich ein. Du lieber Himmel, drei Meter bis zum Bett, das sind drei Mondlängen! »Ich falle gleich um!« sagte er langsam. »Sandra, jetzt geht nichts mehr . . .«

Er schaffte es aber doch noch und streckte sich lang aus, aber schon als Sandra die Decke über ihn breitete, schlief er und merkte nicht, daß sie mit einem Lappen seinen Mund vom Staub reinigte und ihn küßte.

Um sieben Uhr früh stiegen die beiden Hubschrauber auf und flogen zunächst in die Berge von Las Vegas, in die Täler des Lake Mead und um den Muddy-Peak herum. Dann schwenkten sie ab und suchten in den Eldorado-Mountains, nahmen auch noch die Spring-Mountains mit und kehrten danach nach Las Vegas zurück.

Allen Brass, der im ersten Hubschrauber saß und mit einem starken Glas das öde Land unter sich beobachtete, fluchte in einer Art, die selbst hartgesottene Piloten erschüttern konnte.

»Die andere Richtung!« sagte Brass nach einer Lagebesprechung mit Staatsanwalt Ambro Seck in dem Hubschrauberhangar. Auf vier Fernsehkanälen liefen aktuelle Sendungen. In zwei Kanälen konnte man McDollands dickes Gesicht sehen und hören, wie er Gott um Hilfe für diesen armen Kranken bat. In einem dritten Kanal referierte Richter de Trajano über die gesetzlichen Möglichkeiten, Kidnapping aus Liebe zu entkriminalisieren. Im vierten Kanal erschien in einer Aufzeichnung Sheriff Brass, der Jenny Marlow, eine gebrochene junge Frau, nach Hause brachte.

Bobs Rechnung schien aufzugehen: Amerika nahm Anteil an Bob Brooks Liebesschicksal.

»Wenn er nach Nordosten ist, muß er total verrückt sein!« sagte Brass und starrte auf die Karte. »Das wäre Mord und Selbstmord zugleich. Da kommt doch kein Skorpion mehr heraus! Na, sehen wir es uns mal an!«

Gegen Mittag flogen die beiden Hubschrauber zunächst die Mormon-Range ab, suchten in der Meadow-Valley-Range nach einem einsamen Geländewagen und kreisten dann mit schnatternden Rotorflügeln niedrig über der Sheep-Range. Die Sonne ließ den Boden flimmern, die Felsen verschwammen im Glast, die Wüste leuchtete und brannte Brass in den Augen.

»Wenn sie hier sind«, schrie er in das Mikrofon, das um seinen Hals hing und mit dem er zu Staatsanwalt Seck verbunden war, »sind sie in drei Tagen mumifiziert. Soviel Wasser, um das zu überleben, geht in einen Wagen gar nicht rein. Da müßten sie schon mit einem Tankwagen unterwegs sein. Wenn Sie das sehen könnten, Mr. Seck . . .«

»Ich kenne die Wüste«, antwortete Ambro Seck. »Und ich weiß auch, wie man dort auskommt. Habe ein Überlebenstraining bei den Rangers hinter mir. Die Wüste war geradezu ein Vergnügen gegen das, was sie mit uns in Alaska und im Dschungel angestellt haben! - Wo sind Sie jetzt, Allen?«

»Südlich vom Sheep-Peak. Wir überfliegen eine Felsengegend mit vielen schmalen, langgezogenen Tälern. Da geht überhaupt nichts mehr! Verwitterte Löcher und Spalten. Da kippt jeder Geländewagen um.«

»Spuren?«

»Nicht einen Kratzer. Am Morgen muß es hier einen guten Wind gehabt haben.«

»Gut nennen Sie das?!«

»Also dann ... einen Mistwind, weil Sie's sind, Sir! Wir schwenken jetzt ab und überfliegen die Wüste bis zur Straße nach Indian Springs. Wenn Bob diese Richtung genommen hat, muß er irgendwo von der Straße runter. Vielleicht sehen wir da etwas ...«

»Er muß von der Straße runter sein, denn die Absperrungen während der Nacht waren ja negativ.«

Brass knurrte etwas und schaltete ab. Er sagte tatsächlich negativ, der feine Pinkel. Und so etwas war bei den Rangers?! Für Seck war der Fall Brook eben nur ein Fall ... Für uns aber ist Bob eine Herzensangelegenheit.

Der Hubschrauber knatterte in dreißig Meter Höhe über die schmalen, flachen, langen Täler, umkreiste Felsenspitzen und suchte in Kreisen das Vorfeld, die flache Wüste ab. Allen Brass hing in seinen Gurten, seine Augen tränten, die Wüste, verbündet mit einer gleißenden Sonne, wies ihn ab.

Sie ratterten auch über das Tal mit den Höhlen, aber sie sahen auch hier keine Spur. Brass winkte dem Piloten zu, als er noch einmal zurückfliegen wollte. Weiter! Wer soll denn hier herunterkommen?! Siehst du was? Ein Geländewagen ist ein massives Ding, das kann nicht einfach verschwinden!

In ihrer Höhle schliefen Bob und Sandra einen ohnmachtartigen Schlaf. Sie hörten nicht das Knattern des Hubschraubers, sie hätten nicht einmal gehört, wenn die Erde gebebt und der Berg samt Höhle sich verschoben hätte. Sie lagen nebeneinander unter den Decken, weich und wohlig auf den Luftmatratzen, und träumten nicht einmal, so erschöpft waren sie.

Beim Rückflug zum Highway bemerkte Brass in der Wüste einen glitzernden Punkt. Er blickte durch sein Glas, schielte dann zu dem Piloten und sah, daß dieser den gleißenden Punkt übersehen hatte und weiterflog.

Eine Cola-Dose, dachte Brass. Mitten in der Wüste, wo kein Weg ist und keine Spur, eine Cola-Dose! Fallen Cola-Dosen etwa vom Himmel? Lange konnte sie dort noch nicht liegen, sie war noch nicht verwittert. Das blanke Blech reflektierte die Sonnenstrahlen wie ein Spiegel.

Allen Brass schwieg. Er lehnte sich nur zurück, stellte seine Rundumblicke ein und dachte angestrengt nach.

Irgendwo dort hinter ihnen war Bob. Er mußte im Gebiet des Sheep-Range sein! Das Unmögliche hatte er wahrgemacht: Er hatte sich in die Hölle vorgewagt.

In Las Vegas empfing Ambro Seck den Suchtrupp sehr ungnädig. Brass stieg fluchend aus dem Hubschrauber, schrie nach einem kühlen Bier und sagte dann: »Dieses Land ist etwas für Perverse! Ich hasse diese Wüste - aber ich bin verliebt in sie! Bob Brook? Keine Spur! Ich fliege morgen noch einmal in die Berge. Irgendwo muß er ja sein . . .«

In allen Wüsten der Erde wird es nachts kalt. Der Sand hält keine Wärme, die verwitterten Felsen speichern die Hitze nicht lange. Wenn die Sonne versinkt, beginnen auch die Steine zu frieren.

Bob hatte noch einen Rundgang gemacht, ehe es völlig dunkel wurde, und kam nun zurück mit der für Sandra wenig erfreulichen Nachricht, daß das Tal, das er sich ausgesucht hatte, wirklich fabelhaft sei. »Wer sich hierhin verirrt, kann nur noch beten«, sagte er. »Wenn man uns aus der Luft nicht entdeckt, haben wir die absolute Freiheit gefunden.«

»Solange unser Wasservorrat reicht.«

»Er ist so bemessen, daß dem Rest der Welt genug Zeit bleibt, sich mit unserem Schicksal intensiv zu beschäftigen. Duschbäder sind allerdings nicht eingeplant. Ein Kanister ist fürs Waschen da, und der muß vier Wochen reichen.«

»Vier Wochen?« Sandra sah Bob entsetzt an. »Du willst vier Wochen in der Wüste bleiben?!«

»Mindestens.«

»Dann gelten wir als verschollen oder gar tot.«

»Um so sensationeller wird unsere Wiederauferstehung

sein.« Er riß einen Karton auf und warf eine Dose mit Gulasch in die Luft und fing sie wieder auf. »Das erste Dinner in der Wüste soll eine Premierenfeier werden. Sandra, ich lese die Speisekarte vor: Haifischflossensuppe - geräuchertes Forellenfilet mit Mayonnaise - Rindersaft-Gulasch nach ungarischer Art mit Paprikaschoten und Nudeln - Vanillepudding mit Rumsoße. Dazu eine Flasche deutschen Moselwein und hinterher einen starken Kaffee.« Er breitete die Arme aus und zeigte auf den Berg Kisten und Kartons. »Alles vorhanden! Laß die Flammen lodern, Sandra . . .«

»Du bist der verrückteste Mensch, den es gibt!« sagte sie und lachte, obgleich sie Angst vor den vier Wochen hatte. »Wie kann man dich bloß auf eine vernünftige Bahn bringen . . .?«

Bob hatte wirklich an alles gedacht. Er klappte einen Tisch auf, stellte Campingstühle hin, deckte den Tisch mit einer Plastikdecke, Plastiktellern und Plastikbestecken, deren Messer sogar schnitten, zauberte Plastikweingläser, die aussahen wie geschliffenes Kristall, aus einem Karton und holte die Flasche Wein hervor. Er hing sie an eine Schnur unter die Höhlendecke und gab ihr einen Stoß, so daß sie hin und her pendelte. Fassungslos sah Sandra diesem Schauspiel zu.

»Was bedeutet denn das?« fragte sie.

Bob gab der Flasche einen neuen Stoß und machte sich daran, einige Dosen zu öffnen. »Das ist lange her«, sagte er. »Als Junge habe ich mal einen Roman gelesen, der in der Sahara spielte. Auch eine Wüste. Und in dem Buch wurde beschrieben, daß die Berber ihre mit Wasser gefüllten Beutel aus Ziegenfell an einen Palmzweig hängen und hin und her pendeln lassen: der ständige Luftzug kühlt das Wasser. Das fiel mir eben ein. Und das probiere ich jetzt aus.« Wieder gab er der Flasche einen Stoß. »Mag sein, daß der Bursche, der das Buch geschrieben hat, gelogen hat. Man soll Bücherschreibern nie trauen . . .«

Es wurde ein festliches Mahl. Die Höhle war mit einer Gaslampe erleuchtet, der Wein blinkte in den imitierten Kristallgläsern, es duftete köstlich nach Fleisch. Bob hatte ein neues Hemd angezogen und Sandra hatte sich das Gesicht waschen dürfen, in einer Nische stand ein Transistorradio und spielte das Brandenburgische Konzert Nr. 1 von Bach. Bob hatte lange gesucht, bis er diesen Sender gefunden hatte. Es war eine einmalige Stimmung um sie herum, lautlose, kalte Wüstennacht, dazu ein festlich gedeckter Tisch in einer bizarren Höhle, und das alles übertönt von einer Musik, die in dieser fremden Welt wie die Botschaft von einem anderen, glücklicheren Stern klang.

»Ich heule gleich los!« sagte Sandra gepreßt. »Mich kriegt so schnell keiner zum Weinen, aber du schaffst es . . .«

Sie aßen, ohne ein Wort zu sprechen. Das Schweigen wurde erst gebrochen, als Bob seinen Weinbecher hob und stockend sagte: »Ich schwöre dir: Ohne dich ist mein ganzes Leben nichts mehr wert!«

»Auch ich könnte nicht mehr ohne dich sein, Bob . . .«

»Ist das nicht ein Wunder, daß man sich so lieben kann?«

»Es muß ein Wunder sein. Man kann es nicht erklären. Es ist plötzlich in einem.«

Es war eine kalte Nacht. Nach dem Essen wickelte sich Sandra in eine dicke Decke. Bob kramte in einer Kiste, aus dem Radio tönte ein Klavierstück von Liszt.

»Draußen scheint ein toller Mond!« sagte er plötzlich. »Ich will dir etwas zeigen . . .«

»Den Mond?« Sie erhob sich und ging, in die Decke gehüllt, zum Eingang der Höhle. Das wilde, trostlose Tal lag in einem Silberschimmer, die Felsen leuchteten wie polierte Statuen. Die Stille war vollkommen, nur von ferne klang die Musik. Totes Land. Sandra zuckte zusammen, als Bob an ihr vorbeiging und hinaus in die Felsen trat. Er trug etwas Blinkendes unter dem Arm, das sie nicht sofort erkennen konnte. Aber als er es nach vorn nahm, sah sie, daß es eine Trompete war.

»Die hast du auch mitgenommen?« wollte sie ihn fragen, unterließ es dann aber, schlug die Decke enger um sich und lehnte sich gegen die Felsenwand.

Bob hob sich gegen den Mondschein ab wie ein Schattenriß. Er stand neben der Höhle auf einem großen Stein, getaucht ins Silberlicht, ein Stück der Felsen, die in diesem Schattenspiel lebendig zu werden schienen.

Sandra legte den Kopf an den kalten Fels, als Bob zu blasen begann. Es war kein normales Trompetenspiel . . . Die Töne vermischten sich mit dem Silber der Nacht, umrankten die Felsen, echoten aus den Klüften zurück, stiegen hinauf in den Sternenhimmel und füllten die einsame Stille aus mit einem Klang, den der Gesang der Steine zu begleiten schien. Zwischen Himmel und Erde gab es nur noch diesen Klang . . .

Als Bob zurückkam, stand Sandra weinend neben der Höhle. »Das war von mir!« sagte er. »Ich habe es in München komponiert, nach unserer ersten Nacht. Gefällt es dir? Es heißt ›Sandras Blues‹ . . .«

Da warf sie die Arme um ihn, er ließ die Trompete fallen, weil er glaubte, sie stürze hin, fing Sandra auf, stemmte sie auf seine Arme und trug sie in die Höhle zurück.

Bobs Zweifel an der Freundschaft seiner alten Kameraden waren nicht gerechtfertigt. Zwar stellte sich Staatsanwalt Ambro Seck als ein scharfer Hund heraus, der auf Kosten Bobs unbedingt Karriere machen wollte, indem er den »Fall Brook« durch Presseerklärungen hochspielte, so daß man den Eindruck gewinnen mußte, seit der Entführung des Lindbergh-Babys habe es keinen satanischeren Kidnapper gegeben als Bob. Aber da war auf der anderen Seite Richter de Trajano, der in der Mittagssendung der größten Fernsehgesellschaft einen Vortrag über sogenannte »Liebestäter« hielt, der allen Frauen die Tränen in die Augen trieb. Pfarrer McDolland predigte im »Wort nach dem Luch« von den Armen, die in geistiger Verwirrung ihre Taten nicht mehr übersehen können.

All dies war gut gemeint, wenn manches auch nur Geschwätz war, das in bereite Ohren tropfte wie Honig auf ein knackfrisches Brötchen. Immerhin trug es das seine dazu bei, daß die Öffentlichkeit Bob Brook zu lieben begann, denn wann kommt es schon einmal vor, daß jemand seine Braut raubt, um der ganzen Welt zu zeigen, wie groß seine Liebe ist? Meistens hört man vom Gegenteil ... da laufen die Männer weg, um wieder frei zu sein.

Doch die öffentliche Meinung - das war nicht Ambro Seck. Dieser Staatsanwalt bekam rote Augen wie ein Hirsch in der Brunft, wenn er den Namen Brook hörte. Für ihn gab es nur eins: Den Kidnapper jagen, fangen und vor Gericht stellen.

Am aktivsten war noch Jenny. Sie kam, nachdem man die Hubschrauberflüge bei Einbruch der Dunkelheit wieder eingestellt hatte, zu Allen Brass ins Office und sagte mit größtem Ernst: »Dieser Ambro Seck macht mich verrückt. Als ob Bob der zweite King-Kong wäre! Soll ich den Knaben mit ins Bett nehmen und dort umbringen?«

Brass riet davon ab. Er hatte einen anderen Plan. Die halbe Nacht diktierte er einen langen Bericht, aus dem hervorging, daß jede Suche sinnlos sei. War Bob Brook wirklich in der Wüste untergetaucht, so würde er auch wieder herauskommen. Es war nur eine Frage der Zeit. Außerdem kostete die aufwendige Suche den Steuerzahlern eine Menge Geld. In der Wüste war noch nie jemand geblieben - jedenfalls nicht lebend beziehungsweise freiwillig! Es war also das Einfachste, sich in seinen Schaukelstuhl zu setzen und zu warten, bis Bob und Sandra zerknirscht und ausgezehrt wieder in der Zivilisation Fuß faßten.

Was Brass in seinem Bericht nicht erwähnte, war die in der Abendsonne blinkende Cola-Dose. Um die kümmerte er sich am nächsten Morgen, als Staatsanwalt Seck noch unruhig in seinem Bett lag und von Jenny Dinge träumte, die einen Traumdeuter zweifellos frustriert hätten. Jenny hatte ihn nämlich am späten Abend in seiner Junggesellenwohnung besucht, sehr keusch, bis unter den Hals zugeknöpft. Freilich war das Kleid so eng, daß die Spannung über der Oberweite an die Grenze ihrer Belastbarkeit stieß. Ambro Seck wurde kurzatmig bei diesem Anblick und war sehr beschäftigt, vor allem nachher im Traum - und Jenny sagte beim Abschied: »Ambro, Ambro, Sie sind ein Mann, bei dem ich alle guten Vorsätze vergessen könnte . . .« Dabei hatte alles an ihr vibriert, nicht nur die Stimme; was Wunder, daß sich Staatsanwalt Seck, wieder allein in seiner einsamen Wohnung, zunächst mit drei hohen Whiskys beruhigte, um dann voll und ganz der Sehnsucht anheimzufallen.

Brass, selbst ausgebildeter Pilot - ein Sheriff am Rande der Nevada-Wüste muß alle Fortbewegungsmittel beherrschen -, packte sein größtes elektronisches Megaphon ein, setzte sich allein in den kleinen Polizeihubschrauber und flog zu dieser verdammten, deplazierten Cola-Dose zurück. Er hatte sich die Stelle gut gemerkt, brauchte aber trotzdem eine halbe Stunde, bis er sie wiederfand. Als er die Dose endlich sah, ging er so tief wie möglich hinunter und umkreiste sie. Spuren gab es nicht mehr, aber wenn Bob hier gefahren war, konnte er sich nur in den Sheep-Ranges versteckt halten, jener Steinwildnis, die tagsüber heiß wie ein Backofen war, wenn die Sonne die Felsen ausglühte wie Schamott. Andererseits aber war Bob dort vor Verfolgern ziemlich sicher, denn auf die Idee, sich in diese höllische Landschaft hineinzuwagen, kommt so schnell keiner, es sei denn, er kommt aus dem Himmel, wie jetzt Allen Brass.

Mit gedrosseltem Motor flog Brass zu den Felsen und schob sein Kabinenfenster auf. Er steckte das große Megaphon hindurch, hustete ins Mikrofon, um die Funktionstüchtigkeit zu überprüfen, drehte den Verstärker auf höchste Lautstärke und brüllte dann in die stille, tote Landschaft hinein. Seine Stimme war in dieser verbrannten Welt meilenweit hörbar.

»Bob, komm heraus!« schrie Brass, während er über den Ge-
rölltälern kreiste. »Du verdammter Idiot, laß dich blicken!
Ich bin es. Allen! Ich will dir helfen! Verkriech dich nicht länger, ich weiß, daß du hier bist! Du kannst hier zwei oder drei
Wochen aushalten, aber was dann?! Dann stellen sie dich vor
Gericht, und keiner kann dir mehr helfen. Aber jetzt, Bob,
jetzt ist die ganze Welt für dich! Ernesto und William machen per Fernsehen die Frauenvereine zu Wasserspeichern,
so heulen die Weiber los! Wenn du jetzt herauskommst, Bob,
hast du alle Sympathie! In drei Wochen kennt dich niemand
mehr. Du kennst das doch, Bob! Okay, du hast erreicht, was
du wolltest; man wird dich heiraten lassen und Sandra auch
das Visum geben. Sie wird noch eine Reihe Ehrenposten bekommen. Ihr seid auf der Gewinnerseite - jedenfalls heute
noch! Bob, sei nicht stur wie ein Büffel - zeig dich! Bob, hörst
du mich?!«
Natürlich hörte Bob ihn. Schon das Knattern des Hubschraubers hatte ihn alarmiert. Sandra kochte gerade am Höhleneingang - in der »Küche« - den Morgentee und briet auf der
anderen Gasflamme eine Pfanne voll Speck mit Rührei. Sie
hatte nur einen Slip an, sah zauberhaft aus, und Bob saß auf
einer Kiste, beobachtete sie, wie sie vor dem Gasherd kniete
und die Morgensonne ihr rotgoldenes Haar aufflammen ließ,
und sagte sich, daß es kein schöneres Mädchen geben könne
als Sandra. Außerdem war es jetzt Zeit, Onkel Steve Abbitte
zu leisten und alle Flüche zurückzunehmen. Ohne Onkel
Steves perfides Erbe hätte er Sandra nie kennengelernt, das
war unbestreitbar. Alles, was aus Bob, dem biederen Orga-
nisten und Chorleiter aus Atlanta, geworden war, war dem
Zwang entsprungen, den Eissalon zu retten, koste es, was es
wolle.
Mitten in diese versöhnlichen Überlegungen hinein knatterte Brass' Hubschrauber. Mit einem Satz war Bob am Höhleneingang, riß Sandra zurück, blies das Gasfeuer aus, zog die
Pfanne mit bruzzelnden Eiern und Speck und den Teewasser-

kessel tiefer in den schützenden Schatten und legte den Arm um Sandra.

»Ein Hubschrauber, stimmt's?« fragte sie.

»Ja.«

»Jetzt haben sie uns . . .«

»Noch nicht. Von oben sieht das Tal so wüst aus, daß uns hier keiner vermutet.«

Das Dröhnen kam näher, und plötzlich fuhren die beiden zusammen, als habe ihr schützender Berg gebebt. Über ihnen donnerte eine Stimme, die so klang, als verkünde sie den Beginn des Jüngsten Tages.

»Bob, komm heraus! Du verdammter Idiot, laß dich blicken!«

»Das ist Allen!« sagte Bob freudig.

»Ich bin es. Allen!«

»Na, wer sagt's denn?!«

Eng umschlungen hörten sie Brass' Predigt an und warteten, bis sich der Hubschrauber wieder entfernte, zum nächsten Tal, wo Brass von neuem seine Stimme aus dem Himmel donnern ließ, sie war natürlich leiser, aber man konnte sie gut hören.

»Er weiß nicht, wo wir sind!« sagte Bob zufrieden. »Er nimmt es nur an. Allen war immer ein kluges Köpfchen. Kann kombinieren und logisch denken. Also kreist er dort herum, wo er was vermutet.« Bob gab Sandra einen Kuß. »Die Eier werden zu trocken! Wir müssen sie aus der heißen Pfanne nehmen . . .«

Er verteilte das Rührei auf zwei Plastikteller und schob die beiden Campingsessel heran. Sandra war näher zum Höhlenausgang gegangen und lauschte auf Brass' entfernte Predigt.

»Gib zu, daß Brass recht hat!« sagte sie und nahm den Plastikteller. »Du bist ein sturer Bursche!«

»Nicht sturer als die Behörden! Das regt Allen ja so auf. Da ist plötzlich einer, der sich vor einem Beamten nicht wie ein hypnotisiertes Kaninchen benimmt, sondern knurrt wie ein getretener Hund. Und was macht man mit solchen Hunden?

Man hält ihnen einen Wurstzipfel hin, lockt sie mit süßer Stimme: ›Ei, wo ist es denn, mein Hündchen? So brav ist es! Ja, nun komm mal her, nun komm, ist ja ein braver Hund, ein ganz liebes Schnutziputzi, ei, wie lieb er ist . . .‹ Und die meisten dummen Hunde senken den Kopf und kriechen schwanzwedelnd heran. Aber nicht mit mir, Sandra, nicht mit mir! Abgesehen davon, daß ich nicht wedele, ist dieser Allen Brass nicht nur mein Freund, sondern auch ein ganz durchtriebener Bursche! Er will mich zur Kapitulation zwingen, indem er mir Honig ums Maul schmiert.«

»Und wenn doch alles stimmt, Bob?«

»Nie und nimmer!«

»Könnte es nicht doch möglich sein?«

»Theoretisch ja! In Amerika ist nichts unmöglich! Daran muß man sich gewöhnen.«

»Na also . . .«

»Aber nicht in diesem Fall, Sandra! Es handelt sich vielmehr um einen plumpen Versuch, mich durch Neugier ins Netz zu treiben.«

Bob schwieg. Brass' Stimme dröhnte noch immer. Er brüllte gerade: »Du Superrindvieh! Merkst du denn nicht, daß wir alle dir nur helfen wollen?! Komm hervor, Bob!«

»So nicht, Allen!« Bob hielt Sandra fest, die plötzlich aufgesprungen war. »Sandra, wenn du jetzt alles kaputt machst . . .«

»Ich will nur Teewasser aufsetzen. Bob, du tust mir weh . . .«

Er hielt ihren Arm umklammert und starrte sie zweifelnd an. »Du willst hinauslaufen, damit Brass dich sieht . . .«

»Ich schwöre: nein!«

»Bitte.« Er ließ sie los und lehnte sich gegen die Höhlenwand. »Jetzt kannst du laufen und damit alles vernichten . . .«

Sie zündete tatsächlich nur die Gasflamme an und setzte den Teekessel wieder auf. Allen Brass entfernte sich immer mehr und bedröhnte jetzt ein anderes Tal. Man verstand keine Worte mehr, aber noch immer durchbrach seine Stimme die

Einsamkeit - verhallende, in den glutenden Felsen sich verlierende Töne.

»Er wird wiederkommen«, sagte Bob und wischte mit einem Keks seinen Plastikteller von den letzten Eiresten frei. »Ich kenne Allens Stehvermögen. Solange er Benzin hat, kreist er hier rum. Und morgen auch! Der kann mit Spucke einen Stein aushöhlen, so stur ist er.« Bob lauschte angestrengt und nickte dann. Brass kam zurück. Das Knattern der Rotorflügel verstärkte sich. »Man könnte ihn tief in die Sache hineinziehen, vorausgesetzt, daß er da oben in seiner Libelle allein herumschwirrt. Ich könnte ihn abschießen . . .«

»Du bist verrückt, Bob.« Sandra starrte ihn erschrocken an. »Damit kämst du unter Garantie wegen Mordversuch für 15 bis 30 Jahre ins Zuchthaus.«

»Irrtum! Wenn ich draußen erscheine und einen Warnschuß abgebe, geht Allen sofort runter und landet. Er betrachtet das als eine Aufforderung unter guten Freunden. Ist er erst einmal auf der Erde, nehme ich ihn gefangen und er muß mit uns drei Wochen hier leben.« Er sah Sandra nachdenklich an. »Nein! Das geht auch nicht. So wie jetzt kannst du vor Allen nicht herumlaufen.«

»Dann ziehe ich mich eben an!«

»Ich verzichte doch nicht auf diesen himmlischen Anblick, nur um Allens Bullengesicht dagegen einzutauschen. Nie!« Bob winkte ab. »Ich werde Brass oben lassen! Du lieber Himmel, jetzt brüllt er wieder! Sandra, hör dir das an! Straffreiheit garantiert er . . . Wofür Straffreiheit?! Daß ich dich liebe?! Welches Gesetz verbietet es, daß zwei Liebende sich in eine Wüstenhöhle zurückziehen und dort glücklich werden wollen?!«

»Vergiß nicht - du hast mich entführt! Solange ich nicht erklären kann, daß ich einverstanden war, giltst du als Kidnapper.«

»Sie werden sich alle blamieren!« sagte Bob frohgemut. »Bis auf die Knochen blamieren. Sie werden nackt dastehen wie verirrte Nudisten, die eine Tür verwechselt haben und im Garten eines Nonnenklosters landen. Wird das eine Freude geben!«

»Im Nonnenkloster?«

»In Las Vegas und ganz Nevada! Die Häuserwände werden wackeln, so werden die Leute lachen. Das wird mein Triumph sein!«

Sandra schüttelte den Kopf. Sie war plötzlich sehr ernst und gar nicht mehr sarkastisch. »Warum das alles, Bob? Warum willst du eine solch ausgefallene Rache nehmen? Keiner hat dir etwas getan . . .«

»Keiner?« Bob nickte mehrmals. »Aber doch. Niemand hat mir geglaubt, wie ich dich liebe und daß du meine erste und einzige Frau bist. Sie begreifen nicht, daß ich auch aus Liebe heiraten kann . . .«

»Wundert dich das?« Von ihrem Lächeln ging wieder jene Faszination aus, die Bobs Kreislauf durcheinanderbrachte. »Wenn man sich zum Heiratsspezialisten gemacht hat . . .«

»Ich will davon nichts mehr hören, Sandra! Nichts mehr!«

»Aber das muß man der übrigen Welt auch sagen . . .«

»Das habe ich ja!« Bob hob die Faust. Über die Höhle donnerte der Hubschrauber, ganz tief, als ahne Brass, daß Bob sich hier aufhielt. Bob mußte gegen den Lärm anbrüllen. »Aber keiner glaubt mir ja! Sie lächeln nur, und in ihren Augen lese ich ihre Gedanken: Du armer Idiot . . .«

Über ihnen dröhnte Brass' Stimme aus dem Megaphon.

»Bob! Komm heraus! Es wird schlimm, wenn ich dich als Sheriff und nicht als Freund holen muß . . .«

»Da hast du's!« sagte Bob. »Jetzt droht er schon! Nichts da mit ›Held der Liebe‹! Allen! Halt die Schnauze! Ihr alle könnt mich kreuzweise . . .«

Über dem Tal kreiste Allen Brass und brüllte und wartete. Aber Bob zeigte sich nicht, und das machte den Sheriff unsicher. Seinem Gefühl nach mußte Bob sich hier versteckt halten, aber daß er auf die vielen guten und logischen Worte nicht reagierte, paßte nicht zu ihm. Mehr, als Brass vom Himmel hoch versprochen hatte, konnte man nicht versprechen. Aber das Land unter ihm blieb tot, sonnendurchglüht und stumm. Diese dämliche Cola-Dose, dachte er. Sie hat mich zu euphorisch gemacht. Als ich sie sah, meinte ich, ich hätte Bob schon gefunden. Vielleicht ist sie wirklich nur aus einem Privatflugzeug geworfen worden. Es schwirren ja genug solcher Maschinen um Las Vegas herum. Bald wird der Himmel so voll sein wie die Straßen.

Noch einmal flog er einen Kreis und schrie ins Megaphon: »Ich fliege jetzt zurück, Bob! Komm zurück nach Las Vegas! Du hast ausgesorgt. Deine Story ist gut genug für Hollywood. Und denk dran: Ich habe für dich immer ein Bier im Schrank! Deutsches Bier, Bob! Gib die Idiotie auf!« - und verließ dann die Schluchten mit einem Seufzer der Erleichterung.

Im Office warteten McDolland, Juliane, de Trajano, Jenny, Staatsanwalt Ambro Seck und Luigi Galezzano. Galezzano einträchtig und plaudernd neben dem Staatsanwalt - das war eine kleine Sensation. Was er aber hier wollte, wußte Brass nicht. Mit den Kreisen um Luigi hatte man zur Zeit keinen Kummer. Die großen Bosse, die Paten, engelsreine Friedfertigkeit.

»Was ist mit Bob?« schrie Jenny auf, als Brass dreckig und heiser in sein Büro trat.

»Nichts!« Brass setzte sich schwer in seinen alten Sessel. »Ich habe mich getäuscht. Er muß in einer anderen Richtung gesucht werden.«

»Irrtum!« sagte Galezzano laut. »Er ist in den Sheep-Ranges. Wir haben noch einmal den Kerl verhört, der Bobs Geländewagen ausgestattet hat. Bob hat eine Spezialkarte dieser Gebiete mitgenommen. Die braucht er nicht, wenn er nach Süden fährt!«

»Was wollen Sie hier, Luigi?!« fragte Brass grob. »Die Sache geht Sie einen feuchten Kehricht an!«

»Ich möchte nicht, daß Bob für etwas gilt, was er nicht ist.«
»Plötzlich menschliche Anwandlungen? Oho!« Brass sah Galezzano böse an. »Verschwinden Sie, Luigi!«
»Und wenn ich Ihnen Bob bringe?« Galezzano genoß das allgemeine Aufsehen, das er mit seiner Ankündigung erregte. »Wir haben das größte Interesse an Bob . . . Wir sind der Ansicht, daß er eine große Zukunft vor sich hat, die man fördern sollte . . .«

Am Abend, wieder bei einem Mondschein, der die kahlen Felsen polierte und das tote Land durch Schattenspiele belebte, blies Bob Brook auf seiner eingebeulten Trompete. Es war etwas Klassisches, ein Rausch von perlenden Tönen und zierlichen Melodienbögen, voll Lebensfreude und tiefer Lebenssehnsucht.
Mozart. Das Trompetenkonzert in D-Dur. Zwar fehlte das Orchester und das Wechselspiel von Begleitung und Soli, aber was Bob auf seiner Trompete zauberte, und die Art, wie er dies machte, ließ vergessen, wie einsam und verloren diese Töne ohne das Orchester waren. Sandra kam es so vor, als weiche diese grausame Welt, in die sie geflüchtet waren, zurück oder verwandle sich in einen ganz neuen Raum, in dem ein neues, unvergleichlich schönes Leben möglich war. Sie fühlte sich wie verzaubert und erwachte auch nicht aus diesem Zustand, als Bob sein Spiel beendet hatte und, die Trompete unter dem Arm, zu ihr an den Höhleneingang zurückkam. Sie saß, die Knie angezogen, den Kopf weit zurückgelehnt, in dieser nun wieder schweigenden Steinwüste, als sei sie von einem anderen Stern herabgefallen und warte darauf, daß sich die Öde in einen Garten verwandle.
Bob setzte sich stumm neben sie und blickte in die bizarren Felsen. Als Sandra weiterhin schwieg, berührte er zaghaft ihre Knie.
»Was ist?« fragte er.
»Das habe ich nicht gewußt -«, antwortete sie leise.

»Was?«

»Daß vieles an dir keine Lüge ist . . .«

»Sandra!«

Sie blickte ihn an und nickte mehrmals. »Ja, ich will es dir sagen: Ich habe dir von allem, was du erzählt hast, nur ein Drittel geglaubt. Höchstens ein Drittel. Er schneidet auf, hab' ich gedacht, er ist ein blendender Märchenerzähler, er lügt, aber er lügt so charmant, daß man es ihm nicht übelnehmen kann. Man muß das wissen, wenn man mit ihm leben will. Er lebt in einer Wunschwelt; man sollte sie ihm lassen und ihn behutsam durch das wirkliche Leben führen, für das ihm der Realitätssinn fehlt. Und ich habe mir gesagt: Sandra, du bist verrückt genug, um diesen Mann zu lieben. Du bist so verrückt, daß du dein ganzes Leben mit ihm teilen willst. Vielleicht gelingt es dir, aus diesem Bob Brook doch noch einen Mann zu machen, der mit beiden Beinen im Alltag steht.«

»Danke.«

»Und dann passierte deine Verrücktheit mit der Entführung. Das paßte plötzlich nicht mehr in das Bild. Du warst auf einmal ein Mann, der ungeahnte Aktivitäten entwickelte und sich in unwahrscheinliche Risiken stürzte. Gut, habe ich da gedacht, er dreht einmal durch, aber das gibt sich. Er ist ein netter Junge, aus dem man etwas machen kann. Das war bis gestern.«

»Und heute ist es anders?«

»Ganz anders.« Sie legte den Kopf gegen seine Schulter und blickte hinauf in den unendlichen Sternenhimmel. Es war eine geradezu kitschige Situation - ein verliebtes Paar in der Wüste unter Sternen. Aber das Leben schafft sich oft eine Postkartenkulisse, die zu beschreiben nahe der Lächerlichkeit steht. Ein Sonnenuntergang auf Teneriffa . . . jeder Maler, der ein solches Bild naturgetreu malt, weiß von vornherein, daß man ihn einen Trivialen nennen wird. Oder die zurückkehrenden Fischerboote von Nazaré an der portugiesischen Atlantikküste - wer kann das beschreiben, ohne sich dem Vorwurf auszusetzen, er dramatisiere den Kitsch.

»Warum ist aus dir nie etwas Vernünftiges geworden, Bob?« fragte Sandra. »Warum hat keiner erkannt, was in dir steckt? Wer kann so vollendet Trompete blasen wie du? Wer spielt das Mozartkonzert besser als du?«

»Genug!« Bob blickte auf das im Mondschein schimmernde Instrument. »Ich habe so oft vorgespielt - immer war es eine Pleite. Bei den Bands hieß es, Boy, du bist doch keiner für uns - du bist 'n Klassiker. Und bei den Sinfonie-Orchestern sagte man: Ganz gut, was Sie bieten, aber wir meinen, daß Sie bei einer Band besser aufgehoben sind. Da stehe ich nun, zwischen den Musikwelten. Keine will mich haben.«

»Weil du zu gut bist!«

»Das ist die merkwürdigste Begründung für Erfolglosigkeit. Dabei kann ich alle Konzerte, habe sie einstudiert . . . Biber, Bach und Torelli, das schwere Konzert C-Dur von Tommaso Albinoni, das Trompetenkonzert Es-Dur von Hummel und das wunderbare As-Dur-Konzert von Vivaldi - ich spiele sie dir sofort aus dem Stand! Ich habe selbst zwei Trompetenkonzerte komponiert, dazu eine Anzahl Sonaten und auch Tanzmusik. Überall Absagen. Wer ist Bob Brook? Was, ein Organist aus Atlanta?! Junge, muß das ein Spinner sein. Und damit ist alles erledigt!«

»Das wird sich ändern, Bob!« sagte Sandra ernst.

»Ich wüßte nicht, wie.«

»Wir werden die Welt auf dich aufmerksam machen. Wir werden sie von dir überzeugen, so wie du mich von dir überzeugt hast.« Sie sah ihn mit tatendurstigem Blick an. »Wenn wir zurückkommen nach Las Vegas, werde ich dafür sorgen, daß man in einer Fernsehsendung über dich auch ein Orchester mit hineinnimmt. Und mit dem wirst du dann ein Trompetenkonzert geben!«

»Du bist verrückt, Sandra!«

»Ohne das Konzert sperre ich alle Interviews mit dir! Wer

dich vor die Kamera haben will, muß dir ein Orchester zur Verfügung stellen. Und sie werden es tun! Sie werden es schon deshalb tun, weil es wieder eine Verrücktheit ist, die den amerikanischen Nerv trifft! Und dann, Bob, kannst du zeigen, daß du einer der besten Trompeter der Welt bist!«

»Ich werde das Trompetenkonzert in D-Dur von Telemann spielen.« Bob starrte in die kahlen, bleichen Felsen. »Mein Gott, wie schön ist es, wie Kinder zu phantasieren . . .«

»Wir werden es wahrmachen, Bob.«

»Bleiben wir bei der Illusion, sie ist so beruhigend.« Bob erhob sich und zog Sandra an sich. »Ich spendiere noch eine Flasche Wein. Es wird kalt, du mußt deine Decke umhängen. Morgen wird der gute Allen Brass wieder über uns kreisen und mir fromme Sprüche zubrüllen.«

»Wir rühren uns nicht.« Sandra legte den Arm um Bobs Schulter. »Jetzt bin ich auch dafür, drei Wochen hier zu bleiben. Um so größer wird das Echo sein, wenn du im Fernsehen dein erstes Konzert gibst. Ein Kidnapper aus Liebe, der verlangt, Telemann zu spielen . . . so etwas hat es in Amerika noch nicht gegeben!«

So schön das Trompetenkonzert D-Dur auch ist, wer einen kleinen Spielsalon überfallen und dabei 30 000 Dollar erbeutet hat, hat wenig Sinn für Mozarts Tonzauber.

Der Überfall geschah am späten Nachmittag in Las Vegas, als Sheriff Brass glaubte, sich ausruhen zu können. Es geschah in einer Nebenstraße, die von Tausenden von Menschen bevölkert war. Zwei harmlos aussehende Spieler betraten »Wintermanns Casino«, setzten drei einarmige Banditen in Bewegung und gewannen an einem, wodurch ein lautes Klingeln einsetzte, damit jeder im Kasino wußte, daß Automaten nicht nur Geld kassierten, sondern bisweilen auch was ausspucken konnten. Außerdem animierte das Siegesklingeln andere Spieler zu erhöhten Einsätzen. Die beiden Gewinner schlenderten freundlich zu Mrs. Anna Rambler hinunter, die hinter einer Theke saß, Geld wechselte und Roulette-Chips verkaufte.

Der eine Besucher zog eine kurzläufige Pistole und setzte sie Mrs. Rambler auf die dicke Brust und sagte: »Mam', sei still, sonst kennste deinen Busen nicht wieder!« Der andere griff in die vollen Schubladen und packte Dollarnoten in einen Jutesack. Das alles vollzog sich so schnell, daß niemand etwas merkte. Als der nächste Kunde kam, um Chips zu kaufen, saß Mrs. Rambler noch immer mit starrem Blick hinter ihrer Theke, drückte beide Hände auf ihre Brüste und lallte endlich: »Überfall! Überfall! Zwei Männer . . .«

Der Alarm kam viel zu spät. Auch Allen Brass erschien daher erst, als die beiden Gangster längst im Gewühl der Las-Vegas-Gäste verschwunden waren. Mrs. Ramblers Personenbeschreibung brachte nichts ein. Sie konnte nur stottern: »Es waren zwei Männer! Gleich groß. Sie sprachen Südstaaten-Dialekt. O Sheriff, fragen Sie nicht weiter. Ich weiß nichts, ich war ja halb tot vor Angst . . . Wie kann man sich da merken, welche Farbe der Schlips hatte . . .«

Brass setzte Streifen ein. Man hielt Autos an und suchte nach einem kleinen Jutesack, aber die Chancen, ihn zu finden, waren gleich Null. Dramatisch wurde die Sache erst, als man auf einem Parkplatz einen Mann fand, der aus einer Kopfwunde blutete. Er lag hinter einer Kiste der Straßenmeisterei und berichtete von zwei Männern, die ihn niedergeschlagen und seinen Wagen gestohlen hätten. Einen Buick Stationcar, zu allem Unglück auch noch vollgetankt. Außerdem hatte Mr. Lawrence, so hieß der Überfallene, gerade im Supermarkt eingekauft. Die Gangster hatten also genug zu essen und zu trinken.

Brass machte aus der Sache eine Riesenaffäre. Dieser Überfall auf ein Las-Vegas-Kasino - ohnehin eine Seltenheit, da die Gangster damit automatisch den Interessenkreis der Mafia störten, was kein vernünftig überlegender Verbrecher wagt -

war genau das, was den Fall Bob Brook vergessen lassen konnte. Las Vegas und damit Nevada hatten eine neue Sensation, Sheriff Brass gab sofort Interviews, die Fahndung lief auf vollen Touren, Galezzano meldete sich voll Empörung, ein unbekannter Spender setzte für die Ergreifung der zwei Gangster 10000 Dollar Kopfgeld aus. Bob Brook geriet in Vergessenheit. Selbst Staatsanwalt Ambro Seck schwenkte um und übernahm die Oberleitung bei den Ermittlungen. Vor allem aber wurde die dicke Mrs. Anna Rambler zur Heldin des Tages.

Das alles hätte für Bobs Zukunft nun kaum eine Rolle gespielt, wenn nicht die beiden Kasinoräuber die Idee gehabt hätten, sich zunächst selbst aus dem Verkehr zu ziehen, indem sie in die Wüste fuhren. Sie näherten sich den Sheep-Ranges von Süden, verkrochen sich in einem Tal und waren froh, es bis dahin geschafft zu haben. Der Buick Stationcar erwies sich zwar auf der Straße als fabelhaftes Auto, aber in diesem Mondgelände erreichte er die Grenze seiner Leistungsfähigkeit. Hintereinander wurden der Auspufftopf weggerissen, das Unterbodenblech aufgeschlitzt und die Ölwanne durchlöchert. Als die verwegenen Fahrer endlich anhielten, war der Buick nur mehr ein Wrack.

Und da erklang plötzlich das Trompetenkonzert in D-Dur von Mozart. (Um Rückfragen zu vermeiden: Nicht Wolfgang Amadeus, sondern Leopold Mozart.) Es war nicht Musikbegeisterung, die den beiden Räubern wie ein elektrischer Schlag durch Mark und Bein fuhr. Sie saßen neben ihrem Buick, futterten gerade aus Mr. Lawrences Supermarktvorräten Schokolade und Kekse, tranken Dosenbier und überlegten, wie es morgen weitergehen sollte, als der schmetternde Trompetenklang sie emporriß. Der Mann mit der Pistole – er hieß Henry Roscoe – zog sofort seine Waffe und sprang hinter den Wagen in Deckung, während der zweite sich seitwärts abrollte und ebenfalls eine Pistole zog. Im ersten Augenblick dachten sie an ein Trompetensignal der Polizei oder einer Militäreinheit. Aber die Polizei bläst keine Signale mehr, und die Armee wird bei kleineren Überfällen nicht eingesetzt.

Roscoe und sein Freund, der Jim Vorster hieß, blieben in Deckung und lauschten auf die Trompetensignale. Es dauerte eine Zeit, bis sie begriffen, daß hier kein Polizist tönende Befehle übermittelte, sondern daß in dieser totalen Wildnis jemand herumstand und in ein metallenes Mundstück pustete. Roscoe und Vorster krochen zunächst vorsichtig aufeinander zu und trafen sich dann im Schutz einer Geröllhalde.

»Das gibt's doch nicht«, flüsterte Roscoe. »Hier bläst einer Trompete! Ganz allein! Das glaubt uns keiner, wenn wir's später erzählen.«

»Zu Fuß kommt keiner hierher«, sagte Vorster, der praktisch dachte: »Er hat einen Wagen, und den holen wir uns, Henry!«

»Und wenn es mehrere sind?«

»Wir haben zwei Pistolen und die Überraschung! Das müßte reichen!«

Vorster wälzte sich auf den Rücken und starrte in den Sternenhimmel. »Mensch, ein intakter Wagen . . . Damit hätten wir gewonnen. Los, wir sehen uns den Trompeter an!«

Sie überprüften ihre Waffen, steckten zusätzliche Munition ein und gingen dann leise den Tönen entgegen. Je näher sie kamen, um so verblüffter wurden sie.

»Was bläst der denn da?« fragte Roscoe und blieb stehen.

»Irgend so was Klassisches.«

»Schaurig! Il Silencio ist mir lieber. Hör dir das an, das hält doch keiner aus! Der fährt in die Wüste, um zu üben, weil er überall rausfliegt - wetten?«

»Sein Auto ist mir lieber!« sagte Vorster. »Henry, wenn wir was sehen . . . ohne Warnung draufhalten!«

Als sie das Tal erreichten, hatte Bob gerade aufgehört zu blasen. Ahnungslos ging er zur Höhle. Roscoe und Vorster beobachteten ihn hinter einem großen Stein.

»Er ist allein!« flüsterte Vorster, der Sandra, die im Schatten der Höhle saß, nicht sehen konnte. »Das muß eine neue Form von Einsiedelei sein. Statt Chorälen nun Trompete.«

»Du meinst, das ist ein Prister?«

»Möglich!«

»Dann hat er keinen Wagen. Scheiße! Eremiten machen alles zu Fuß, das habe ich gelesen!«

»Abwarten! Wer Trompete bläst, hat sich modernisiert.«

Sie warteten, bis Bob in der Höhle verschwunden war, warteten noch eine Viertelstunde im Geröll auf eventuelle Überraschungen, aber als sich nichts mehr rührte, schlichen sie weiter. In der Nähe der Höhle blieb Vorster stehen.

»Wir stürmen hinein und schießen gleichzeitig!« sagte er. »Er darf gar nicht begreifen, daß er tot ist! So schnell muß das geschehen!«

»Okay!« sagte Roscoe. »Alles klar.«

»Dann - los!«

Mit drei Sprüngen waren sie vor der Höhle, und sofort schoß Vorster in die Dunkelheit. Links von ihm folgte Roscoe und drückte dreimal ab, in drei verschiedene Richtungen. Gleichzeitig brüllte Vorster:

»Die Hände hoch! Herkommen! Aber flott!«

Aus der Tiefe der Höhle antwortete Bobs Stimme: »Stecken Sie die Waffen weg, Gentlemen. Ich komme zu Ihnen . . .«

Der Überfall war völlig überraschend gekommen. Bob hatte Sandra gerade in den Arm genommen und geküßt, als das Poltern vor der Höhle ihn aufschreckte und Vorsters Silhouette im Eingang erschien. Er wirkte wie ein Scherenschnitt gegen den fahlen Nachthimmel, aber dieser Scherenschnitt schoß.

Bob warf sich instinktiv über Sandra, riß sie um und drückte sie weg. Da schoß auch schon Roscoe, zum Glück viel zu hoch, was Sandra Gelegenheit bot, zur Seite zu kriechen. Bob rollte sich zur anderen Seite. Erst als er an der Felswand lag, kam ihm zum Bewußtsein, daß er die falsche Richtung genommen hatte. Seine Waffen lagen dort, wo Sandra sich jetzt verkroch; sie lagen auf zwei Kisten, schußbereit, zwei Pistolen und ein Gewehr. Die Situation war klar; es gab nur noch Verhandlungen. Für den Wehrlosen kann das Wort zu einem Panzer werden.

Bob richtete sich auf. Sofort wirbelten Vorster und Roscoe herum und zielten in Bobs Richtung. »Komm raus!« schrie Vorster. »Oder . . .«

Die Alternative demonstrierte er sofort: er schoß auf Bob. Aber er schoß nicht allein. Von der anderen Seite der Höhle blitzte es auf, dreimal schnell hintereinander. Der erste Schuß schwirrte als Querschläger durch die Dunkelheit, der zweite riß Vorster herum, der dritte zerschmetterte Roscoes linken Arm. Er schrie auf, ließ seine Pistole fallen und sank auf die Knie.

Vorster starrte ungläubig auf die andere schwarze Höhlenseite. In seiner Brust, nahe dem Herzen, brannte es höllisch. Er wollte atmen, aber er atmete nur Flammen ein. Dann sackte er langsam zusammen, drehte sich halb um die eigene Achse und stürzte auf den Felsboden. Daß sein Gesicht aufprallte und die Stirnhaut platzte, merkte er nicht mehr.

Bob ließ seinen hellen Handscheinwerfer aufflammen und leuchtete Roscoe an. Der schloß geblendet die Augen und wimmerte vor sich hin. Der Schein wanderte weiter zu Vorster und beleuchtete dessen starre Augen. Dann schwenkte er zurück und traf Sandra. Sie kniete neben der Kiste mit den Waffen und hatte noch immer die beiden Pistolen in den Händen. Ihre Augen waren weit, der Mund stand offen. Und erst jetzt, als der Scheinwerfer sie einfing, brach sie weinend zusammen. Bob rannte zu ihr und riß sie hoch.

»Das war phantastisch!« sagte er und drückte sie an sich; sie zitterte, als käme sie aus einem Schneefeld. »Wie du schießen kannst . . .«

»Ich habe noch nie geschossen!« schrie sie gegen seine Brust. »Ich habe noch nie eine Pistole in der Hand gehabt.«

»Du hast uns das Leben gerettet!«

»Ich habe einen Menschen getötet!« schrie sie. »*Ich* habe einen Menschen getötet!«

Sie klammerte sich an ihn, schlug mit der Stirn immer wieder gegen seine Brust und war außer sich vor Entsetzen - und vor Erleichterung.

»Ich habe ihn deinetwegen getötet«, stammelte sie. »Nur deinetwegen.«

»Du mußtest es tun. Es blieb dir keine andere Wahl.«

»Ich war ganz ruhig, ganz, ganz ruhig.« Sie schluchzte und grub die Nägel in seinen Rücken. »Ich habe ganz ruhig einen Menschen getötet, weil er dich töten wollte. Mein Gott, mein Gott, ich könnte es immer wieder tun, um dich zu retten. Es ist verrückt, wie ich dich liebe . . .«

Sie drehte den Kopf zur Seite, sah Vorster mit seinem starren Gesicht im Schein der Lampe liegen und sackte ohnmächtig in Bobs Armen zusammen.

Morgens um acht Uhr fuhr Bob Brook mit seinem Geländewagen bei Sheriff Brass vor. Keiner hielt ihn auf, keiner holte ihn aus dem Wagen. Die Polizisten, die gerade ihre Streifenwagen bestiegen, starrten Bob an, als lande er mit einem Ufo vor Brass' Office. Auch Brass selbst, der gerade gekommen war und ahnungslos zum Frühstücksabschluß eine Zigarette rauchte, die ihm die Lektüre der Morgenzeitungen würzte, erstarrte, als Bob nach Durchquerung des Vorzimmers, in dem er eine gelähmte Sekretärin und zwei glotzäugige Polizisten hinterließ, in das Büro trat.

»Guten Morgen!« sagte Bob unbefangen. »Heb deinen Hintern hoch, Allen, und komm an die Luft! Ich bringe dir etwas mit.«

»Sandra!« Brass schluckte krampfhaft. »Bob, bleib stehen. Ich bin verpflichtet, dich zunächst festzunehmen.« Brass erhob sich in Zeitlupe. »Alles andere wird sich später zeigen. Zunächst aber bist du sicher, weil wir ein psychiatrisches Gutachten haben, demzufolge du unter Schockeinwirkung stehst . . .«

»Komm raus!« sagte Bob noch immer geduldig. »Ich habe einen Toten und einen Schwerverletzten im Wagen!«

»*Was* hast du?« schrie Brass und streckte beide Arme in die Luft. »Bob, was hast du da angestellt?!«

»Sandra hat geschossen. In Notwehr.«

»Der Überlebende, ein Henry Roscoe, hat bereits ausgepackt. Sie haben gestern ›Wintermanns Casino‹ ausgeraubt. 32 462 Dollar. Das Geld ist vollzählig dabei! In einem Jutesack . . .«

»Bob!« Allen Brass wischte sich über die Augen. »Ich begreife nichts mehr! Wie kommst du an die beiden Burschen?!«

»Durch ein Trompetenkonzert von Leopold Mozart. In D-Dur.«

»Natürlich! Natürlich.« Brass nickte schwer, als sei sein Kopf mit Blei gefüllt. »Wenn ich das alles hinter mir habe - das verspreche ich dir -, gehe ich in eine Nervenheilanstalt und mache eine Kur. Das kann ja keiner aushalten!«

Las Vegas entdeckte in diesen Tagen aufs neue seine innige Liebe zu Bob Brook. Die Radiogesellschaften überschlugen sich mit Angeboten, die Zeitungen lauerten Bob und Sandra auf, Staatsanwalt Ambro Seck zog seine Anklage wegen Kidnapping zurück, die »Schlacht in der Wüste«, wie man Sandras Verzweiflungstat euphorisch nannte, erschien in den Zeitungen als einsame Heldentat. Man zeigte den Banditen Roscoe mit zerschmettertem Arm, man brachte Fotos des toten Vorster, man veröffentlichte ein Gruppenbild, auf dem McDolland und Juliane, Richter de Trajano und Sheriff Brass, Bob Brook und Sandra und als Krönung Jenny in einem tief ausgeschnittenen Kleid zu sehen waren, aber die große Story von der Entführung aus Liebe und das Interview mit Bob Brook selbst ließen auf sich warten.

Sandra diktierte den Fernsehstationen ihre Bedingungen: Bob wird nur zur Verfügung stehen, wenn er mit einem Sinfonie-

Orchester das Trompetenkonzert von Telemann und das Konzert in C-Dur von Albinoni spielen kann. In diesem Falle würde er auf jedes Honorar zu Gunsten der Waisenkasse der Polizei und des Aufbaus der Kirche »Der flammende Rosenkranz« verzichten. McDolland war so hingerissen, daß er vor den Fernsehkameras ein zu Herzen gehendes Dankgebet sprach.

Las Vegas hatte einen Helden mehr. Die Größen des Show-Geschäftes gratulierten Bob Brook, Filmsternchen betrachteten es als eine Ehre, an der Seite Bobs fotografiert zu werden, ein Frauenmagazin fragte an, ob Bob bereit wäre, sich als Akt ablichten zu lassen - Amerikas Sympathiewelle verschlang Bob Brook, den stillen, kleinen Mann, der plötzlich wie ein Sonnengott über den Publikumshimmel zog.

Eine Woche später - Brass und der mit allen Wassern gewaschene McDolland sorgten dafür, daß das Sympathiefeuer auf hoher Flamme weiterloderte - übertrugen vier Fernsehgesellschaften in seltener Eintracht das erste Konzert Bob Brooks. Der leitende Redakteur war vorsichtig genug, erst das vereinbarte lange Interview mit Bobs rührender Geschichte vom geerbten Icesaloon und dessen Folgen zu bringen, ehe er zum Orchester umschaltete. Er hatte sich vorgenommen, die Sendung wegen technischer Pannen sofort abzubrechen, falls Brooks Trompetensoli zu Lachkrämpfen Anlaß geben sollten.

Es war ein großer Abend. Millionen sahen und hörten, vielleicht zum erstenmal in ihrem Leben, zwei Trompetenkonzerte, und sie erlebten einen zwar etwas blassen Künstler, der bis unter die Haarwurzeln an Lampenfieber litt, aber die Trompete so großartig beherrschte, daß Kritiker später schrieben, man habe bis zu Bobs Spiel nie gewußt, was aus einer Trompete herauszuholen sei.

Nach dem Konzert schloß sich Bob ein. Es kam ihm unheimlich vor, daß sich noch während der Pause des Programms Amerikas größter Dirigent telegrafisch mit dem Angebot gemeldet hatte, Bob könne zusammen mit den New Yorker Philharmonikern ein Konzert geben. Vier Tage später heirateten Bob und Sandra. Nie zuvor hatte ein Brautpaar so viele Trauzeugen. Brass und de Trajano, Juliane und Jenny, Harry, der Cowboy, und Luigi Galezzano sowie zum Zeichen der Versöhnung mit den Behörden auch Staatsanwalt Ambro Seck, der die Trauungsurkunde mit unterschrieb. Aber noch etwas traf in Las Vegas ein - ein Brief von Erika Blume, geschiedene Brook, aus Los Angeles. Ein Bote war gekommen und hatte ein Geschenk abgegeben. Erika schrieb:

»Bob, Du warst phantastisch! Ich habe immer an Dich geglaubt, das weißt Du, aber daß Du ein solch großer Künstler bist, habe ich nicht gewußt.

Sei immer glücklich mit Deiner tollen Sandra und geh Deinen Weg zum Erfolg. Ich werde Dich aus der Ferne begleiten und Dir immer die Daumen drücken.

Einer hat aber immer Heimweh nach Dir. Seit wir weg sind, läuft er traurig herum, ißt nur das Nötigste und blickt mich an, als gehe die Welt unter. Er hat Dich sofort wiedererkannt, als Du auf dem Bildschirm erschienst, und sich wie ein Irrer benommen.

Ich kann das nicht ohne Gewissenszwänge mehr mit ansehen. Deshalb kommt er zu Dir, als mein Hochzeitsgeschenk. Drück ihn an Deine Brust, Bob, er ist wirklich eine Kreatur, die Dich über alles liebt. Darf ich Dich noch einmal küssen? Deine Erika . . .«

Bob las den Brief, warf ihn Sandra zu und stürmte hinaus zu dem Boten, der im Vorraum wartete. Neben dem Mann stand ein gepolsterter Korb, und in dem Korb stand, mit dem ganzen kleinen dicken Körper wedelnd und piepsende Wonnelaute ausstoßend, ein abgrundhäßlicher Mops.

General Wellington war zurückgekehrt.

Bob fiel auf die Knie, drückte den wimmernden Mops an sich und schloß die Augen, als die kleine, warme, rauhe Zunge über sein Gesicht fuhr . . .

Kommen Sie auch mal nach Las Vegas? Es lohnt sich.

Wenn Sie aber kommen, sollten Sie nicht versäumen, auch an den Rand der Stadt zu fahren und das neue Spezialitäten-Lokal »Sandra's Inn« zu besuchen. Längst kennt es jeder in Las Vegas, man wird es Ihnen zeigen, aber es ist fraglich, ob Sie einen Platz bekommen. Man muß sich schon Wochen im voraus anmelden, so begehrt sind die Tische. Von Bob Brook wird man Ihnen sicherlich auch erzählen - von dem Komponisten und Trompeten-Solisten. Da macht ihm keiner mehr etwas vor, ob er nun einen Swing bläst oder eine Suite von Händel. Sooft er kann, fliegt er nach Las Vegas und steht dann mit Sandra an der Tür seines Hauses, um die Gäste zu begrüßen.

Er ist rundum glücklich geworden, und weil er es ist, schämt er sich ein bißchen, einmal Heiratsspezialist gewesen zu sein. Aber wer redet heute noch davon?

Wer wissen will, was Glück ist, der sehe sich nur General Wellington an. Aus seinem dicken Mopsgesicht spricht Wonne und Dankbarkeit, in diesem Leben dabeisein zu können.

»Ohne Liebe ist der Mensch wie Staub . . . er verweht spurlos im All!« sagte McDolland bei seiner Hochzeitspredigt. Und Hunderte nickten ergriffen.

Ein Pfarrer hat eben für alle Höhen und Tiefen des Lebens den richtigen weisen Spruch im Ärmel.